# 전환기의 시가문학

# 전환기의 시가문학
## 근대전환기 한국 시가의 대응과 변모

초판 1쇄 발행 2022년 6월 10일

지은이 조해숙

펴낸곳 서울대학교출판문화원
주소 08826 서울 관악구 관악로 1
도서주문 02-889-4424, 02-880-7995
홈페이지 www.snupress.com
페이스북 @snupress1947
인스타그램 @snupress
이메일 snubook@snu.ac.kr
출판등록 제15-3호

ISBN 978-89-521-3122-5 93810



이 저서는 서울대학교 규장각한국학연구원의 2019년도 21세기
신규장각자료구축사업의 지원을 받아 수행된 연구임(KIKS-2019-452-31306).

# 전환기의 시가문학

근대전환기 한국 시가의 대응과 변모

조해숙 지음

서울대학교출판문화원

이제는 별이 되신 부모님과 언니들에게

# 책머리에

이 책에서는 한국문학사에서 19세기 말부터 20세기 초에 창작되어 향유된 전통 국문시가를 다루었다. 흔히 '개화기'라 일컫는 역사적 격변기 속에 놓인 이 시기는 문학 내부에서도 전통문학 양식과 신문학 양식의 충돌과 갈등, 조정과 습합이 넘나들던 전환의 시간이었다. 그런만큼 문학적 전환기에 빚어진 여러 문학적 양상이나 시도들에 관해서는 아직 충분한 연구와 평가가 이루어지지 않았다. 근대적 학문 연구 방법이 성립하던 시기에 나온 개괄적 검토를 제외하면, 이 시기의 문학에 대한 본격적이고 집중적인 탐구는 1970~1980년대의 성과들이다. 당시 학계의 치열한 관심사였던 '근대'의 성격 규명과 맞물려 국문학 내부에서도 이 시기의 문학 양상과 의미를 탐색하려는 열기가 뜨거웠다. 그 결과, 해방 후로도 한참 동안 한국문학 연구의 자장에 들지 못했던 전환기의 전통 시가들이 조명되고 신구 문학의 교차 지점을 의미 있게 해석하려는 시도들이 나타나 자생적 근대문학으로의 길을 여는 성과를 거둔 것은 분명하다.

하지만 한계도 있었다. 1900년 전후를 고전문학과 현대문학 연구 영역의 경계로 여겨 온 탓에 19세기에서 20세기를 가르며 존재한 전통문학 양식 창작물은 대개 현대문학 연구자들에 의해 수습되었는데, 근대문학 양식의 관점에서 본 전통 시가의 전환기적 양상들은 작품 내적 완결성이나 문예미를 충족하지 못한 결여태로 평가절하되기 일쑤였다.

한국문학에서도 '개화기'의 문학적 욕구가 분출했다는 드높은 기치만 남은 채, 정작 전통 문학에서 근대문학을 잇는 전이의 과정을 정밀하고 의미 있게 파고드는 작업은 성글었고, 실재한 작품에 대한 객관적 분석에 기대어 과도기적 현상을 인정하고 전통 문학 양식의 문학적 생명력에 주목한 평가는 드물었다.

시조와 가사로 대표되는 전통 시가 연구 경향도 크게 다르지 않았다. 이 시기에 소통된 작품에 나타난 비전형성 혹은 탈유형성에 대해 적절한 명칭이나 가치도, 합당한 평가도 부여되지 못했다. 새 시대를 이끄는 빛나는 찬사와 역할은 신문학 양식들에 주어진 반면, 전통 양식에 기댄 시가 작품들은 무언가 불완전하며 모호하기만 한 시대착오적인 형식과 미학의 산물로 여겨진 것이다. 물론 이는 새로운 것, 이른바 '근대적인' 것들에 견인되었던 탓일 뿐, 실제로 다른 전통 문학 양식들처럼 우리 시가는 전환기의 모색과 변신을 거쳐 20세기를 한참 지나도록 살아남은 것이 사실이다. 그렇다면 현재의 문화적 코드 속에 그 유산이 어떻게 작동되는지 발견하고 이해하며 새로운 창조의 원동력으로 삼는 것이 어찌 긴요한 일이 아니겠는가.

이 책의 논의들은 근대 이전 대표적인 한국 전통 시가 양식이던 가사와 시조 문학이 시대적 전환기를 맞아 어떻게 고유의 내용이나 형식 요소를 변화하면서 문학 의식의 전이를 이룩했는가를 면밀한 작품 내적 검토와 분석을 바탕으로 밝힌 것이다. 전통 시가가 전환기의 소통 과정에서 겪었던 급격한 변화 요소들—매체의 등장과 향유 조건, 독자와 청자의 문제, 장소와 공간적 특성, 주제와 의식 면의 변화를 개별 연구대상에 따라 다각도로 파고들어 드러냈다.

변화의 큰 흐름을 요약하면 다음과 같다.

먼저 매체의 등장과 향유 조건은 근대전환기 전통 시가에 일어난 가장 큰 변화다. 전통적으로 시조와 가사가 향유되어 온 방식은 동질적인 집단 내에서 창작과 수용이 이루어지는 상호작용을 전제로 한 것이었다. 1900년을 전후로 등장한 일간지나 잡지 매체에 실린 시조와 가사는 전통 시가의 소통 방식과는 확연히 다른 향유 양상을 가져왔다.

다음으로 독자와 청자의 문제는 이러한 소통 방식의 변화와 직결된다. 오래도록 부르거나 읊고 듣는 방식이었던 전통 시가가 글자로 읽히면서 대중을 향한 일방적인 전달 방식을 갖추게 된 것이다. 여전히 음악적 속성을 반영한 표지와 형식을 달기도 했으나 비동질적인 대상을 향한 일방적 전언의 형태를 띠게 된 것은 작품의 안팎에 커다란 변화를 불러온 요인이 되었다.

장소와 공간적 특성에서는 상업도시화한 서울과 변화하는 향촌의 대비가 두드러진다. 18세기 이후에 벌어진 시조의 음악적 번성이나 영남지방을 근거지로 한 규방가사의 발전을 떠올리면, 19세기 이후 시조는 서울을 소통의 근거지로 삼고 가사는 향촌 현실을 반영할 법하다. 하지만 19세기 후반까지도 향촌을 근간으로 한 시조는 여전히 생산되었고 서울 도시의 번화함을 다룬 특정한 부류의 가사 작품 역시 존재한다.

주제와 의식 면에서는, 주로 가사 작품에서 윤리보다는 세태가 강조되면서 희화화, 허구화한 양상이 눈에 띄며, 시조의 경우 시사적 요소를 개입시키며 문명과 개화라는 새 의식을 표면화하는 작품들이 나타났다. 이 점은 곧 장르의 변화 모색 과정과도 연결된다. 자국어를 의식한 근대적 문학 언어가 중시되고 서구 근대 국가로부터 유입된 문학 형식을 바탕으로 새로운 장르체계에 들어선 것이다. 한문학 대 국문문학의 대비적 구도는 그 결과이기도 한데, 이는 시가 양식에서 특히 두드러져 중세적 이념과 근대적 의식이 동시에 구현되면서 그것을 효과적으로 수행하도록 하는 방식이 모두 실험되었다.

이상 전통 시가에서 발견되는 전환기적 주요 경향 가운데 여기서는 가사와 시조 작품에 구체적으로 실현된 바를 나누어 고찰했다. 제1부는 가사 문학에서 전환기적 양상이 두드러진 작품을 중심으로 고찰한 논의들로, 제2부는 매체 수록 시조들에 나타난 시조 양식의 변화와 의미를 탐색한 논의들로 구성했다. 이 시기에 가사와 시조는 주목할 만큼 다양한 작품이 양산되었기에 이 책에서 다룬 작품들의 경향이 대표적이라고 할 수도 없다. 오히려 그간 '개화기' 문학에 접근할 때 학계나 연구자 개인이 기대한바 계도적 가치에 부합해 자주 소환되고 논의되어 온 작품의 경우 향유 방식과 독자(청자) 기대라는 이면의 진실을 살폈으며, 작품 편수나 존재 방식에서 뚜렷이 주목할 만하나 상대적으로 소외되어온 작품들은 전면적으로 다루어 그 전환기적 양상을 부각하고자 했다.

『초당문답가』 연구는, 동일 가사집 내 〈우부가〉나 〈용부가〉가 조선후기 가사의 새로운 경향으로 일찍부터 널리 알려졌는데 이질적 성격의 여러 작품이 하나로 엮여 소통된 방식 자체가 문제적임을 중점적으로 논했다. 연구자로서 전통 시가의 전환기 변모 양상을 흥미롭게 살피는 계기가 된 때가 바로 이를 발표한 2004년 무렵부터다. '복선화음가' 계열 가사는 규방가사에 속하면서 특정 지역을 넘어 이종 자료를 생산한 특이점 때문에 마침 학계의 관심이 쏠렸다. 서울대에 부임한 후 관련 자료를 학생들과 강독하면서 여성 독자(청자)의 내적 욕구와 기대가 작품의 확장 내지 확산과 연결되는 것에 주목해 논문으로 구체화했다. 이 과정에서 특히 현실 여성 인물의 등장이 한국문학사를 통틀어 이 시기 문학에 특징적인 현상이라는 점과, 꽤 자주 언급되어 온 가사의 서사성 문제를 서사 문학의 장르 특성과 대비하면서 후기 가사의 여성 인물 형상까지 고찰할 수 있었다.

전환기에 생산된 시조는 1970년대부터 현대문학 전공자들에 의해 '개화기' 문학 현상을 논하는 주요 대상이었으며, 1990년대 들어 고전문학 전공자들도 자료 해제 및 작품의 시사성과 계몽성을 다룬 성과를 내놓았다. 하지만 논의 자료가 애국계몽적 성격이 뚜렷한 작품에 편향된다든지 문예물로서의 평가가 근대적 시양식 관점에서 이루어져 아쉬움도 컸다. 이 점 때문에 『대한민보』 수록 시조는 양적으로 『대한매일신보』 수록 작품에 견줄 만할 뿐 아니라 형식과 주제적 특성 또한 전환기 시대상과 조우함을 두 차례 논문으로 밝혔는데, 이 책에서는 이들을 하나의 논의로 재구성해 실었다. 『만세보』 내의 고시조선 「해동영언」은 20세기 들어서도 창작 시조뿐 아니라 고시조의 변용과 활용이 빈번했으며 이것이 문학을 통한 대중화 전략에도 주효했음을 일깨우는 자료다. 일간지에 고시조를 선별 수록하면서 시의성을 띤 평을 덧붙여 대중에게 익숙한 문학 양식이 시대적 기능과 결합하는 사례를 구체적으로 살폈다. 시조평의 역할과 의미가 후속된 것은 1910년대에 잡지 수록 시조들에서 발견된다. 일제 강점 후 달라질 수밖에 없던 일간지의 특성 때문에 잡지로 들어간 시조와 그 비평은 엄혹한 시대에 순기능과 역기능을 때로 감당하면서 여전히 전통 시가의 역할을 감당한 것이다.

이 책에서 논한 가사와 시조의 전환기적 양상은 복잡 다기하게 분출된 실상의 일부일 뿐이다. 전환기라는 시대 조건을 의식해 매체와 향유 방식 변화에 주목했고, 주제와 의식 면에서 지금 여기 연구자의 기대보다 그때 그곳 수용자의 필요를 가늠해보고자 했다. 그럼에도 장소와 공간 특성 면에서 시조는 서울 중심의 매체 시조들을 한정적으로 논한 반면, 가사는 주로 향촌의 변화하는 분위기를 담은 작품들에 집중했다는 한계가 있다. 같은 시기 향촌의 시조나 서울 부근의 가사 또한 변화의 시대를 담아내면서 꾸준히 생산되었으나 수렴하지 못했다. 이것은 의도적으로 한쪽을 외면한 것은 아니며 변화와 변모가 전형에서 크게 멀어진 쪽을 따라가다 보니 먼저 살피게 된 결과일 뿐이다. 또 작품이 소통되던 사회역사적 맥락을 더 깊이 다루어야 한다는 부담도 컸으나 크게 진척시키지는 못했다.

전환기 시가 연구를 한 권으로 묶겠다고 계획하면서 더 논할 자료와 논제에 마음이 붙들린 것은 어쩔 수 없었다. 하지만 '언제까지나 주물럭대면서 기다리게 할 만한 것이 자신한테 있는지' 되묻고 우선 가능한 만큼 마무리해 앞으로 필요한 논의들을 불러내고 더불어 가는 게 필요하다고 위안 삼았다. 모쪼록 이 시도가 한국문학 연구에서 아직도 불확실한 구석이 남아 있는 근대전환기 문학 양상에 좀 더 가까이 분명하게 다가서려는 반성적 시각의 실마리가 된다면 더없이 기쁘겠다. 이제 여기서 다룬 시기에서 100년이 지나 다시 새로운 세기를 맞이한 지금 우리 문학 연구자는 어떤 세기적 전환의 양상을 마주하며 무슨 역할을 할 수 있는가. 100여 년 전 전통 문학 양식이 치른 치열한 모색의 과정들은 어쩌면 전환기를 살아낸 자의 골몰이자 책임이며 과제일 터이니, 곧 21세기 초를 지나는 우리의 것이기도 하다. 국어학을 포함해 고전과 현대를 아우르며 온전한 한국어문학사를 이룩해 내야 하는 과제가 지금 여기 우리 앞에 놓여 있다.

이 글이 나오는 동안 소중한 이들과 새롭게 만나고 아주 가까운 이들과 다시 먼 만남을 기약해야 하는 순간들도 겪었다. 옛노래에 흠뻑 취해 같은 길 걷는 이들과의 동행은 충분히 행복했으며, 특히 삶의 굽이마다에서 내가 누군지 어디에 서야 하는지 일깨우고 일어서 나아갈 용기를 주었다. 서울대학교 고전시가 연구실의 모든 동학께 마음으로부터의 사랑과 우의를 보내며, 늘 반짝이는 연구자로서의 일상을 기원한다. 가까운 존재와의 작별이 남긴 흔적들 덕분에 내가 이 지구별 짧은 여정에서 어떤 존재들로부터 비롯하고 사랑을 입었으며 무엇으로 갚아야 하는지 움푹하게 새겼다. 깊은 밤 하루를 적실 때마다 저릿한 그리움의 샘을 고여준 이들에게 절하며 재회를 기약한다.

2022년 새 봄

조해숙

# 차례

제1부

# 근대전환기 가사 문학의 대응과 변모

# I

# 『초당문답가』를 통해 본 전환기 가사의 장르적 변환과 근대성

## 1. 서론

한국문학사에서 중세문학에서 근대문학으로의 이행기가 갖는 중요성은 이제 새삼 부연할 필요가 없을 만큼 확고해 보인다. 이 시기의 설정을 통해 중세적 관념과 근대적 시각 양쪽에서 문학적 변종 내지 미숙아라고 도외시되어 온 많은 유동적이고 무정형적이며 자유로운 지향을 지닌 작품들이 당대 변화에 대한 문학 나름의 탄력적 대응의 결과로서 평가받기에 이르렀다. 연구의 추이를 보면, 문학 담당층의 확대가 가시화되고 중세와의 변별성이 뚜렷해진 18세기를 중심으로 성과를 집적해 왔으며, 최근에는 외연을 확장해 17세기와 19세기 현상을 통해 이행기 내에서 일어난 세부적인 지향의 충돌, 조정 및 전환과 통일의 과정들을 짚어 내고 의미화하는 미시적 영역으로 접근하고 있는 느낌이다.

이러한 연구의 추이를 고려할 때, 19세기 말에서 20세기 초기에 나타난 문학 동향을 이제는 본격적으로 재검토할 때가 되었다고 본다. 서양의 침략과 문화적 동화 정책에 대응하여 자립적인 근대 국가를 수립해야 한다는 과제를 떠안았던 20세기로의 전환기는 그 중차대한 역사적 함의에도 불구하고 특히 문학사에서 소외되어 왔다. 일제 강점과 그로 인한 당대 지식인들의 근대 국가 구현 과정으로서의 문학 행위에 대한 평가절하가 중요한 이유이고, 또한 국문학 연구자들의 전공 분리 경향과도 무관하지 않을 것이다.

한자 문화권 내에서 보편주의의 양상을 독자적인 방향으로 구현하려는 움직임은 중세 후기에 이미 나타났으며, 이행기는 이를 더욱 구체화하여 근대 민족주의로 이르는 발판을 마련하려는 시기였다.[1] 임진왜란 후 이행기 초기가 혼란 수습의 지향을 확정하지 못한 채 여러 가능성을 타진한 시기였다면, 18세기 중반 이후는 중세 청산의 움직임이 변화의 주류를 형성하면서 가시화된 시기이다. 이러한 흐름이 새로운 의식과 가치관을 담보한 문화적 산물로 결실을 맺기 위해서는 전통적으로 문화 주도의 위치에 서왔던 문학이 감당해야 할 몫이 컸다.

문학적 관심사는 근대적 문학 언어와 장르 체계에 대한 것에 집중되었다. 중세 질서를 극복하고 새로운 근대 문명을 구현하기 위해 중세적 어문 질서를 해체하고 근대적 '자국어'를 창출해야 한다는 과제는 당시 문학 담당층의 중대한 사명이었다. 서구 문명의 기초가 된 근대 국가의 기반에 '자국어'로 표출된 세계관과 그를 담아낼 수 있는 적절한 문학 형식이 자리하고 있었다는 것을 목도한 결과였다.

문학적 사명을 구체화하는 양상은 크게 세 가지 방향에서 찾을 수 있다. ① 사대부 주류문학에 대응해 독자적 영역을 구축해 온 방외인 문학 등의 전통 및 경험을 활용하려는 방식, ② 서양 선진 문명의 수용과 확산 과정에서 그들의 근대문학을 근거로 실험적 양식을 모색하려는 태도, ③ 중세 이전 사대부 문인들이 이룩해 온 전통적인 문학 양식과 경험을 창조적으로 재창출함으로써 문학적 대응을 이룩한 양상 등이 그것이다. 지금까지 근대전환기 논의는 ②를 주 대상으로 삼으면서

1 조동일, 『한국문학통사(제4판)』 3·4, 지식산업사, 2005.

①을 문학의식 차원에서 활용하는 데 치중했다. 그러나 당시까지 이룩된 문학의 수준과 담당층의 역량을 감안하면 ③ 역시 당연히 시도되었을 법하다.

다만 연구자들은 ①, ②에 비해 상대적으로 이행기다운 활력과 변화를 감지하기 어려운 ③을 굳이 택해 문학사의 전환을 논의할 필요를 느끼지 못했던 듯하다. 명백하게 변화한 것만이 근대적인 것이라고 믿는 연구 시각 아래서는, 갈래나 소재 또는 주제가 중세 이전 것과 지속되는 대상을 택해 그 내부의 새로움을 의미 있는 변화로서 드러낼 겨를은 없었던 것이다.

한문학 논의에서는, 비록 근대 초기 작품들까지 이어지지는 못했으나, 이행기다운 내부의 변화 움직임을 포착하고 의미화하려는 시도들이 있었다. 그런데 국문시가의 경우는 음악성 등 향유의 문제가 아닌 창작과 수용의 차원에서 본격적으로 양식 내 변화를 통해 의식의 전환을 꾀한 논의를 찾아보기 어렵다. 따라서 전통적 국문시가 양식 가운데 20세기에 이르기까지 갈래의 생명을 유지하면서 문학적 사명을 수행하고자 했던 작품을 심도 있게 분석하는 작업이 요청된다.

본고에서는 이상의 문제의식을 구체화할 수 있는 자료로 가사 『초당문답가』를 주목하고자 한다. 『초당문답가』는 19세기 말부터 20세기 초기까지 널리 유행하면서 독자층을 확보한 작품이다. 또한 장형화한 한 편의 작품이 아니라 여러 편의 가사 작품이 서로 관련을 지니며 한꺼번에 유통된 특이한 소통 구조를 지닌다. 내용 면에서도 당대 현실의 정황을 꽤 사실적으로 반영한 작품들이 있어 이를 중심으로 연구자들의 주목을 받아 온 바 있다. 여기서는 이 자료의 구성적 특징과 시어 및 표현의 문제, 이를 통해 드러나는 주제와 담당층의 의식을 시대적 조건과 관련하여 살피고자 한다. 이로써 역동성과 생명력을 내포한 전통 시가 양식의 대응 양상은 물론 그 전환과 해체 국면까지 드러내는 것이 궁극적 목표이다.

『초당문답가』에 대한 그간의 연구 경향은 크게 둘로 구분된다. 초기 연구는 전체 작품들 가운데 흥미로운 내용을 담고 있는 작품을 개별적으로 다루어, 주제와 소재의 특징을 시대성 문제로 수렴하거나, 화자의 말하기 방식 및 태도를 분석해 논의를 뒷받침하는 것이었다.[2] 〈우부가〉와 〈용부가〉에 집중된 이들 논의에서 『초당문답가』는 다양한 작품을 수록하고 있는 일종의 가사 모음집 정도로 인식되었다. 한편 『초당문답가』 전체의 구조적 유기성에 주목하고 가사집의 체제와 성격에 관심을 두게 된 것은 최근의 일이다. 이 논의들은 이본들의 양상을 통해 필사와 유통 과정을 추론하고, 개별 작품의 주제도 전체의 일부로서 파악하는 한편, 작품들 간의 소통을 연작형 가사의 관점에서 고찰하기에 이르렀다.[3]

필자는 일단 『초당문답가』에 수록된 작품들이 서로 관련성을 지닌 구조, 연작형 구성을 보인다는 점에 동의한다. 나아가 이러한 특별한 구조가 일련의 정연한 틀 속에 배치되어 있는지, 이를 의도한 생산자의 정체는 무엇인지 가늠하고, 이들을 요구하게 된 시대적 정황과 궁극적인 주제의식을 더불어 파악해야 한다고 본다. 이를 풀어 가기 위한 논의의 순서는 다음과 같다.

---

2 정재호, 「우부가고」, 『한국가사문학론』, 집문당, 1982a; 정재호, 「용부가고」, 『어문논집』 23, 고려대학교 국어국문학회, 1982b; 조동일, 『문학연구방법』, 지식산업사, 1980; 김대행, 「〈우부가〉의 주제와 시대성 논의 반성」, 『개신어문연구』 5·6, 충북대 국문과, 1988[국어국문학회 편, 『가사연구』, 태학사, 1997에 재수록]; 김광조, 「〈우부가〉 화자의 대상인물에 대한 태도와 그 표현방식」, 『한국고전시가작품론』 2, 집문당, 1992 등이 대표적이다.

3 권순회, 「《초당문답가》의 이본 양상과 주제적 의미」, 고려대학교 고전문학·한문학연구회 편, 『19세기 시가문학의 탐구』, 집문당, 1995; 박연호, 「초당문답가의 지향과 창작기반」, 상산정재호박사화갑기념논총간행위원회 편, 『한국가사문학연구』, 태학사, 1996; 정재호, 『주해 초당문답가』, 박이정, 1996; 김유경, 「연작형 가사의 형성과 변이 연구: 『초당문답가』를 중심으로」, 연세대학교 박사학위논문, 1996.

먼저 현재까지 밝혀진 이본들을 개괄적으로 소개하고 특징별로 유형화한 후 가장 완성된 최선본(最善本)을 확정하고, 이를 대상으로 가사집 내 각 작품의 내용과 전체 구성을 제시한다. 다음으로 작품의 특징을 구체화할 수 있는 시어나 표현의 구체적 특징을 규명함으로써 전체 주제와 담당층의 의식을 끌어내며, 가사라는 장르 체계의 시대적 대응을 설명해 낼 수 있을 것이다. 이 과정을 착실히 수행할 때 『초당문답가』 연구는 가사 문학사 내의 가치를 논하는 자리에서는 물론, 전통적 양식의 근대적 대응 양상을 다루는 한 걸음 진전된 논의의 장으로 들어설 수 있으리라 기대한다.

## 2. 자료 확정을 위한 이본의 개괄적 검토

현재까지 학계에 소개된 『초당문답가』의 이본은 모두 19종이다. 대부분 19세기 말부터 20세기 초까지 필사되었으며, 2종은 활자본으로 20세기 초반에 출간되었다. 각 이본에 수록된 작품의 수와 편차는 일정치 않으며, 더러는 목차에 이름이 올랐으나 실제 본문에서는 누락된 것도 있다. 몇 종의 누락 본을 제외하면, 각 이본은 대개 14~15편의 작품을 함께 수록한 형태다.

각 이본들 사이에 나타난 작품의 편차는 크지 않고 길이나 내용도 대동소이하나, 각 작품을 배열한 순서는 이본별로 차이가 있다. 개별 작품의 창작 시기는 알 수 없고, 필사 시기만 밝혀져 있다. 여기서는 우선 이본을 다룬 기존의 성과를 바탕으로 각 이본의 서지적 사항과 수록 작품 및 순서를 제시한다.[4]

4 권순회(1995)는 15종 이본의 작품 수록 순서대로 보이면서 간략한 설명을 곁들였고, 정재호(1996)는 18종의 목록만 제시했으며, 김유경(1996)은 기존 18종에 『아악부가

| 번호 | 제목 | 서지사항 | 작품수록 순서 |
|---|---|---|---|
| 1 | 『草堂問答』 | 필사본, 규장각 소장 | 백발편-역대편-지기편-오륜편-사군편-부부편-부인잠-장유편-총론장-개몽편-우부편-용부편-경신편-치산편-낙지편 |
| 2 | 『초당문답』 | 필사본, 서울대 도서관 소장 | 백발편-역대편-지기편-오륜편-사군편-부부편-부인잠-장유편-총론장-개몽편-우부편-용부편-경신편-치산편-낙지편-주인답 |
| 3 | 『後日敬戒錄』 | 필사본, 임형택 소장, 1896년 필사 | 백발편-지기편-역대편-오륜편-사군편-부부편-부인잠-장유편-총론장-개몽편-우부편-용부편-경신편-치산편-낙지편 |
| 4 | 『白髮編』 | 필사본, 국립중앙 도서관 소장 | 백발편-역대편-지기편-오륜편-사군편-부부편-부인편-장유편-총론장-개몽편-우부편-용부편-경신편-치산편 |
| 5 | 『가사집』 | 필사본, 박요순 소장 | 백발가-오륜가(총론장, 개몽편, 우부편, 용부편, 경신편, 치산편)-낙지사[5] |
| 6 | 『五倫行錄』 | 필사본, 강전섭 소장, 1890년 이전 필사 추정 | 부자편-사군편-부부편-부인잠-장유편-총론-우부편-용부편-치산편 |
| 7 | 『빅가사』 | 필사본, 규장각 소장 | 백가사(백발편)-지기편-오륜편-사군편-부녀편-장유편-붕우편-종족편-총론장-개몽편-우부편 |
| 8 | 『課日誨錄』 | 필사본, 고려대 도서관 소장 | 백발편-역대편-지기편-오륜편-(사군편-부부편-장유편-붕우편-종족편-통론편-개몽편-우부편-용부편-경신편-치산편)[6] |
| 9 | 『萬古奇談 處世歌』 | 신구서림, 1914(鉛印本) | 백발편-역대편-지기편-오륜편-부부편-장유편-붕우편-종족편-통론편-개몽편-우부편-용부편-경신편-치산편[7] |

집』 소재 이본을 합해 모두 19종을 배열 방식 중심으로 보였다. 본고에서는 이들 업적을 활용해 이본들의 성격을 가늠하고 최선본을 확정하는 데 목적을 두되, 필자 스스로 평가를 가할 입장에 있지 않으므로 현재까지 밝혀진 이본들을 모두 보이기로 한다. 다만 『아악부가집』본은 작품들이 나뉘어 필사되어 있고 전체 작품을 대표할 만한 제목도 없기에 한 작품으로 유기성을 갖는다고 보기 어려워 제외한다.

5 박요순, 「오륜가: 자료해제」, 『한남어문학』 16, 한남대학교 국어국문학회, 1990 참조.

6 괄호 안 작품은 목차에만 제목이 올라 있고 실제 작품은 존재하지 않는 것이다.

7 〈우부편〉은 '우부라ᄒᆞ믄어리셕은지아비라ᄒᆞ는말이라', 〈용부편〉은 '미련ᄒᆞᆫ지어미라',

| 번호 | 제목 | 서지사항 | 작품수록 순서 |
|---|---|---|---|
| 10 | 『處世歌』 | 필사본, 규장각 소장, 1917년 필사 | 백발편-역대편-지기편-오륜편-부부편-장유편-붕우편-종족편-통론편-개몽편-우부편-용부편-경신편-치산편[8] |
| 11 | 『초당가』 | 필사본, 한국학중앙연구원 소장, 1911년 필사 추정 | 백발편-부자유친-군신유의-부부유별-장유유서-붕우유신-살림하는법이라(치산)-조심하는법이라(경신)-방탕패가논(우부편)-불초부논(용부편)-불초공손(용부편) |
| 12 | 『草堂問答歌』 | 필사본, 고려대 도서관 소장, 1905년 필사 | 오륜편-경신편-치산편-사군편-부부편-부인잠-장유편-총론장-백발편-개몽편-우부편-용부편-낙지편 |
| 13 | 『樂志編』 | 필사본, 한국학중앙연구원 소장, 1900년 이전 필사 | 오륜편-경신편-치산편-사군편-부부편-부인잠-장유편-총론장-백발편-개몽편-우부편-용부편-낙지편 |
| 14 | 『가사집』 | 필사본, 한국학중앙연구원 소장 | 오륜편-경신편-치산편-사군편-부부편-부인잠-장유편-총론장-백발편-개몽편-우부편-용부편-낙지편-가정편(家政篇) |
| 15 | 『女子戒行』 | 필사본, 김미란 소장, 1917년 필사 추정 | 오륜편-경신편-치산편-사군편-부부편-부인잠-장유편-총론장-개몽편-우부편-용부편-백발편-낙지편 |
| 16 | 『편편긔담 警世歌』 | 보문사, 1908 | 역대편-부자편-군신편-부부편-장유편-붕우편-종족편-총론편-개선편-우부편-용부편-여자교육편-경신편-권농편(치산편)-지기편-백발편 |
| 17 | 『樂府』 | 필사본, 고려대도서관 소장, 1930~1933년 사이 필사 | 역대가-지기가-오륜가-사군가-부부가-종족가-장유가-붕우가-총론가-개몽가-우부가-용부가-경신가-치산가-낙지가-백발가 |
| 18 | 『白髮編』 | 필사본, 한국학중앙연구원 소장 | 오륜편-백발편-낙지론 |

〈경신편〉은 '몸을경계흔단말이라', 〈치산편〉은 '산업을다스린단말이라'라고 제목 아래 부기되어 있다.

8 『처세가』는 활자본 『만고기담 처세가』를 그대로 필사한 것이어서 서체의 다름 이외에 변화가 있는 것은 아니므로 두 본 사이에 이본 관계가 성립한다고 보기는 어렵다. 『초당문답가』 전체 이본 수를 확정할 때도 이것을 하나 추가할 수 있을지 의문이다. 물론 필사 과정에서 소수의 탈자와 와자(訛字) 발생이 불가피할 것이 예상되지만, 그

한글본이 대부분인데 규장각본 『草堂問答』은 국한문 혼용체, 『萬古奇談 處世歌』는 한글 옆에 한자를 병기한 방식이다. 필사 시기는 『五倫行錄』이 1890년 이전[9]으로 확인 가능한 것 가운데 가장 빠르고, 나머지 작품은 대체로 1900년에서 1930년 사이이다. 『만고기담 처세가』와 『편편긔담 警世歌』는 활자본으로 각각 1914년과 1908년에 상업적 출판물로 간행되었다. 특이한 점은 『白髮編』의 후반부에는 가사집과 다른 필체로 쓰인 〈니진사젼〉이 덧붙어 있고, 『課日誨錄』은 〈금송아지젼〉과 합본되었으며, 『빅가사』 중간에는 가사 내용과 관련 없는 〈십이월가〉, 〈정부가〉, 〈낙빈가〉, 〈연명사〉, 〈악양루별〉, 〈화쵸가〉, 〈싹타령〉 등 당대 유행 노래가 삽입된 점이다. 『백발편』에는 단가 〈궁장가〉, 〈달거리〉 내용의 노래가 제목 없이 붙어 있다.[10]

서지적 사항을 종합해 보면, 『초당문답가』는 19세기 중반쯤에 이미 형성되어 향유층의 지지를 받으면서 전파되기 시작해, 19세기 후반에는 소설류나 단가류와 함께 인기 있는 향유물로 자리 잡았으며, 20세기에 들어와 이 같은 대중적 영향력을 감지한 출판업자들에 의해 상업적 독서물로서 활자화되어 출간되기에 이른 것으로 생각된다.

외형적으로 드러난 사실들로부터 『초당문답가』 이본들에 접근할 수 있는 시각은 다음 몇 가지로 정리할 수 있다.

첫째, 가장 일반적인 유형은 〈백발편〉에서 시작해 〈역대편〉과 〈지

---

정도의 차이나 독립적인 작품으로서의 성립 문제는 이본들의 양상과 관계를 본격적으로 다루는 후일의 논의에 미루어 둔다. 여기서 각 이본의 성격을 논할 때 『처세가』는 따로 다루지 않는다.

9 『오륜행록』은 공주 지역 향반이었던 이기원(李基遠, 1809~1890)의 집안에서 필사되고 유통된 것이므로, 그의 생존 연대를 감안한 김유경(1996)의 견해를 따른 것이나, 권순회(1995)는 이기원의 〈농가월령〉과의 관계를 감안해 이 작품의 필사 시기를 1860년대 전후쯤으로 올려 잡은 바 있다.

10 권순회, 앞의 논문, 341-345쪽.

기편〉을 거쳐 오륜 규범을 제시하고, 〈개몽편〉, 〈우부편〉, 〈용부편〉에 이어 〈경신편〉과 〈치산편〉을 노래한 후 〈낙지편〉을 마무리로 삼는 배열 형태다. 1부터 5까지가 이 유형을 온전히 보여 주며, 7과 8은 일부 결락된 본들이다. 이 유형은 〈백발편〉에 등장하는 초당주인과 백발노인의 대화를 고려해 작품 전체를 문답 구조로 완결시키려는 의도를 지닌 것이라고 판단된다.

둘째, 이와 달리 문답 구조를 강조하기보다는 훈계적 의도를 앞세운 유형이 존재한다. 이 유형은 오륜 규범을 제시한 부분을 앞쪽에 배치한 후, 〈백발편〉과 〈낙지편〉 사이에 〈개몽편〉, 〈우부편〉, 〈용부편〉을 제시한 경우가 많다. 12~14 이본이 대표적이며, 6도 현전 상태로는 여기에 속한다.[11] 이들은 〈경신편〉과 〈치산편〉을 오륜 내용을 다룬 작품들 속에 배열한 점이 특징인데, '경신'과 '치산'을 오륜과 동일한 덕목으로 여겼음을 알 수 있다. 16과 17은 약간 변이된 경우로, 교훈을 강조한다는 점은 같지만, 〈역대편〉을 가장 먼저 내세우고 있어 역대 사적의 개괄로 작품의 서두를 시작하는 가사의 전통적 서술 방식을 따른 것 같다.[12] 문답 구조를 강조하는 유형에서 대화 전개의 가장 핵심적 역할을 하는 〈백발편〉이 가장 나중에 배열된 것은 이 유형의 의도가 교훈적 규범의 직접 전달 자체에 있음을 분명히 해준다.

셋째, 『초당문답가』의 일반 독자가 누구였는지 확정할 수는 없지

---

11 선행 연구에서는 6. 『오륜행록』을 문답 구조를 강조한 첫째 계열로 분류하고 있다(권순회, 앞의 논문, 343쪽; 김유경, 앞의 논문, 122쪽). 그 근거는 남겨진 문헌의 모습으로 판단컨대 겉장을 포함한 전반부 내용의 일부가 일실(逸失)되었을 가능성이 있으며, 나머지 작품의 배열 순서가 문답 강조형과 더욱 공통점을 지닌다는 것이다. 그러나 본문과 다른 필체로 쓰인 『오륜행록』 제목이 애초 필사자에 의한 것이 아니라 하더라도 이 작품의 담당층에 의한 행위였을진대, 오륜의 훈계를 강조하려는 향유자의 의도를 존중해야 한다고 본다. 나머지 작품들의 배열도 〈역대편〉을 앞세운 16과 17에 준하는 것으로 보면 『오륜행록』은 기능상 둘째 계열로 분류될 수 있다.

12 김유경, 위의 논문, 155-156쪽.

만, 여성 독자용이 존재한 것만은 분명하다. 15는 제목에서 독자층을 한정했고, 9, 11, 14, 16은 수록 작품의 명명법과 내용에서 특별히 여성 독자를 의식해, 개별 작품 내용을 한글로 풀이한 부제를 달거나 '여자 교육' 관련 작품을 첨가했다. '여성'을 비중 있게 여기는 점은, 거의 모든 이본이 오륜 내용을 다룰 때 〈부인잠〉을 따로 설정해 〈부부편〉보다 길고 자세히 읊은 점에서도 확인된다. 이는 『초당문답가』의 생산 배경과 관련된 것으로 보인다.

마지막으로, 각 이본들의 제목의 다양성 및 그 해석은 짚고 넘어가야 할 문제다. 대개 '초당문답가'라고 통칭하는 이들 가사집의 제목은 모두 각각 다를 뿐 아니라, 5나 14처럼 특별히 내용을 반영한 제목을 붙이지 않은 경우도 있다. 또 12는 본문 작품의 배열로 볼 때 규범의 훈계가 강조되며 문답 구조는 불완전할 수밖에 없는 유형이지만 '문답'을 표명한 제목을 붙였다.[13] 이를 어떻게 해석할 것인가. 이들이 한 편으로 완결되는 개별 작품이 아니고, 각 작품의 창작 시기와 창작 의식을 상정하는 것이 불가능하다면, 이들이 필사되어 일정한 의도 아래 배열되고 소통된 때의 정황을 제목이 보여 주는 것이라고 해석된다. 즉, 제목 자체가 수용층의 의식을 반영하고 있다는 것이다. 따라서 문답 구조를 의식하고 활용하면서도 그 주제를 교훈적인 데서 파악할 수도 있고, 훈계 목적을 강화하려다가 문답이 불완전해지더라도 여전히 이를 '문답가'라고 의식했을 수도 있다.

이에 덧붙여 『樂府』에 수록된 작품의 경우를 보자. 17은 따로 각 작품을 묶을 수 있는 제목이 없고, 각 작품이 유일하게 '○○가'라고 표기된 점도 특징이다. 이 경우 일반적인 배열 순서는 지키되 다른 이본과 달리 개별 작품을 독립적으로 다루려는 의식이 작용한 것으로 볼

13 마찬가지로, 문답 구조를 의식해 배열된 유형에서도 교훈 주제가 분명한 제목을 붙이거나, 첫 작품인 〈백발편〉을 전체 제목으로 삼은 경우도 다수 있다.

수 있지 않나 한다. 필사 연대가 가장 후대에 속하는 점도, 이미 『초당문답가』 내의 각 작품이 널리 알려져 독립할 수 있는 조건이 되었을 것이다.

이상 『초당문답가』 이본을 둘러싼 몇 가지 정리 사항이 이본 논의의 본질적인 영역은 될 수 없다. 면밀한 이본 대조를 통해, 이본군이라 할 만한 몇 개의 유형을 계열화하고, 그 선후 문제를 따지며, 나아가 각 이본 계열의 성향을 종합적으로 판단해 담당층의 의식 규명에 이바지하는 본격 작업이 남아 있다. 이는 상당한 시간과 공력을 요하는 작업이기에 다음 과제로 삼기로 한다. 여기서는 본고의 목적에 충실할 수 있도록 최선본(最善本)을 확정하는 일을 이본 검토의 결과로 삼기로 한다.

이미 여러 논의에서 지적한 바와 같이, 『초당문답가』 이본 가운데 문답 구조를 의식해 전후 작품을 배열한 쪽이 일반적 유형이라고 본다. 그 가운데서도 수록 작품 수나 체제 면에서 완비된 이본은 규장각 소장 『초당문답』과 서울대도서관 소장 『초당문답』인데, 마지막 〈낙지편〉 구성이 더 보편적이고, 한문이 혼용되어 있어 어구 해독에 오해의 소지가 적은 규장각 소장 『초당문답』을 최선본으로 삼는다.

다음 장부터는 이 『초당문답』(규장각본)을 정밀히 다루어 『초당문답가』의 특징과 의미에 접근해 가기로 하자.[14]

14 본고에서 『초당문답』(규장각본)의 개별 텍스트로서의 특징을 언급할 때는 『초당문답』이라 칭하기로 하고, 이를 통해 가사집 일반의 성격을 논할 때는 그 대표 제목을 『초당문답가』라고 일관되게 지칭하기로 한다.

# 3. 각 편의 내용 분석을 통해 본 내적 소통 양상

이 장에서는 현전하는 이본들 가운데 가장 완전한 구조를 갖춘 『초당문답』을 대상으로 수록된 각 작품의 내용과 성격을 파악하고, 이를 통해 전체 구성을 밝혀 본다.

『초당문답(草堂問答)』은 모두 15개 작품으로 이루어져 있다. 그 순서와 제목은 〈白髮篇〉, 〈歷代篇〉, 〈知己篇〉, 〈五倫篇〉, 〈事君篇〉, 〈夫婦篇〉, 〈婦人箴〉, 〈長幼篇〉, 〈摠論章〉, 〈開夢篇〉, 〈愚夫篇〉, 〈慵婦篇〉, 〈敬身篇〉, 〈治産篇〉, 〈樂志篇〉 등이다.

맨 처음 등장하는 〈백발편〉은 총 157행으로, 마지막의 〈낙지편〉 다음으로 장편이다. 1인칭 서술자 시점에서 봄날 초당에서 잠들었던 주인이 구걸 온 노인의 말에 잠 깨어 노인의 행색과 태도를 비판적으로 묘사하는 것으로 시작된다. 이어서 노인의 정체를 묻는 대목도 1인칭 서술의 가사체에서 일반적으로 보이는 양상이다.

본격적인 대화는 "여보쇼 主人네야/ 乞客 보고 웃지 마쇼// 졀머셔 虛浪하면/ 일이 되리 나 뿐인가"라 하여 노인이 자신의 인생 역정을 펼치는 부분부터 시작된다. 그런데 발화 대상은 작품 중간에 이르면 애초의 '主人'에서 '青春少年'들로 바뀌며,[15] 발화 주체 또한 '나'에서 '우리'로 전환한다. 따라서 주인과 노인의 직접적인 대화 어투는 첫 대목에 국한되며, 이하의 대화체는 노인 세대를 대표하는 복수 화자가 청춘 일반을 상대로 발화하는 간접적 양상을 띤다. 노인의 정체를 묻는 주인의 첫 발화를 전체 사건을 이끌기 위한 '매개발화'[16]라고 할 수 있는 것

---

15 "어와 青春少年들아 綠鬢紅顔 自揚마라", "슬푸다 청춘네들 (…) 늘기 젼에 操心ᄒᆞ쇼" 등에서 여러 차례 보인다.

16 박혜숙, 「서사가사와 가사계 서사시」, 『고전문학연구』 10, 한국고전문학회, 1995.

이 이 때문이다.

젊은 주인의 눈에 비친 노인의 행색은 비루하고 보잘것없어 부정적으로 묘사되는데, 주인의 발화가 전체에서 차지하는 비중은 적다. 반면 노인의 답은 훨씬 길고 다양하게 제시된다. 자신의 출신 성분과 젊은 시절의 방탕한 생활을 자세히 읊은 후 현재의 늙은 육신을 나열법을 동원해 상세히 묘사하는 것이다. 3·4조 내지 4·4조의 기본 음수율에서 벗어난 네 구를 포함해 각 행은 정연한 대구 구조를 갖추었으며, 한자어나 고사 인용 부분이 있지만 적절히 안배하여 가사체 형식에 철저하다. 순간적이고 일시적으로 발화되어 기록한 것이 아니라 오래 두고 다듬은 흔적이라 생각된다.

〈역대편〉은 "어와 世上 排判後의/ 歷代 盛衰 들어보소"라 하여 일반을 향한 말 건네기로 시작한다. 총 71행으로, 행마다 2~4자 한자어를 빠짐없이 사용해 다른 편에 비해 문어체에 가까운 가사 형식을 기계적으로 실현하고 있다. 주요 내용은 세상이 시작된 후 인간의 등장으로 시작해 전설적인 황제들을 거쳐 중국 역대 사적을 차례로 읊고, 마지막 13행에 단군 출현부터 조선에 이르기까지 우리 역사를 짧게 개괄한 후 "우리도 언졔나 聖主를 뫼시고/ 中原을 回復하고 立身揚名 ᄒᆞ여 볼가"로 끝맺음한다. 우리 사적이 앞부분에 비해 성글게 축소되어 있는 점이나, 청(淸)나라 대목에서 우리 쪽으로 전환되는 부분이 "슬푸다 天時런가/ 夷賊이 또 盛ᄒᆞ여// 靈告塔 ᄒᆞᆫ 壯士가/ 削髮을 시계스나// 海東有名朝鮮國은/ 衣冠이 依舊ᄒᆞ다"로 어색하게 처리되고 있는 점 또한 주목된다. 중국 역대 나라들 가운데 송(宋)·명(明)나라만을 긍정적으로 찬양하고 있고, "有名[明]朝鮮國"으로 우리 역사를 시작하고 있는 점은 당시 북벌론 등과 연관된 숭명주의(崇明主義) 의식을 반영한다. 그러나 작품 전체를 관류하는 의식은 역대 사적을 개괄하는 가운데 지식을 표출하면서 자기를 과시하고자 하는 욕구에 맞닿아 있다. 따라서 마지막 구절에 집착해 이 편의 주제를 '중원회복과 입신양명의 포부'로 보는 것은 실상과 거리가 있다.

주제를 그와 같이 파악하게 된 것은 바로 다음 편인 〈지기편〉에서 "여보시오 主人兩班/ 이닉 말숨 들어보소"라는 서두 뒤에 "넉넉잔는 所見으로/ 治國治民 經營 말게"라는 발화가 이어지는 것과 관련이 있다. 이 발화로 하여, 실제적인 화자나 청자가 드러나지 않는 〈역대편〉의 발화 주체는 초당주인이었음을 알게 되며, 그 내용 또한 연결 가능하다. 실제로 두 작품은 이본들에서 대개 함께 수록되거나, 동시에 누락되어 있다.[17] 『초당문답』 전체의 구성으로 볼 때도 두 작품이 직접적 문답 형식 없이도 서로 밀접한 연관성을 유지하도록 배열되고 있는 것이다. 총 78행으로 이루어진 〈지기편〉의 전체 분위기 또한 중국의 인물들에 얽힌 고사를 주로 인용하며 세상경영과 공명의 덧없음을 강조하고 자신의 유식을 자랑하려는 태도를 보여 〈역대편〉과 유사하다. 이를 통해 "宦海風波 少年들"에게 영웅호걸을 거론치 말며 세상공명으로부터 자유로울 것을 역설하는 이 작품이 강호에 유유자적하는 일노옹(一老翁)과 문답장취(問答長醉)하며 경쾌하게 마무리되는 점은 이채롭다.

〈오륜편〉은 제목 그대로 오륜의 덕목들을 총괄적으로 제시한 부분이다. 엄격히 사설을 따지면 전체 내용과 제목은 부합하지 않는다. 총 92행 가운데 "어와 셰상 ᄉᆞ롬들아/ 이닉 말숨 들어보쇼 (…) 三綱五倫 八條目을/ 딕강 푸러 말ᄒᆞ리라"까지 서두 부분 5행만 〈오륜편〉 전체에 관한 내용이고, 다음 구절부터 마지막까지 87행 전부는 오륜 가운데 '부자유친'에 관한 내용이다. 따라서 이 작품의 서두만 '오륜편군'[18]의 마

---

17 전체 18개 이본 중 7. 『빅가사』만 〈역대편〉은 없이 〈지기편〉만 나타나며, 11부터 16까지는 두 작품 모두 보이지 않는다. 다만 두 작품의 순서가 바뀌어 배열된 3. 『후일경계록』과, 두 편이 분리되어 배열되어 있는 16. 『편편긔담 경세가』의 경우는 내용상 따로 고찰이 필요하다.

18 전체 작품 15편 가운데 오륜의 덕목을 집중적으로 다루고 있는 〈오륜편〉, 〈군신편〉, 〈부부편〉, 〈부인잠〉, 〈장유편〉, 〈총론장〉 등을 통칭하여 이렇게 지칭한다.

지막 작품 〈총론장〉과 연결될 수 있다. 서두 부분을 제외한 〈오륜편〉 후반부는 내용상 〈사군편〉, 〈부부편〉(〈부인잠〉), 〈장유편〉, 〈붕우편〉 등과 대응할 만한 〈부자편〉 정도로 제목을 붙여야 합리적이다. 이본들 가운데 활자본 출판물인 『편편긔담 경세가』와 그 필사물인 『경세가』만 각 편의 제목을 이렇게 조정하고 있어, 아마도 출간을 위해 오륜을 내용에 부합한 제목으로 가다듬은 것이라 생각된다.

이른바 〈부자편〉의 내용은 부모 봉양의 방법이 주를 이룬다. 전통적으로 강조되어 온 효의 기본 덕목들과 함께 서모(庶母), 서제(庶弟)의 대우 문제에 이르기까지 구체적이고 상세한 사항을 지적한 점이 눈길을 끈다. 전통적 제재를 끌어와 근대전환기의 당면한 현실 문제와 결부시킴으로써 진부하지 않은 훈계로 나아간 것이다. 산문적 요소나 대화체의 어법이 개입하고 있는 점도 이러한 경향과 관련될 것이다. 이에 비하면 〈사군편〉은 총 26행에 불과하고, 신하와 농부들에게 충성과 납세를 들어 직분을 강조하는 고답적 내용이다. 파격을 보이지 않고 형식에 집착하는 경향 등도 새로움과는 거리가 있어 형식적 삽입이라는 인상을 준다.

〈부부편〉과 〈부인잠〉은 대응을 이룬다. 앞의 두 편에서 발화 대상은 일반 백성들이었는데, 이들 작품에서는 각각 '二八靑春 少年들'과 '婦人닋들'로 한정된다. 전체 어조는 구어체와 사투리 등 생활어와 일상어를 자주 사용하고, 부부 사이에서 흔히 발생하는 사건과 상황을 설정하여 유연한 대처법을 가르치는 투이다. 〈부부편〉에서는 특히 부부 관계에서 경계할 점과 함께 패악한 아내 대응법을, 〈부인잠〉에서는 불행한 시집살이의 대응법을 조목조목 이르고 있는 점이 다른 오륜가들에서 찾기 어려운 부분이다. 〈부인잠〉이 총 45행으로 10행 더 길어 여성의 역할을 중시한 사회적 경향을 반영한다. 〈장유편〉은 "어와 아희들아/ 長幼有序 들어보소"로 시작해 대상을 명확히 했으나, 예상되는 어른-아이 관계의 공경을 역설하는 내용은 아니다. 집안화목과 특히 형제우애 대목이 강조되며, 이를 향촌에서의 공동체적 삶과 연계시킨 점이 특이하다. 〈총론장〉은 "五倫이 저러하니 三綱도 거긔 잇다"로 시작을 삼아 삼강을 따로 거론하지 않고 다시 한번 오륜을 강조하며 끝맺는다. 특히 오륜이 인간됨의 기본임을 강조하기 위해 까마귀의 보은, 호랑이의 자식 사랑, 불개미의 충절, 원앙새의 수절, 떼기러기의 질서, 승냥이의 동무 사랑, 수달의 제사 등 갖은 동물의 행위를 예시함으로써 규범을 잃으면 금수만도 못하게 됨을 강제 없이 환기시킨다.

〈개몽편〉 도입부는 뜻밖의 상황으로부터 비롯한다. 지금까지 등장한 적이 없던 '一少年'이 노인 앞에 내달아 핀잔을 주며 "그 잔말 고만두고/ 塵談陋說 듯기 실에// (…) // 孔孟兩聖 아니라도/ 졔 쳔셩이 어듸 갈가// 글 잘ᄒᆞ고 아ᄂᆞ니ᄂᆞᆫ/ 悖理ᄒᆞᆫ 일 모다 ᄒᆞ데"라는 말로 전편의 노인 발화에 반발하고 시체(時體)대로 살 것을 주장한다. 총 40행 가운데 소년의 이야기는 제13행까지다. 이에 노인이 "가련타 져 少年아~"로 답하면서 성인이나 범인이 모두 정진해야 함을 강조하고, 규범 준수의 정당성을 여러 겹의 예시로써 훈계하는 대목이 마지막까지이다. 처음 〈백발편〉에서 노인과 문답한 초당주인은 실제로는 서술자의 역할을 담당하며 노인의 말을 이끌어 내는 중도적 입장에 선 데 반해, 여기서 '소년'의 발화 태도나 의식은 노인과 선명하게 대립된다. 위에 제시한 부분에 이어 덧없는 인생의 미소(微小)함을 이백(李白)과 소동파(蘇東坡)의 구절에 비겨 거듭 역설한다. 소년의 발화로 미루어 보면 노인의 입을 통해 제시되고 강조되어 온 사설 내용과 주제 의식이 소년이 인식하는 '시체'와 괴리된 것임을 알 수 있다. 때문에 노인과 소년, 혹은 각각의 의식 사이에는 대립적인 긴장감마저 형성될 만하다. 그만큼 소년의 등장은 파격적이며 노래 전체에서 중요하다.

노인은 이처럼 급진적이고 돌발적 상황에 처해 침착하고 일관되게 반응하고 있다. 하늘이 사람을 성인(聖人), 현인(賢人), 범인(凡人)의 세 등급으로 가려내었으나 범인 또한 정진해야만 하며, 규범을 따르는 것이 이득이 된다는 점을 일상에서 흔히 관찰할 수 있는 사물이나 동물의 경우에 비유해 차분히 설득한다. 오히려 소년의 개입 부분을 계기로 노인은 발화의 근거를 명확히 하면서 더욱 적극적인 설득으로 나아가고 있는 느낌마저 준다.

한편 〈개몽편〉 마지막 부분에서 특히 주목할 점은, 순간의 실수로 조상대로부터의 세간을 한꺼번에 잃기 쉬움을 경계하면서 "狂夫말도 가리ᄂᆞ니/ 헛도이 듯지 마소"로 끝맺는 점이다. 이는 자신을 낮추면서 설득의 효과를 배가시키는 장치인 동시에, 바로 다음에 이어지는 작품들과의 연계성을 암시하고 있기 때문이다. 총 117행에 달하는 〈우부편〉의 첫머리가 바로 "ᄂᆡ 말이 狂言이나 져 畵相을 구경ᄒᆞ소"라 하여 연결되며, 〈우부편〉에서 묘사되는 세 인물 — 말뚱이, 곰생원, 썡생원 가운데 첫 말뚱이의 부정적 행태는 바로 부모덕을 입어 호의호식하다가 일시에 가산을 탕진하고 천덕꾸러기가 되어 버린 사례인 것이다.

〈용부편〉의 시작인 "匈보기도 실타마는/ 져 부인 모양 보소~" 부분도 〈우부편〉과 흡사하다. 『초당문답』 15편 전체에서 이 두 작품에만 보이는 표현이어서 이들 사이의 관련성을 강력히 뒷받침한다. 〈용부편〉에서는 지탄받아야 할 두 아낙네가 등장한다. "져 부인"의 용렬함과 "南大門박 쎙덕어미"의 패악이 대구 구조를 갖추어 상세하게 묘사되는데, 각각을 지칭한 관형어에서 보듯 후자의 행위에 거리를 두고 더욱 문제적으로 여긴다. 두 사람의 행위를 다룬 부분이 19행/ 25행으로 차이가 나는 것도 그러한 태도의 근거다. 또 마지막을 "無識ᄒᆞᆫ 女子들아/ (…) / 힝ᄒᆞ기를 위쥬ᄒᆞ쇼"로 맺음하는 것은 등장인물들의 부정적 형상화로 객관적 제시에 머무르던 사설을 갈무리하면서, 다른 편들에서와는 달리 직접 제한된 발화 대상에게 훈계를 강화하는 기능을 지닌다. 이렇게 〈개몽편〉과 〈우부편〉, 〈용부편〉은 나란히 수록되면서 작품 속에서도 상호 유기성을 드러내는 것이다.[19]

〈경신편〉은 "如履薄氷 이 世上의 如臨深淵 웬말인고"라 하여 위험 많은 세상에서 몸조심을 당부하는 전체 주제를 첫머리에서 집약해 제시한다. 총 76행으로, 서두는 물론 결말부에서도 고사 관련 한자어를 다수 구사하면서 전반적으로 점잖게 타이르는 투로 일관하는 점이 다른 작품과 이질적이다. 『논어』를 풀어 행동 강령으로 삼거나 법을 맡은 관원의 몸가짐, 재산 관리 및 마음을 다스리는 법 등을 언급한 서술 내용으로 볼 때 발화 대상은 식자층으로 짐작된다. 비유와 시어 등은 한자 어투의 딱딱한 외형에 머무르지 않고 남/나, 좋은 것/나쁜 것의 대조를 자유롭게 넘나들며 친한 이에게 어르듯이 훈계하고 있다. 작품 어디에도 직접적인 화자나 청자를 설정하지 않고 있어 독립적인 작품이라 할 만한 이 작품을 전체 구조 속에서 연결 짓는 장치는 다음에 이어지는 〈치산편〉의 첫 대목이다.

〈치산편〉은 서두에 "修身을 ᄒᆞ여스니 治產을 ᄒᆞ여보세"라는 직접적 언급으로 〈경신편〉과의 연계성을 표면에 드러내고 있는 것이다. 앙사부육(仰事俯育)에 소홀한 것을 죄를 짓는 행위로 간주하며 치산(治產)의 정당성을 내세우고, 근면(勤勉)을 양식 삼고 검박(儉薄)을 밑천으로 일상의 자잘한 일에 이르기까지 재산을 더할 수 있는 사례를 열거한다. 총 141행에 달하는 이 편의 특이한 점은 "가난ᄒᆞᆫ 農夫들아~"에서 시작해 중간부에서 "여보시오 안악ᄂᆡ냐~"로 그 발화 대상을 전환하여 각각에 알맞은 치산법을 들려주다가, 끝으로 "ᄂᆡ 몸이 편ᄎᆞ허면/ 奴僕을 ᄉᆞ랑ᄒᆞ쇼~"부터는 다시 양반 남성을 발화의 상대자로 삼고 있다는 것이다.

이 같은 〈치산편〉의 자유로운 청자 전환은 작품을 이끌어 가는 이가 하나의 주제를 한 작품 내에서 자유자재로 다룰 수 있는 능력을 가졌다는 점과, 『초당문답가』가 다양한 구성 방식으로 완결되었음을 시사한다. 『초당문답가』는 여러 편의 작품 속에서 각각의 주제를 특징적

---

19 전체 작품 중 일부만이 수록된 『오륜행록』과 『빅가사』를 제외하고는, 계열에 관계없이 모두 〈개몽편〉, 〈우부편〉, 〈용부편〉이 나란히 연결되어 수록되어 있다.

으로 구현하는 것은 물론, 때로는 동일 주제를 한 작품 안에서 다양한 대상에게 발화하는 입체적 전달 방식을 구사한다는 것이다. 〈치산편〉의 마지막은 예절과 친척을 비롯하여 공명과 사업 등 모든 것이 의식(衣食)에서 비롯함을 강조하고, 의식이 유여하다면 비로소 자식에게 글을 가르쳐 "竹帛 일흠 실어다가 麒麟閣의 畵像모셔 千秋萬歲 流傳"할 것을 당부한다. 자손만대의 영화를 희구하는 이 결말 부분은 사실상 『초당문답가』 전체의 마무리로 보아도 무방하다. 문답 구조를 강조하고 있는 이본들 가운데 여러 편이 〈낙지편〉 없이 〈치산편〉에서 끝날 수 있는 이유도 이 점과 관련이 있지 않나 한다.

그렇게 보면 "八道江山 求景ᄒᆞ고/ ᄒᆞᆯ 일이 젼혀 업셔// 十年 經營ᄒᆞ고/ 筒簫을 ᄇᆡ온 ᄯᅳᆺ즌// 主人 少年 만ᄂᆞ거든/ 한 번 부러 보ᄌᆡᆺ써니~"라 하면서 주인 소년과의 만남을 의미화하는 〈낙지편〉은 『초당문답가』 전체의 문답 구성을 의식해서 의도적으로 마련된 것이라 할 만하다. 맨 처음 〈백발편〉에서 나눈 초당주인과 백발노인의 대화를 〈낙지편〉에서 계승하려는 것이다. 이후는 노인이 단소에 실어 노래한 내용들인데, 여기서 노인의 모습은 〈백발편〉의 궁색하고 비루한 그것이 아니다. 세상을 유람한 후 초당(草堂) 삼간(三間) 지어 놓고 강호한정을 누리는 풍류인이며, "아들 兄弟 ᄯᆞᆯᄒᆞ나의/ ᄂᆡ외손니 繁盛ᄒᆞ니// 온갖 滋味 다 질기"는 대우받는 어른이다. 또 '事無閑身'을 유독 강조하면서 그 정서를 봄 낚시-여름 시냇물 놀이-가을 약초 채집-겨울 독서 토론으로 사시(四時)에 걸쳐 구체화하고, 격양가(擊壤歌)를 부르면서 성은(聖恩)에 감격하고 태평성대를 찬양한다는 설정은 '미인곡(美人曲)'류를 연상시킨다. 어구나 표현도 한시구, 시조, 경서 등을 두루 차용해 이를 세련되게 재배치함으로써, 작품 길이는 15편 가운데 가장 장형인 총 190행에 달한다. 이처럼 전체 분위기나 시어 등에서 〈낙지편〉은 『초당문답가』 내 대부분의 작품과는 이질적이면서 중세 이전 가사의 전형성에 근접해 있는 것이다. 다만 다른 것이 있다면 "仁義禮智 상긴ᄃᆡ로/ 修身齊家 ᄒᆞ련이와// 治國家 平天下ᄒᆞ믈/ 몰나도 관계업다"고 하며 명철보신(明哲保身)을 개인적 차원으로 강조한 마지막 부분으로, 『초당문답가』 담당층의 의식을 반영하고 있다.

이본에 따라서는 주인에게 들려주는 노인의 노래로만 끝나지 않고, 그 노래에 대한 주인의 평가와 답이 덧붙어 갈무리되는 것도 있다. "樂志辭 豳風詩를/ 엣ᄉᆞ람도 지어스니// ᄌᆞ네노릐 드러보니/ 太平洞簫 아니런가// 草堂의 春眠足을/ 是非할이 업셔더니// 無斷이 져 過客이/ 我夢을 놀ᄂᆡ거다"[20]라는 주인답으로 끝맺는 것이다. 이는 〈백발편〉 전반부에서 노인의 방문에 꿈을 깬 주인의 발화로부터 『초당문답가』가 비롯된 설정과 상응하도록 구성상의 완벽을 기한 것으로 보인다.

이제 지금까지 고찰한 각 편의 내용과 기타 특징을 종합적으로 고려하면서, 작품의 전개 과정 및 작품들 간 친연성을 바탕으로 그려낼 수 있는 『초당문답가』의 구조는 다음과 같다.

| | | | (부자) | | | | |
|---|---|---|---|---|---|---|---|
| | 역대 | | 군신 | | 개몽 | 경신 | |
| 백발 — | | — 오륜 — | 부부 | — 총론 — | 우부 — | | — 낙지 |
| | 지기 | | 부인 | | 용부 | 치산 | |
| | | | 장유 | | | | |

『초당문답가』의 전체 작품은 15편이지만 〈오륜편〉을 내용에 따라 둘로 나누어 〈부자편〉을 상정한다면 위와 같다. 〈백발편〉과 〈낙지편〉은 시작과 마무리에 해당하는 사설을 갖추고 있어 수미상응한다. 〈역대편〉은 〈지기편〉과 함께 나타나거나 빠지며, '오륜편군'끼리의 관련은

20 『가사집』 및 고대본 『초당문답가』 등의 〈낙지편〉이 이러한 결말 부분을 갖추고 있다.

긴밀하다. 〈개몽편〉과 〈우부편〉, 〈용부편〉은 내용상·형식상 유기적 관련을 가지며, 〈경신편〉과 〈치산편〉에 나타나는 어법과 의식은 동질적이며 연결 구절에 의해 결합된다. 사용된 시어나 분위기로 파악한다면 〈백발편〉, 〈역대편〉, 〈지기편〉, 〈낙지편〉이 유사성을 지닌 묶음으로, 나머지 작품은 다른 묶음으로 구분할 수 있다.

화자 혹은 청자로서 설정된 초당주인과 백발노인, 혹은 한 소년과 노인 사이의 직접 대화가 작품 내에 등장하는 경우는 〈백발편〉과 〈낙지편〉, 〈개몽편〉 세 편뿐이다. 〈지기편〉은 발화 대상으로 주인을 지목하고 있어 노인이 화자임을 간접적으로 알 수 있다. 이 네 편을 제외한 나머지 작품들은 일반적인 교훈가사 범주 속에서 각각 독립적으로 존재할 만한 주제와 형식을 구현하고 있다. 교술적 면모가 두드러진 〈역대편〉이나, 〈치산편〉의 권농 부분, 〈낙지편〉의 강호한정 대목, 〈용부가〉의 뺑덕어미 사설 등은 실제로 당대 존재한 유행 작품들과 겹쳐지기도 한다.

『초당문답가』를 의도적인 구성에 기반한 시대적 산물로 평가할 수 있는 것은, 외형상 이처럼 성근 대화체의 고리만으로도 각 작품이 관련을 지니는 연작형, 혹은 문답 구조를 갖춘 짜임으로 파악되기 때문이다. 〈백발편〉에서 주인의 물음에 노인이 답하고, 〈역대편〉은 주인의 발화이며, 〈지기편〉에서 노인이 이에 답한 후 '오륜편군'을 거치면서 의식을 부연하고 강화해 나간다. 이때 노인의 계속된 설득에 반발하는 한 소년이 〈개몽편〉에서 등장하자, 노인은 보다 현실적이고 경험적인 사건과 주제를 〈치산편〉에 이르기까지 차례로 제시하면서 적극적으로 대응한다. 〈낙지편〉의 노인 노래가 있은 다음 주인은 태평소라고 화답하며 노인과 일치, 화합하는 양상으로 마무리한다. 이런 문답 관계가 『초당문답가』의 가사집 전체 성격을 유기적 구조로 파악한 최근 논의의 핵심이다.

『초당문답가』가 거대한 문답 구조를 지닌 연작형 가사라고 볼 때 그 생산은 어떤 과정에서 이루어졌다고 볼 수 있을까? 가능한 경우는 다음 세 가지 정도다. i)한 작가가 부분 개작을 거치면서 15편 전체를 일관되게 창작해 나갔을 가능성, ii)독립적으로 존재했던 각 작품들을 문답 구조를 상정해 일부를 개작하면서 전체를 재배열했을 가능성, iii)변개 혹은 개작 없이 기존 작품의 편집만으로 전체를 완성했을 가능성 등이다. 각 생산자의 성격은 i)은 순수한 작가, ii)는 개작자 혹은 일종의 구성작가, iii)은 단순 편집자에 해당한다.

주인 혹은 소년과 노인과의 직접 문답이 나타나는 세 편을 고려할 때 iii)의 생산 가능성은 희박하다. 또 i)1인 작가에 의한 창작이라면, 각 편들 내부에서 발견되는 여러 모순점을 설명해 내기가 어렵다. 곧 〈역대편〉, 〈지기편〉, 〈낙지편〉 등의 표현과 화자 태도가 다른 편들과 이질적인 점, 초당주인의 발화로 보기에는 〈역대편〉에 나타난 의식이 노인과 별 다름없다는 점, 〈낙지편〉에서 노인의 노래에 대한 주인의 답이 상당수 이본에서 발견되지 않는 점 등이 문제로 남는다. 무엇보다 한 작가가 문답 구조를 상정하고 모든 작품을 창작했다면 문답의 주체나 대화의 주제, 화자/청자의 일관성을 유지하는 데 유념했을 터이다. 하지만 주인에게 건넨 노인의 대화는 청춘 소년이나 소년들 일반으로 옮겨 가기도 하고, '나'의 발화가 어느 순간 '우리'의 목소리로 나타나기도 하여 복수 화자가 복수 청자를 향해 간접발화하는 양상이 흔히 발견된다. '오륜편군' 각 편의 청자가 각각 다르며, 〈치산편〉에서 청자 전환이 여러 차례 이루어진 점 등은 『초당문답가』 생산이 한 작가에 의한 일관된 창작일 수 없음을 뒷받침해 준다.[21]

---

21 『초당문답가』라는 가사집의 전체 체재와 성격을 다루는 논의에서 이런 모순점들은 유보되거나 간과되고 있다고 생각된다. 이 가사의 문답 구조를 가장 적극적으로 해석한 김유경(1996)은 이러한 부분적 불일치를 언급하면서도, 한 작가가 창작 의도에 따라 개별 작품을 연결해 연작을 이룬 것이라 단정했다. 이렇게 판단한 것은 『초당문답가』를 완성형 연작형 가사로 귀결 지으려는 의도가 지나치게 선행했기 때문이 아

그러므로 생산 과정과 생산자의 성격상 『초당문답가』 실상에 부합하는 것은 ii)라고 보는 것이 합당하다. 애초에 각기 다른 작가가 창작한 작품을 일부 개작하고 재배열하여 『초당문답가』를 생산한 구성작가가 담아내려던 의식은 무엇이었을까. 구성상의 불완전한 결함에도 불구하고 『초당문답가』에 환호하고 열렬히 향유한 계층은 그로부터 어떤 갈증을 해소했다는 것인가. 이러한 『초당문답가』 담당층의 기획 혹은 기대는 근대전환기 가사 양식의 변환 혹은 대응 과정으로서 어떻게 해석될 수 있는가. 이런 의문들을 풀어 가는 것은 작품의 형식과 주제를 정밀하게 들여다보는 작업에서 시작될 수밖에 없다.

## 4. 시어 및 표현의 특징과 『초당문답가』의 주제

『초당문답가』 생산의 의도와 이를 구성한 작가의 의식을 파악하기 위해서는, 다른 작품들과 비교해 특징적으로 구현된 형식 요소를 검토하고, 개별 작품들에서 지속적으로 관철되고 있는 문제의식을 전체의 주제로 이끌어 내야 한다.

우선 형식에 관해서는 시어의 특징과 표현상의 개성적 측면을 다루는 것이 긴요하다.

『초당문답가』는 한 작가가 단번에 노래한 내용을 일회적으로 기록한 작품이 아니다. 원래 존재했던 작품을 기억했다가 재배열해 기록하

---

닌가 한다. 현전하는 다른 연작들에 비해, 포함 작품 수가 압도적으로 많고 복잡한 구성을 보이는 것은 사실이나 이를 구성적으로 완결을 갖춘 작품이라고 보기는 어렵다. 그런 점에서 『초당문답가』 이후 구조적으로 더욱 완전성을 갖춘 연작형이 등장하지 못한 배경과 이유를 고찰하는 것도 흥미로운 과제일 것이다.

는 것이므로, 여러 차례에 걸쳐 한 사람 혹은 그 이상의 구성작가가 관여하게 되어 필사 과정에서 시어의 착종이 자주 나타난다. 작품 전체 구조에 알맞도록 부분 개작도 가능하므로, 한 작품 혹은 전체 작품을 접한 수용자가 곧 『초당문답가』의 유통 담당자가 되어 다른 이본의 생산에 관여하게도 되는 것이다.

이 과정에서 시어의 혼란이 나타나는 것은 불가피하다. 시어들 가운데 부정확한 어휘나 어원을 알 수 없는 한자어들, 고유명사의 변화가 그런 예다. "ᄂᆡ 行事는 ᄀᆡᄎᆞ반의/ 經界枝(→警戒板)을 짊어지며"(〈우부편〉), "그 경상(→景象)을 볼작시면 가ᄉᆞᆷ이 畓畓ᄒᆞ다"(〈개몽편〉), "그 아니 곰아운가(→고마운가)/ 니 아니 쩟쩟ᄒᆞᆫ가"(〈경신편〉) 등의 예에서 보듯 필사자의 해석에 따라 전혀 다른 한자어로 기록된다든지 어원 자체가 의심되는 시어들도 자주 발견된다. 또 사람 이름이 'ᄀᆡ똥이/말똥이', 'ᄉᆞᆼ싱원/곰生員'으로 유사 변이를 겪어 이본에 따라 다르게 나타나는 것도 같은 맥락에서 이해할 수 있다.

다음 시어의 특징으로는 사투리나 속어 등 일상적이고 친근한 생활어의 구사를 지적할 수 있다. 〈우부편〉에서 "명석ᄌᆞ리 죠각죠각/ 戶籍조희로 문 발으고", "賤ᄒᆞᆫ 사람 업시보고/ 어진 ᄉᆞᄅᆞᆷ 미워ᄒᆞ며"라는 표현이나, 〈용부편〉의 "치마씨고 ᄂᆡ닷기와/ 褓쬠ᄊᆞ고 逃亡질의", "글은 쥴을 아라거든/ 고칠 ᄀᆡᄌᆞ 심을 씨고" 등은 특정 지방의 방언을 반영하고 있다.

養子父育 ᄒᆞᄌᆞᄒᆞ면　　두 몸이 셰몸되냐
밥상의 ᄡᆞᆯ 쏫치면　　믯 업는 ᄃᆡ 물 깃기니
늘근 父母 고기 싱각　　어린 子息 밥 달나며
그 아니 悶亡ᄒᆞᆫ가　　못ᄒᆞ면 罪人이라
– 〈치산편〉

사람이 날 때부터 의식을 지니고 태어난 것이 아니라 노력해서 재산을 일구어야 한다고 훈계하면서 가장으로서 집안을 책임지는 일이 필요함을 강조하는 대목이다. '위로 부모를 섬기고 아래로 자식을 기르는 일[仰事俯育]'은 당연한 것인데, 부족한 음식 때문에 밥상에서 식구들의 욕구를 채워 주지 못하는 일과 같은 것은 민망하고도 죄스러운 일이라고 타이른다. 문어체로 엄숙히 훈계하지 않고 일상의 생생하고 치열한 현장을 옮겨 온 듯 실감 나는 표현으로 대신했다. 치산의 중요한 방편으로 근검절약을 강조한 대목은 더욱 일상적 어투에 가깝다.

ᄡᆡ을 ᄶᅡ라 몸 편ᄒᆞ면 치운 겨울 어이ᄒᆞ리
手足니 閑暇ᄒᆞ면 닙조ᄎᆞ 편ᄒᆞ리라
(…)
불 케 노코 ᄌᆞ지 말게 燈盞 밋ᄒᆡ 鬼神보ᄂᆡ
쓸ᄃᆡ업ᄂᆞᆫ ᄉᆞ셜말고 길ᄉᆞᆷ니나 爲業ᄒᆞ쇼

집안의 아낙네들을 향한 발화의 한 부분이다. 한가하고 여유 있을 때 미리 곤궁할 때를 대비할 것과, 노동에 전념하면서 작은 낭비의 요소도 없애라는 훈계는 자칫 강제적인 어조로 하달될 만하다. 그러나 작품 내 표현은 마치 우리 생활 주변을 따라다니며 늘어놓는 어른들의 시선과 입김이 담긴 잔소리에 가깝다. 일방적인 통고나 훈계의 태도보다 자신의 일상을 들여다보는 것 같은 이런 표현들을 통해, 행동을 교정받는 일조차 유머러스한 분위기 속에서 자연스럽게 이루어지도록 한다.

속담이나 관용적 표현 이외에, 널리 알려진 한시구나 시조의 일부를 가져온 예도 있다. 〈낙지편〉 가운데 "萬疊靑山니요 一曲長江이라/別有天地非人間이요 武陵桃花 안일런가"는 이백(李白)의 〈산중문답(山中問答)〉 한 구절을, "茅茨을 不剪하니 半間은 淸風이요 또 半間은 明月

이라// 갑업슨 淸風明月/ 임자 업시 ᄎᆞ지ᄒᆞ고"는 "十年을 경영ᄒᆞ야~"로 시작되는 김장생(金長生)의 시조[22]를 직접 대입한 것이다. 이 표현의 존재는 『초당문답가』의 향유층이 한시나 시조 등 인접 문학 양식에 익숙해 있는 사람들이었음을 시사한다.

그 밖에도 『초당문답가』 전편에서 나열과 반복의 기법이 흔히 사용된다. 인물의 행위를 열거 형식으로 확장하여 제시하는 것은 그 인물의 개성적인 모습을 형상화하기 위한 것이라기보다 전형성을 규정하기 위한 것으로, 〈우부가〉 등에서는 그 태도가 해학과 관련을 갖는다는 점이 이미 지적된 바 있다.[23] 유사 형식을 반복하면서 내용을 나열하는 방식은, 인물의 행동을 통해 성격을 제시할 때뿐 아니라 지속적으로 강조되는 교훈적 주제를 효과적으로 달성하기 위한 장치로 곳곳에서 나타난다.

蓬頭亂髮 ᄉᆞ두군도　　슈번군이 쳣ᄌᆡ며
노야먹는 망아지도　　쎨미가 主丈이요
여덜 幅 치마라도　　허리끈이 第一이요
그물이 쳔 코라도　　별리가 웃듬이요
– 〈개몽편〉

赤手空拳 가난ᄒᆞ면　　미들 신ᄌᆞ 미쳔이요
忿思難而 어렵거든　　ᄎᆞ물 인ᄶᆞ 第一니요
百事을 當頭ᄒᆞ면　　ᄉᆞᆷ갈 신ᄶᆞ 싱각ᄒᆞ게
– 〈경신편〉

---

22 시조의 원문은 다음과 같다. "十年을 經營ᄒᆞ야 草廬 ᄒᆞᆫ 間 지어니니/ 半間은 淸風이오 半間은 明月이라/ 江山을 드릴 듸 업ᄉᆞ니 둘너 두고 보리라/"(『역대시조전서』 #1803 金長生)

23 김대행, 앞의 논문, 346-347쪽.

위의 인용 대목은 성인조차 정진이 필요하니 범인들은 항상 스스로를 버려 두어서는 안 되며 정해진 규범을 따라 자기수양을 실천해야 함을 권고하는 내용이다. 상여꾼의 우두머리, 말 무리의 선마(先馬), 화려한 치마의 허리끈, 그물의 역할을 가능케 하는 벼리 등을 비유해 소박하고 친숙한 어조로 일관하며 훈계 내용을 강조하는 효과를 지닌다. 아래 인용문에서도 어지러운 세상에서 자기의 몸을 바로 세워 위기를 타개하는 방책으로 삼을 것을 당부하고, 흔히 맞부딪치게 되는 상황에서 새겨야 할 덕목을 함축적 한자어를 써서 효과적으로 제시한다. 유사 어구를 이만큼 능숙하게 배열할 수 있는 점으로 보아 작품의 전달자는 가사체의 형식에 익숙하며 주제를 향유층 주변의 시어로 시화할 수 있는 능력이 상당하다는 것을 알 수 있다.

그러한 능력은 예컨대 〈우부편〉에서 우자(愚者)/현자(賢者), 과거/현재의 모습을 대조법을 써서 실감 나게 부각하고 경계해야 할 행위를 분명히 제시하는 대목이라든지,[24] 〈치산편〉에서 "송아지가 큰 소되고/ 여윈 말이 살이 찌고// 火田밧치 沃土되고/ 加耕田니 元長負라"고 하여 송아지로부터 시작해 원장부(元帳簿)에 이르기까지 재산을 늘려 가는 과정을 점층법을 통해 구체화하며 입체화시키는 수법 등에서 여실히 확인된다. 또 〈치산편〉에서 발화의 대상이 청춘소년→아낙네→양반층 남성으로 여러 차례 전환되지만, 그때마다 각각 대상에 적합한 시어와 문체를 구사해 분위기조차 다른 작품처럼 여겨지게 한다. 농부 대상 발화에서는 농사의 경험을 살린 시어가, 아낙네에게는 살림 및 노동에 관련한 사안이 나열되며, 양반 남성들에게는 안분지족(安分知足)과 일일삼성(一日三省)의 관념적 교훈 내용이 한자어와 고사를 빌려 전달

---

24 후자의 예를 보이면 다음과 같다. "玳瑁貫子 어듸가고/ 물네즐은 무숨일고// 統陽각슨 어듸두고/ 헌 破笠의 通모즈라// 宿滯로 못 먹든 밥/ 숙가락니 칙녁보고/ 藥脯肉은 어듸가고/ 씀바귀을 단쑬 셸 듯//……"

되는 것이다. 또 〈백발편〉에서 노인이 소년에게 젊은 날을 허송하지 말 것을 경계하는 다음 대목은 여느 '백발가'와 견주더라도 훨씬 경험적이고 생생하다.

青山流水가치 ᄒᆞ든말이　　반벙어리 되야시며
情의 말 듯든 귀가　　滿江風雨 뒤누우며
日行千里 ᄒᆞ던 거름　　상토솟치 먼져가고
살ᄃᆡ갓치 곳든 허리　　길마가지 방불ᄒᆞ며
션슈박씨 갓튼 이가　　木鐸속이 되야시며
丹砂갓치 곱든 입이　　이운 박곳 되엿구나

늙고 난 후의 초라한 모습을 젊었을 적과 대비하면서 나열하고 있다. 이는 단순한 외양 묘사가 아니다. 속삭임까지 들을 만큼 밝던 귀가 어느 날 온 강에 바람이 일고 비가 쏟아지듯이 윙윙거리는 소리를 내고, 길을 걸을 때도 마음만 급할 뿐 다리에 힘이 없어 부조화스럽다. 신체의 각 부분을 비유한 대목도 관습화된 표현 대신 자신만의 관찰력으로 거둔 시어들이다. 육체의 노화에서 오는 낭패감과 불편함은 내적으로 직접 고통을 경험하지 못하고서는 드러낼 수 없는 것들이다. 그만큼 이 시어들은 간절하고 생생하다. 이런 경험을 공유함으로써 수용층으로 하여금 '늙음'을 거부하는 입장에 서기보다 그 불편함을 함께 느끼고 곧 자신의 일로 공감하도록 유도하는 셈이다.

이상의 형식적 특징을 고려하면서, 『초당문답가』의 등장 배경과 직결되어 있는 주제 파악에 집중하자. 그간 『초당문답가』의 주제에 관해서는 일찍이 〈우부편〉이나 〈용부편〉 등 일부 작품을 둘러싼 논쟁이 있어 왔고, 최근 『초당문답가』의 전체 구조나 작품 간 연결 방식이 관심거리로 부각하면서 총괄적 주제가 언급되기도 했다.

〈우부가〉의 주제를 둘러싼 논쟁은 크게 둘로 나뉜다. 비록 제시된 인물들의 행위를 경계하려는 태도가 표면적으로 드러나 있으나 내포된 보다 중요한 주제는 그런 인물들을 비난하는 데 적용된 규범들의 타파와 부당함을 역설하려는 것, 곧 당대의 변화하는 현실과 윤리의식을 드러내어 기존 관념에의 도전을 표현한 것이라는 주장[25]이 하나다. 이에 반해 그러한 주장이 작품 밖의 배경을 지나치게 작품 안으로 끌어들인 결과이며 작품에서 중시된 윤리 규범은 비인간적 속박의 도구가 아닌 현실적이고 합리적인 사회를 유지하기 위한 것들로서, 주제 또한 악행의 고발과 계도와 교훈 자체라는 견해[26]가 다른 하나다.

한편 『초당문답가』 전체의 주제를 언급한 쪽에서는 〈우부가〉를 둘러싼 논쟁을 가사집 전체의 의도나 실상을 반영하지 못한 것으로 본다. 『초당문답가』는 전통적 가치에서 어긋난 인물의 반규범적이거나 비윤리적인 행위를 계도하려는 것이 주제이고, 수신제가(修身齊家) 및 치산(治産)의 중요성을 인식하는 근대적 윤리로의 전이 양상이 구현된 것[27]이라거나, 헛된 공명의식을 멀리하고 자신의 분수를 지키는 지족의 삶을 강조하고 이를 훈계하려는 것[28]으로 본 것이다.

현 단계 연구에서는 개별 작품의 주제를 바탕으로 가사집 전체의 주제를 논하는 것이 적합하다. 『초당문답가』의 각 작품은 대부분 경계와 훈계가 일차적 목적이지만, 구체적 태도에서는 다양성을 드러내고 있다. 앞 장에서 지적했듯이 〈역대편〉의 주제를, 〈지기편〉의 첫 부분을 지나치게 의식해 '입신양명에의 포부 제시'로 읽고 마는 것은 지나치게 근시안적인 태도다. 역대의 흥망성쇠를 열거하는 부분이 이 시기 유람가나 자탄가류, 사시월령가 등 다양한 가사들에서 일종의 유행처럼

---

25 조동일, 앞의 책; 김문기, 1985, 『서민가사연구』, 형설출판사, 1985.

26 김대행, 앞의 논문.

27 정재호, 앞의 책, 8쪽.

28 권순회, 앞의 논문, 356쪽.

나타나는 점을 고려하면, 사실을 드러내어 알려 준다는 가사의 교술성에 부합하면서 자신의 유식을 자랑하고 자부심을 가시화하려는 의도가 더 중요하다고 본다. 창작-향유의 단순한 단계를 지닌 작품들처럼 문면의 주제를 따져서는 곤란하다. 『초당문답가』는 창작-재구성-향유의 과정에서 재구성의 동기가 된 향유자의 의식을 궁극적 주제로 보아야 한다. 이렇게 볼 때 〈역대편〉은, 중국의 고사를 다수 인용하면서 관습적 표현에 기대는 〈지기편〉이나 〈낙지편〉과 함께 전통적 가사의 범주에 속하는, 수용층의 자기 정체성을 확인하는 언어인 셈이다.

그렇다면 『초당문답가』 내 작품들이 각기 구현하고 있는 주제를 통어할 수 있는 주제의식은 무엇일까. 『초당문답가』의 내용과 형식 속에서 전체를 관류하는 대비적 특징들을 추출해 보자. 우선 백발노인과 초당소년으로 대표되는 늙음/젊음의 문제를 들 수 있다. 다음으로 치국의 이념과 수신제가의 우위 관계를 일관되게 역설하면서 국가/개인의 문제를 중시하고 있다. 또 그릇된 경제 관념이 초래한 비윤리적 행태의 종말을 부각시켜 비난하고 치산법을 거듭 강조한 점에서 윤리/욕망의 대립 구도를 발견할 수 있다.

언뜻 대립적 구도를 형성할 수밖에 없을 것으로 보이는 늙음-젊음, 국가-개인, 윤리-욕망의 관계는 그러나 『초당문답가』에서 갈등과 대립을 표면화하지 않는다. 주된 발화자인 백발노인의 관점에 대한 초당주인의 시각은 전체 구성에서 반대되는 것이 아니다. 주인은 작품 전체의 분위기와 인물의 등장을 알려 주기 위한 서술자이며, 〈백발편〉 초반 이후는 서술자로서의 직접적 개입도 드물다. 주인의 역할은 노인으로 하여금 젊은 시절을 회고하면서 청춘소년들에게 적극적으로 발화할 수 있는 기회를 제공함으로써 작품 전체의 주된 발화자로 등장하도록 유도하는 데 있다. 일부 이본의 〈낙지편〉에 달린 주인의 답에서, 마침내 노인의 노래를 태평소라고 인정하고 조화로운 상태로 돌아가는 마지막 부분은 노인-주인의 관계를 함축적으로 보여 주는 것이다.

노인의 관점에 완전히 반하는 인물은 〈개몽편〉의 '일소년'이다. 한 번의 등장으로 그는 노인-소년, 구-신, 정-반의 대립 구도를 성립시키고 이전과 이후 노래의 성격을 구분 짓는 역할을 한다. 소년 등장 이전의 노래들이 중세적 규범과 의식을 노인의 관점에서 발화한 것이라면, 소년의 반발에 대응하는 이후 노래들은 근대적 덕목에 관한 것들이다. 이 점에서 '소년'의 등장은 주제 및 구성상 중요한 사건이다. 노인의 주된 상대자이며 노래의 청자로 설정된 '소년'은 일반적인 "靑春少年"에 국한되지 않는다. 초당주인을 지칭하는 "主人少年", 벼슬아치를 향한 "宦海風波 少年들"이라는 표현에서 알 수 있듯이, '소년'은 단순한 나이 개념이 아니라 노인의 현재 관점에서 볼 때 아직 세상 이치를 제대로 깨우치지 못한 대상에 대한 호칭이다. 〈개몽편〉에서의 '일소년'은 돌발적인 인물이 아니라, 노인 발화에 대응하는 지속적인 복수 청자로서의 소년들 가운데 하나가 적극적 반발자로 형상화된 것이라 하겠다. 『초당문답가』는 노인의 중심 발화에 반발자인 소년의 개입, 중간자에 해당하는 초당주인의 부분 등장으로, 노인의 의식을 자연스럽게 때로는 적극적이고 효과적으로 전이하는 구조를 지닌다.

또한 작품 전편에서 수신(修身)이나 제가(齊家)의 문제는 치국(治國)보다 훨씬 강조되고 있다. 가정을 조정처럼 생각하고 역할을 다하라는 언명은 중세적 가치관과 사뭇 다르다. 이런 태도는 '오륜편군' 내에서도 '부자유친' 항목을 가장 길게 묘사한 점, '장유유서'의 기본을 집안 친척과 형제간의 천륜을 다루는 것으로 일관한 점, 〈사군편〉의 길이가 〈부자편〉의 절반에도 못 미치며 내용 또한 신하와 농부들에 대한 직분 당부에 머무르고 있는 점에서 확인된다. 하지만 국은(國恩)과 태평성대를 거듭 찬양한 〈낙지편〉 등에서 보듯 임금과 국가는 여전히 소홀하거나 배척할 수 있는 대상이 아니다. 또 개인의 처신에 관한 내용들은 오늘날에도 통용될 수 있을 만큼 합리적인 내용들이다.[29]

이와 함께 여성을 중시하고 배려한 점도 눈에 띈다. 남편의 자세를 주로 다룬 〈부부편〉에 이어 〈부인잠〉을 설정한 점, 여성 독자용 이본들의 존재가 그 근거다. 이는 단순히 독자로서의 여성 욕구를 충족시키려는 것을 넘어, 여성의 역할과 중요성을 강조하려는 의식으로, 중세 이전부터 존재해 온 의식이 이 시기에 와서 새롭게 구체화되고 부각된 것이다.

『초당문답가』는 경제적 측면을 강조하면서, 농사와 근검절약을 통한 치산의 욕망을 긍정하고 있다. 〈개몽편〉 이후 작품들에서 빈번히 나타나는데, 이것 역시 이성적인 윤리 규범을 넘어선 차원은 아니다. 경제적인 문제를 강조하면서도 한편으로는 그 과정에서 야기될 수 있는 말세적 모습, 가정과 윤리를 외면한 극단적 행위들을 형상화하여 경계하는 것이다. 그렇다면 『초당문답가』에서 언표된 이재(利財)와 치산 행위는 과거에는 없거나 부정되었던 것이 새로운 현실 속에서 출현하거나 가치를 탈바꿈한 결과라고 보기 어렵다. 중세 이전에도 인정되었고 소망한 것이었으나 다만 입 밖으로 구체화하기 어려웠던 요소를 교훈의 덕목으로 표면화하고 중세적 의식의 미덕을 반발 없이 효과적으로 수용하도록 만드는 점이 『초당문답가』만의 독특한 진술 태도라 하겠다.

이상에서 밝혀진 바를 종합하건대, 『초당문답가』는 중세적 이념과 근대적 의식의 양면을 동시에 구현하고 있는 작품이다. 늙음-국가-규범 등이 전자를, 젊음-가정(혹은 개인)-욕망이 후자를 대변한다. 그러나 작가는 양쪽을 대립적인 것으로 설정하지도 않고, 한쪽에 편입되어 일방으로 강요하지도 않는다. 과거를 거쳐 온 노인이 현재의 안락을 누리는 주인을 향해 중세적인 의식을 지속적으로 전달하지만, 그 주제는 단호하거나 교조적인 목소리에 얹혀 있지 않다. 노인 스스로 젊음의 방랑

29 다음 대목을 대표적 예로 들 수 있다. "妻子自揚 八不肖요 졔 몸 츄기 愚者로다/ 닉 몸이 正大後의 妻子라도 휘이ᄂᆞ니/ 아릐 ᄉᆞ롬 바른 쇼릐 일분이나 노여홀가/ 善惡을 分辨ᄒᆞ여 혓걱정 ᄒᆞ지 말고/ 조흔 일을 ᄒᆞ량이면 閑暇ᄒᆞᆫ 찌 업다마쇼"(〈경신편〉)

을 부정하고 비난하도록 한다든지, 극단적인 반발자인 '소년'을 등장시켜 강화된 대응 근거를 마련한다든지, 부정적 형상화나 예시의 방법을 써서 완곡하게 깨닫도록 하는 것 모두가 『초당문답가』에서 효과적으로 주제를 구현하기 위한 방식이다. 이 속에 『초당문답가』의 대중적인 확산 비결이 있기도 하다.

여기서 우리는, 근대를 향한 당대 현실의 변화 속도를 속속들이 파악하고 거기에 반응해 중세적 의식을 차분히 설득하려는 구성작가의 모습을 발견한다. 의식의 전근대성을 강조하려다가 표현의 근대성을 성취하기도 하고 개인, 여성, 경제 등의 문제들에 관한 가치를 재평가하기도 한다. 요컨대, 『초당문답가』는 늙은이와 젊은이의 대화를 통해, 노인의 회한과 자탄을 공감함으로써 젊음과 늙음의 거리를 좁히고, 근대성의 많은 요소들이 이미 존재해 왔던 것임을 새롭게 인식시킴으로써, 궁극적으로 노인의 어제란 소년의 오늘과 연속선상에 있다는 것, 인간의 삶이 크게 다르지 않다는 주제의식을 역설하는 작품이다.

## 5. 마무리

이상 『초당문답가』를 여러 측면에서 분석하는 과정에서 이 가사가 지닌 특징을 드러낼 수 있었다. 그 결과를 정리하는 것은 생략하기로 하고, 본 장에서는 가사 양식의 전환기적 대응 양상이라는 점에서 『초당문답가』의 사례를 설명하고, 그 시대적 의미가 지니는 보편성을 지적하는 것으로 논의를 마무리 짓고자 한다.

『초당문답가』를 근대전환기에 대한 가사 양식의 대응이라는 관점에서 설명하려면, 이를 생산하고 수용한 담당층과 그 의식에 대한 이해가 전제되어야 한다. 작자층, 독자 혹은 청자층, 등장인물로 구분해 담당층 문제를 논의해 보자.

『초당문답가』는 각 작품들의 창작과 필사, 그리고 가사집으로의 재구성 사이에 거리가 있어 그 작자층을 논하기는 어렵다. 발화의 대부분을 이끄는 노인을 작자층과 동일시해본다면 그의 정체를 밝히는 것이 필요할지 모른다. 하지만 노인의 정체는 〈백발편〉 서두에서 '본시 양반으로 남부럽잖은 청춘 시절을 보냈으나 만년에 고단하게 된 처지'였다가 초당주인으로부터 '자닉'라고 불리기도 하며, 〈낙지편〉에 와서는 '商山四豪 竹林七賢보다 한가하고 赤松子 安期生도 부럽잖으며 아들형제 딸 하나에 내외손이 번성해 온갖 재미를 즐기는' 처지라 했으니 일관성이 결여되어 있다. 이것은 『초당문답가』가 1인 작가에 의한 일시적 창작 결과물이 아니므로 발생한 결과일 수 있다. 더구나 시적 화자를 작자와 곧바로 동일시할 수 없고, 작품 곳곳에서 노인과 구별되는 제3자의 평가적 진술이 더러 발견되므로 작자층 의식은 따로 분리하는 것이 바람직하다.

다음으로 『초당문답가』의 독자층 혹은 청자층을 상정해 본다. 작품 속에서 나타난바 발화의 대상은 다른 작품끼리는 물론, 〈치산편〉처럼 하나의 작품 내에서도 여러 차례 바뀌는 경우가 있다. 어조도 '~하소'체와 더불어 '~마라'체까지 혼효되어 있어, 특정 화자의 입을 빌려 한 계층에게 발화하는 것이라고는 볼 수 없다. 주된 발화자 역시 노인 자신인 '나'에서 '우리'로 자주 전환된다. 따라서 『초당문답가』는 문답 구조를 전체의 기본 틀로 삼고 그 속에서 다양한 목소리, 화자 혹은 청자층을 끌어오는 것을 허용했다고 이해된다. 가사가 전통 양식을 통한 이념적 발화로는 문학적 대응이 어려워진 상황에서 현실의 다양한 의식과 목소리를 구체화하기 위한 장치로서 문답 구조를 활용한 것이다.

『초당문답가』 내에 존재하는 각 작품의 성격도 생활 현장에 밀착된 생동감 있는 시어를 구현한 작품들로부터, 역대 사적의 나열이나 안분지락의 관념을 고답적인 표현을 차용해 되풀이하는 것까지 다양한 편차를 드러낸다. 이처럼 다양한 의식을 아우를 수 있는 장치로서 문답 구조가 효과적이었으며, 『초당문답가』에 수용된 여러 층위의 분위기와 이념이야말로 그 대중적 확산의 원인 가운데 하나라고 하겠다. 따라서 독자층 역시 동일 성향의 계층으로 수렴되지 않는다. 오히려 각기 다른 성향을 지닌 독자층이 『초당문답가』 내의 특정 작품에 공감을 느끼고 그것을 향유하면서 자기화하는 과정에서, 인접한 다른 작품들의 분위기와 욕망에도 노출되며 생산 기반이 다른 작품들에의 간접 경험을 통해 자기 밖의 이질적인 목소리를 엿듣게 되는 것이다. 이는 소설이나 근대시처럼 장르 자체가 새로운 경향성을 반영하지 않는 전통적 가사 양식 혹은 가사체였기에 가능했을 법하다. 바로 이 점이 문학사적 전환기의 소용돌이 속에서 지향점을 모색하려던 문화 수용층에게 가사 양식이 선택된 이유이자 『초당문답가』가 확산을 거듭하는 배경이 되었다고 본다.

하지만 이런 방식이 『초당문답가』 이후 발전적으로 이어진 예는 보이지 않는다. 그 대중적 유행 정도를 감안하면 더욱 긴밀한 유기적 짜임을 갖추고 완벽한 문답 구조를 실현한 가사 작품의 등장을 기대할 만했으나 그렇지 못했다. 그러한 전통적 양식을 넘어선 장르 전환의 실패 요인을 점검하기 위해 가사가 지닌 '서사'적 요소로 눈을 돌려 보자.

조선 후기 가사의 서사적 요소에 대해서는 여러 차례 언급되어 왔다. 그 결과, 사회 변화를 반영한 소설의 급속한 성장과 관련해, 문학 전반의 산문화 경향이 보편화되면서 가사 양식에도 서사적 요소가 불가피하게 개입했다는 논리가 일반화되었다. 또 한편에서는 본격적 '서사'가 되기 위해서는 인물이 사건과 유기성을 맺으면서 계기적으로 변화해 가야 하므로 가사체를 위한 본격 서사시가 드물게 존재하기는 하지만, 대부분의 서사적 가사는 '서사'가 되기는 어렵다는 견해를 제기한다.[30] 『초당문답가』가 지닌 서사성은 어떤 수준으로 이해할 수 있는가.

---

30 박혜숙, 앞의 논문, 308쪽.

『초당문답가』를 문답 구조로 파악할 때 대화에 참여하는 발화자는 초당주인, 한 소년, 백발노인이다.[31] 이들은 발화 주체로 전면에 나서서 다음 발화를 이끌고 사건을 조장하며 문답을 일삼기도 하므로, 특별한 행위가 작품의 재료로 차용된 〈우부가〉나 〈용부가〉에 등장하는 다섯 인물과는 성격이 다르다. 부정적 형상화의 대상인 세 남자와 두 여인은 서로 아무런 영향 관계를 주고받지 않으며, 그들이 행한 행위도 나열, 서술되는 데 그쳐 본격 서사 속의 인물에 미치지 못한다. 초당주인과 소년, 노인 또한 동일한 비중을 지닌 채 사건을 형성하고 일관된 결말을 향해 나아가는 전형적 서사의 인물로 보기는 어렵다. 초당주인은 노인의 말을 끌어내기 위한 매개발화자의 역할을 주로 담당하고 때로는 독자를 향한 서술자의 면모를 띤다. '한 소년'의 행위는 반발자로서의 역할을 극적으로 감당하지만 행동이나 인식의 변화라는 귀결 부분은 생략되어 있다.

노인의 발화도 문제이기는 마찬가지다. 〈치산편〉의 초반부에서는 농부들에게 재산 증식에 도움이 되는 구체적 사안을 자세히 나열하다가, 중간부에서는 아낙네들을 향해 수습해야 할 세간살이를 조목조목 짚은 뒤, 후반부에서는 양반 남성을 향한 발화로 다시 전환한다. 한 작품 내에서 문답이 선명히 이루어지는 〈백발편〉에서도 발화 대상은 '쥬인네→청츈소년→청츈네들'로 바뀌면서 복수 청자를 향한 복수 화자 '우리'의 발언에 의해 교훈의 보편성을 확보하려 한다. 또 전체 문답 구조 속에서 주인을 설득하는 노인의 발화가 되는 '오륜편군'은, 각 작품의 실제 청자가 '세상 사람들', '세상 백셩', '이팔청춘 소년', '婦人니들',

31 전체 작품 중 〈개몽편〉 서두에만 단 한 차례 등장하는 '한 소년'을 '주인소년'이라고 한 '초당주인'과 동일 인물로 보는 견해도 있으나, 노인 입장에서 '소년'이라 볼 수 있는 범위가 불분명하고, 또 '한 소년'이 노인에게 노골적인 반감을 드러낸다는 점에서 객관적·매개적 발화자에 머무르는 초당주인의 성격과 이질적이므로 둘을 다른 인물로 보는 것이 타당하다.

‘아이들’로 모두 다르다. 초당주인을 향한 채 일반적 내용을 발화했다거나, 초당주인을 잠재적 청자로 여기되 각각의 구체적 청자를 따로 설정했다고 볼 수도 있으나, 어느 쪽이든 서사의 보편적 인물 행동이라고 보기는 어렵다.

한편 이본들 가운데 활자화된 출판물인 『만고기담 처세가』의 첫 작품 〈백발편〉은 노래의 전후에 소설에 근접한 서사체 부분이 있어 주목을 끈다. 서두에는 “텬ᄒᆞ유명 ᄒᆡ동죠션 한양셩ᄂᆡ 일위 명사 잇스니 (…) 그 로인의 형용을 ᄌᆞ셰이 궁구ᄒᆞ니 의연ᄒᆞᆫ ‘ᄇᆡᆨ발가’라”라는 3인칭 전지적 서술 시점의 서사체가 삽입되어 있다. 이어서 ‘백발가’ 노래가 나오고 그 뒤에는 다시 “이 션ᄇᆡ 그 로인의 젼후ᄉᆞ를 헤아리고 (…) 셰셰 ᄉᆡᆼ각ᄒᆞ야 후회막급 쓸ᄃᆡ업슬지어다”라는 내용이 붙어 있어 ‘백발가’를 둘러싼 일종의 액자 구성을 취하고 있다. 이것은 상업적 출판물의 주요 독자인 여성들을 의식해 당대에 인기를 끌던 서사 형태를 직접 실험한 것이거나, 『초당문답가』 구성이 일반 ‘서사물’과 영향을 주고받으며 친연 관계에 있었음을 보여 준다.

이처럼 『초당문답가』가 인물 간 대화를 상정하고, 성격이 다른 인물들을 내세우며, 3인칭 주인공을 내세워 구경하듯 서술을 객관화하고, 때로 문제적인 사건을 구체적으로 서술하여 향유층의 시선을 붙잡는 기법을 활용하면서도 본격 서사에서 거리를 두고 있는 점을 어떻게 해석할 수 있는가.

소설 등의 흡인력을 인식해 서사적 요소를 도입하면서도 본격적 서사에 이르지 못한 것을 서사적 가사의 한계라고 부정적으로 평가하는 논의는 그 기준을 지나치게 소설 등의 서사에 두고 있다. 가사가 산문화 요소를 지니고 서사의 다양한 기법을 응용한 것은 근대전환기의 문학적 대응 양식으로 전환하기 위한 과정으로 해석된다. 하지만 그 과정에서 산문화한 부분이 더러 발견됨에도 불구하고 전체적으로 가사체 형식을 유지할 수 있었던 것처럼 본래 자기 장르의 외연을 해체하는 데까지 나아가지는 않았다. 오히려 서사적 요소를 반영하되 서사와 다른 방향을 개척해 호응을 얻었다. 내용을 함축적으로 제시해 부정적 형상화의 효과를 창출한다든지, 단순 율격을 고정하는 장치로 자유로운 내용의 구사를 용이하게 한 점, 작품 내 청자의 전환처럼 인물과 상황의 경직성을 쉽게 넘어설 수 있는 점은 소설과 다른 가사의 장점으로 작용할 수 있었던 것이다.

여기에 문답형 구조를 통해 더욱 장편화하고 구조화할 수 있는 길을 마련해 가사의 대량 유통이 가능해지고 마침내 상업적 목적의 활자본으로도 출판되어 소설처럼 독서물로 자리 잡을 수 있었던 것이다. 〈우부가〉, 〈용부가〉나 〈치산편〉처럼 새 시대에 부상하는 관심을 실감 나는 시어와 객관적 형상화라는 표현 양식으로 실험한 작품과 더불어, 〈역대편〉, 〈낙지편〉처럼 관습화하고 고답적인 내용을 전형적인 틀에 얹어 과시하려는 작품까지 전수될 수 있었던 데는 전체를 통어하는 문답 구조 장치의 힘이 컸다. 그런 점에서 『초당문답가』는 근대 초기에 전통적 문학 양식이 전환기의 대응적 장르 체계로 전환해 가는 실험적 모색을 실현한 작품으로서, 근대적 요소를 내용과 형식 양 측면에서 구현한 모델로서 평가할 만하다.

이상에서 살핀바, 가사의 근대적 대응 양상은 여러모로 중국에서의 근대 시어 형성 과정을 떠올리게 한다. 중국에서는 두 가지 방식의 대응이 나타났는데, 하나는 당시 학술 용어로 광범하게 사용되던 '신명사(新名辭)'를 시어로 사용하는 것이었고, 다른 하나는 그때까지 시어로 사용하지 않았던 속어(俗語), 즉 백화를 시어로 사용하는 것이었다. 근대 문인들 가운데 시어의 변화를 제기한 두 사람을 꼽으라면 황준헌(黃遵憲)과 양계초(梁啓超)를 들 수 있다. 황준헌이 "오늘날의 공문서 경전 방언 속언 및 옛사람들에게는 없었던 사물, 열지 못했던 경계, 눈과 귀가 보고 들은 바를 모두 글로 써낼 것이다"라고 하면서 기존의 속어를 이용한 시어의 확장을 제시한 반면, 양계초는 "유럽의 의경과 어구는 풍부하고도 특이하기 때문에 그것을 터득하면 천고에 빼어나고 모든 것을 감쌀 수가 있으나, 지금껏 그런 사람이 없었다"라고 하면서 서양 학술사상을 번역하는 과정에서 새로이 만들어 낸 신명사를 시어로 사용할 것을 주장했다.

이 과정에서 전통시의 격조와 불협화음을 드러낼 수밖에 없었고 전통시 회생을 도모했던 '시계혁명(詩界革命)'은 오히려 전통시를 해체시키는 결과를 가져왔다. 이처럼 형식을 전통적인 시가에서 계승하면서 시어를 어떻게 혁신할 것인가가 중국이나 우리 공히 근대 초기 시가 담당층의 공통된 과제였다. 우리의 경우, 가사가 고유의 유연성과 탄력성을 바탕으로 시어의 확장과 표현상의 실험을 감당하면서도 시 형식의 붕괴로까지 이어지지 않았다는 점은 그런 면에서 근대전환기 시가로서의 의의를 충분히 지닌다.

그럼에도『초당문답가』이후 발전적 형식으로 가사의 양식 전환이 모색되지 못한 것은 여러모로 시사하는 바가 있다. 가사는 근대시와 상보적 관계를 유지할 만한 갈래로 자라나지 못하고 20세기 들어 시조에 그 역할을 넘겨주고 말았다. 전통적 시가 양식 가운데 이행기의 소용돌이를 양식 전환으로 담아낼 수 있는 갈래는 가사만 한 것이 없었는데도, 가사는 버리고 시조만 남아 근대적인 형식을 갖춘 시들과 상보적 관계를 유지하고자 했던 것이 폐단이었다. 게다가 형식상의 제한을 더욱 강화한 시조 부흥 운동 때문에 전통 양식이 근대시와 공존할 영역은 더욱 비좁아지게 된 것이다.

가사 해체 현상의 원인을 단순화한다면 근대시가 교술시를 버리고 서정시로만 일관하고자 했기 때문이라고 진단할 수도 있다.[32] 그러나 가사가 장르 해체의 길을 걷게 된 것은 문학 내적 속성 자체가 아니

---

32 조동일,『한국문학통사(제4판)』5, 지식산업사, 2005, 70쪽.

라 갈래의 기능과 성격 등 외적인 변환을 목표로 했기 때문이다. 즉, 교술적 성격을 지닌 가사가 본래 지니고 있던 서정성 내지 그로 인한 풍자성 등을 상실하고 과시와 훈계를 일삼으면서 교술 자체로만 나아갈 때 대중에게 호응을 얻을 수는 없었다. 포교의 목적을 분명히 한 수많은 종교가사라든지, 초기의 풍자성을 상실하고 1910년 이후 직접적 비난과 비판을 담으면서 사라져 간 이른바 '사회등가사'의 운명이 이 점을 명확히 보여 준다.[33] 가사는 교술성을 기본 속성으로 하되 교술이 되어서는 안 되는 것, 이 사실로부터 오늘날 여전히 논란거리인 가사의 장르적 범주 및 성격 규명을 위한 해결의 실마리를 얻을 수도 있을 것이다.

『초당문답가』를 전통적 가사 양식으로부터 근대 개화가사에 이르는 어둡고 긴 터널에 비길 수 있을까. 귀를 울릴 만한 현실과 다양 다종의 양식들이 시험 삼아 드나들던, 굵거나 가는 목소리도 이념과 욕망도 모두 포용해 주던, 낯선 그곳을 통과하는 것은 쉽지 않았을 터. 하지만 터널 이쪽의 사람들은 여전히 그곳에는 애초부터 길조차 없었다고 굳게 믿고 있는 것인지도 모른다.

33 『초당문답가』 내의 작품 가운데서 대표적으로 〈역대편〉이 이런 유형에 해당한다. 〈역대편〉이 보전될 수 있었던 것은 『초당문답가』라는 전체 구조에 묶임으로써 가능했을 것이다.

# II ‘복선화음가’ 계열 가사의 시대적 대응력과 대중화 방식

## 1. 서론

(가) 남의 나라에서는 사나이와 여편네가 나이가 지각이 날 만한 후에 (…) 만일 사나이가 여편네를 보아 사랑할 생각이 있을 것 같으면 그 부인 집으로 가서 자주 찾아보고 서로 친구같이 이삼 년 지내 보아 만일 서로 참 사랑하는 마음이 생길 것 같으면 그때는 사나이가 부인더러 자기 부인 되기를 청하고, 만일 그 부인이 그 사나이가 마음에 맞지 않을 것 같으면 아내 될 수가 없노라고 대답하는 법이요, 만일 마음에 합의할 것 같으면 허락한 후에 몇 달이고 몇 해 동안을 또 서로 지내 보아 영영 서로 단단히 사랑하는 마음이 있으면 그때는 혼인택일하여 교당에 가서 하나님께 서로 맹세하되 (…) 만일 사나이든지 여편네가 이 약속한 대로 행신을 아니하면 그때는 관가에 소지하고 부부의 의를 끊는 법이라.

–『독립신문』, 1896. 6. 6 논설

(나) 하날이 졍한인연 뵈필이 도엿시니
ᄂᆡ몸의 빅년고락 져사람만 밋엇다가
만일의 잘못뵈여 한번눈의 ᄂᆞ기도면
독슈공방 ᄎᆞᆫᄌᆞ리의 누을의지 ᄒᆞᄌᆞᆫ말고

(…)

짜라짜라 아기짜라 부ᄃᆡ부ᄃᆡ 죠심ᄒᆞ라
졔아비난 ᄒᆞ날이요 졔어미ᄂᆞᆫ 짜히로다
말니장쳔 노픈하날 ᄯᆞ히웃지 당할손가
녀자의 졔일졍심 유슌함이 웃뜸이라
남ᄌᆞ의 쓰슬바다 언ᄉᆞ을 슌이ᄒᆞ고
식셩도 만쥬아라 음식을 공경ᄒᆞ며
셩을ᄂᆡ면 우슴웃고 걱졍ᄒᆞ면 황송ᄒᆞ고
범빅의 더러온것 힝여혹시 뵈일셔라
–〈김씨계녀ᄉᆞ〉

(다) 더욱 참아 말ᄒᆞ지 못ᄒᆞᆯ 것은 녀ᄌᆞ의 신세가 불힝ᄒᆞ야 쳥춘에 과부가 될 지경이면 그 참혹ᄒᆞᆫ 광경은 니로 말ᄒᆞᆯ 슈가 업거니와, 젹젹히 뷔인 방에 고침을 의지ᄒᆞ야 이ᄉᆡᆼ각 져ᄉᆡᆼ각에 심ᄉᆞ를 둘ᄃᆡ 업셔 뎔은 ᄒᆞᆫ숨 긴 탄식에 긔구ᄒᆞ다 내 팔ᄌᆞ여 봄바람 가을달은 ᄋᆡ를 ᄭᅳᆫᄂᆞᆫ 경ᄉᆡᆨ이오 겨울밤 여름날에 잠못들어 셩화ᄒᆞᆯ 졔 원한이 사모쳐셔 젹으면 ᄒᆞᆫ집에 ᄌᆡ앙이오 크면 나라에 요얼이라. 계집에 한이 오월에도 셔리친다 ᄒᆞ엿스니 그 아니 지독ᄒᆞᆫ가.
–『제국신문』, 1899. 10. 14. 독자 투고

위 세 편의 자료는 남녀가 만나 부부를 이루는 일이라는 동일 소재를 다룬 글들이다. (가)는 자유 결혼의 성립 과정을 보여 주는데, 부부관계의 신중한 고려를 논하고 있지만 결연의 과정은 자기 의사에 따른 치밀한 관찰과 합리적 타산에 기초하고 있다.[1] 다른 나라에서 행해지는 결혼 과정이 일간지의 논설에 등장한 사실로부터, 이러한 의식이

1 권보드래, 「가족과 국가의 새로운 상상력: 신소설의 여성 주인공을 중심으로」, 『한국현대문학연구』 10, 한국현대문학회, 2011, 46쪽.

독자들의 관심거리가 되었음을 알 수 있다. (나)는 시집가는 딸을 향한 어머니의 당부 노래다. 부부의 인연은 하늘의 이치이니 지극정성으로 하늘 같은 남편을 섬기라는 승순군자(承順君子)의 중세적 언명을 되풀이하고 있어, 얼핏 (가)의 의식과는 결코 나란히 놓일 수 없을 것처럼 보인다. 부녀자 계몽을 위한 순국문 일간지에 실린 (다)는, 과부개가의 실천이 국가를 부강하게 하고 개명진보하는 길임을 주장하고 있다.[2] 글쓴이가 '자칭 대한 광녀'라 한 것을 보면 이 같은 의식 표명이 당시로서는 허용되기 어려운 모험적인 시도였던 사정이 짐작된다.

이처럼 동일 소재를 두고 완전히 이질적인 의식을 보여 주는 목소리들은, 놀랍게도 모두 20세기를 목전에 둔 시기에 독자 혹은 청자를 향해 발화된 것이다. 전혀 낯선 목소리들의 공존 현상은 특히 시대적 전환기를 거쳐 가는 사람들에게 불가피한 숙명이기도 할 것이다. 복잡다기한 시대와 그를 통과하는 주체의 모습을 명징하게 그려 내는 일은 그러므로 애초에 불가능한 일인가.

이제 21세기로 건너온 지금, 우리가 실현해 온 근대의 모습을 돌아보고 근대를 넘어서는 시각을 확보하려는 최근 움직임은 이런 점에서 주목된다. 근대전환기를 대상으로 한 문학 연구 동향은 반성적이고도 적극적이다. 전체성 혹은 절대성의 미명 속으로 가뭇없이 사라졌던 희미한 목소리들을 기억해 내고, 소수자의 얼굴을 떠올리기도 하며, 감춰진 묵은 양식들을 꺼내어 비로소 펼쳐 볼 수도 있게 되었다. 다양성을 긍정하고, 타자화한 것들에 의미를 부여하며, 상대주의적 관점에서 가치를 재편할 수 있는 기회 또한 순환적으로 전환기를 겪는 이들에게만 주어지는 것이니, 그 삶에 지워진 것을 짐이라기보다는 축복으로 여길 법도 하다.

2 이경하, 「『제국신문』 여성독자투고에 나타난 근대계몽담론」, 『한국고전여성문학연구』 8, 한국고전여성문학회, 2004.

주체 혹은 타자에 관한 문제는 이 시기의 문학 현상을 설명하는 데 매우 유용한 관점을 제공한다. 19세기부터 20세기 초기에 향유된 문학 작품들은 앞서 살핀바 당대의 삶 속에 복잡하게 얽힌 욕망과 시선을 담아내고 있다. 이들을 주제 의식이나 양식적 차원에서 설명하기 위해서는 동일자로 환원될 수 없는, 자체로 완전하고 긍정해야만 하는 타자의 모습들에 유의할 필요가 있다. 곧 서구의 근대철학으로부터 영향을 받은 전체/개체 및 주관/객관의 대립과 그로 인한 자아의 절대성과 자기 중심성을 극복하고, 타인이나 자연 그리고 신과 더불어 사는 조화로운 세계에의 상상력이 필요하다.[3]

이렇게 될 때 우리의 논의도 서구의 근대적 주체성을 벗어나, '차이' 자체를 인정하고 동일적인 것에 종속되지 않는 '타자'의 현존을 인정하며 비로소 개개의 주체를 긍정하게 될 것이다. 국문시가의 경우 이 같은 반성과 기대를 가능케 하는 양식으로는 이른바 '계몽가사'가 대표적으로 논의되어 왔다. 다양한 화자들의 이질적 목소리가 출현하고 인물 군상의 유형화가 보이는 등 계몽가사의 특징들[4]은 그 가능성에 한 발 더 다가서게 한다.

그런데 계몽가사가 신문이라는 인쇄 매체에 발표되었다는 점 또한 유의해야 할 요소다. 신문 발표 가사에서 작품의 주제를 파악하는 일 이외에, 작가를 포함한 향유층의 의식을 분석하고 이본의 확산·변모 과정을 추적함으로써 가사의 시대적 효용을 논하는 것은 불가능하다. 따라서 그 양식적 특징은 물론 소통 과정에서도 가사의 전형성을 유지한 이 시기 가사 작품의 발굴과 분석은 여전히 중요한 일이다. 전통적인 문학 양식과 경험을 창조적으로 재창출함으로써 문학적 대응을 이룩한 양상은, 주류문학에 대응해 독자 영역을 구축해 온 경험을

---

3 강영안, 『주체는 죽었는가』, 문예출판사, 1996.

4 고은지, 「계몽가사의 문학적 형상화 방식과 그 의미」, 고려대학교 박사학위논문, 2004.

활용하려는 방식이나 서양의 근대문학을 근거로 실험적 양식을 모색하려는 태도와 함께 근대전환기 문학에서 주요하게 살펴야만 하는 문학적 방식인 것이다.

본고에서는 근대전환기 전통적 국문 가사 작품인 '복선화음가(福善禍淫歌)' 계열 가사를 중심으로 위에서 제기한 문제들을 논의해 보고자 한다. '복선화음가' 계열 가사는 19세기 이후 여성들에 의해 널리 향유되면서 여러 이본을 생산한 것으로 추정되는, 계녀가사의 변형된 작품군[5]에 속한다. 시집가는 딸에게 친정어미가 들려주는 교훈적 내용으로서, "딸아딸아 아기딸아~"로 시작하는 공식구를 지니고 이념적 훈계로 끝맺는다는 점에서는 일반 계녀가사와 동일하다. 하지만 가난한 시집을 일으킨 양반가 여성과 부잣집에 시집와 패가망신한 괴똥어미라는 두 인물의 대조적 체험을 형상화하여 간접적으로 훈계의 목적을 달성한다는 점에서 특징적이다.

이들 작품에 대해서는 주로 시적 화자의 경험담에서 발견되는 서사적 특성이 주목받아 왔고,[6] 서술 구조와 의미를 다룬 본격적 작품론이 마련되면서 이본에 따른 유형화의 필요성이 제기되었으며,[7] 집안의 흥망을 결정하는 작품 내 '여성'과 '치산'의 의미를 당대의 현실 배경 속

---

5 일반적으로 계녀가사는 서사를 앞세우고 '事舅姑-事君子-睦親戚-奉祭祀-接賓客-胎教-育兒-御奴婢-治産-出入-恒心'의 내용을 차례로 노래한 후 결사로 마무리하는 형태의 규범적 계녀가사가 전형적이다. 또 자신의 경험을 바탕으로 몇 개의 항목을 추가 또는 탈락시켜 노래하거나 특정 항목을 확대하여 자신의 체험을 확대하고 문학성을 살려 창작한 것 등은 변형 계녀가로 분류한다(권영철, 『규방가사연구』, 이우출판사, 1980 참조). '전형', '변형'이라는 용어 대신 '규범적 계녀가', '체험적 계녀가'라고 부르기도 한다(이재수, 『내방가사연구』, 형설출판사, 1976).

6 김유경, 「서사가사연구」, 연세대학교 석사학위논문, 1988; 장정수, 「서사가사 특성 연구」, 고려대학교 석사학위논문, 1989; 서영숙, 「가사의 소설화 방식 연구」, 다곡이수봉박사정년기념논총간행위원회, 『고소설연구논총』, 경인문화사, 1994a.

7 서영숙, 「복선화음가류 가사의 서술구조와 의미: 〈김씨계녀ᄉᆞ〉를 중심으로」, 『고전문학연구』 9, 한국고전문학회, 1994b.

에서 심도 있게 분석[8]하는 데까지 연구가 진전되었다. 이러한 성과 위에서, 이제 이 '여성 중심적' 텍스트가 구현하고 있는 변화를 세부적으로 고찰하고 가치를 적극적으로 평가할 단계에 왔다고 본다. 시적 화자와 인물의 성격, 서술 내용과 서술 방법 등 작품 내적 요소뿐만이 아니라, 작품의 향유와 변이에 관련된 소통 과정, 곧 작품 외적 면에서도 이 자료가 지닌 여성 중심적 텍스트로서의 변별적 특징은 상당하다. 이 점을 국문시가의 근대적 대응 양상으로서 해석해 낼 때, 근대전환기 문학 논의는 더욱 알차고 풍성해질 것이다.

본고의 논의 순서는 다음과 같다. 우선 '복선화음가' 계열 가사의 서술 구조를 두 유형의 대표 작품을 통해 살핀 후, 그 결과 발견된 특징들을 항목화하여 의미를 고찰하면서 작품에 나타난 주체와 타자의 관점을 시대와 관련해 해석하고자 한다. 이러한 논의를 통해 가사 양식이 당대인들의 근대적 관심사를 어떻게 수렴해 갔는지, 향유층의 지향이 이본의 생산 과정에 영향을 끼침으로써 가사가 대중화하는 양상은 어떠한지, 또 이 시기 가사 문학에 대한 시가사의 평가는 온당한지 등 문학사의 주요한 쟁점들에 답할 실마리를 얻을 수 있을 것으로 기대한다.

## 2. 두 유형의 서술 구조와 의미

'복선화음가' 계열 가사의 이본은 여럿이며 작품의 제목과 경향도 서로

8 장정수, 「〈복선화음가〉 연구: 여성형상과 치산의 의미를 중심으로」, 고려대학교 고전문학·한문학연구회 편, 『19세기 시가문학의 탐구』, 집문당, 1995; 이동연, 「조선후기 여성 치산과 〈복선화음가〉」, 『한국고전여성문학연구』 4, 한국고전여성문학회, 2002.

다르다. 이미 상당한 양의 이본이 발견되었지만,[9] 현재까지도 비슷한 내용을 지닌 작품들이 꾸준히 발견되고 있어 작품군 전체의 분류 자체가 지난한 작업으로 여겨지기조차 한다.[10] 그런 가운데서도 처음 작품이 소개될 당시 고려되지 못한 이본 간의 차이가 연구의 진척과 더불어 부각되고, 최근에는 현재까지 확인된 광범위한 이본 가운데 대표적 작품들을 비교 분석함으로써 계열 비교를 시도하기까지에 이르러[11] 논

---

9 자료의 성격을 일괄적으로 처음 소개한 이선애(「복선화음가연구」, 『여성문제연구』 11, 효성여대[대구가톨릭대학교], 1982)는 43편의 이본이 있고 32편이 동일한 유형에 속하는 것이라고 했다. 현재까지 알려진 작품은 〈복선화음가〉라는 제목 외에 〈복선화음록〉, 〈권선증악가〉, 〈효봉구고치산가〉, 〈계녀옥설〉, 〈홍규권장가〉, 〈가정경계록〉, 〈여자행실록〉, 〈여자가〉, 〈여자탄식사〉, 〈김씨계녀사〉, 〈김낭전〉, 〈부인성행록〉, 〈행실록〉, 〈성행록〉 등으로 명칭이 다양하다.

10 최근까지 오랫동안 '복선화음가' 계열 이본을 수집하고 정리해 온 한 학자는 너무나 다기다양한 이본 형태를 보이는 이들 작품군의 총체를 단순 분류할 수 없다는 견해를 피력한 바 있다(성무경, 〈복선화음가〉류 가사의 이본현황과 텍스트 소통」, 『조선후기 시가문학의 문화담론 탐색』, 보고사, 2004).

11 김석회는 2구 1행을 이루는 가사의 전형적 형식을 벗어나 산문체에 근접한 이본들까지 포함, 내용상 편폭을 고려해 기존의 대표적 두 유형을 보완한 이본 분류를 시도했다. 이 시기 향유 가사의 외연을 넓히면서 해당 계열의 작품 성격을 일목요연하게 제시해 준 점에서 소중한 성과인데, 작품의 소통 과정을 실제와 부합되게 이해하려면 가사 양식을 유지하면서 가장 많은 이본을 생산한 유형의 대표 작품을 정밀히 논하는 보완적 성격의 후속 논의가 필요하다. 본고 또한 그런 점을 염두에 두고 마련된 것이다. 그가 제시한 〈복선화음가〉 이본의 계열상은 아래와 같다(김석회, 「복선화음가 이본의 계열상과 그 여성사적 의미」, 김병국 외, 『조선후기 시가와 여성』, 월인, 2005).

- 계녀형
  - 복선형 : 〈부인셩힝녹〉
  - 복선화음형 : 〈김씨계녀ᄉᆞ〉
  - 복선화음확대형 : 〈여자행실록(女子行實錄)〉
- 전기형
  - 괴똥어미 유지형 : 〈복선화음가(福善禍淫歌)〉
  - 괴똥어미 탈락형
    - 여주인공 일대기형 : 〈복션화음녹이라〉
    - 가문서사 확대형 : 〈우산본(=홍씨본)복선화음가〉

의의 진전을 이루어 냈다.

이본 유형을 언급한 기왕의 연구들에서 대체로 받아들여진 것처럼, 작품의 의도와 향유층의 의식을 고려할 때 '복선화음가' 계열 가사는 규범적 계녀가를 삽입한 '계녀(중심)형'과, 시적 화자의 일생 부분을 확대한 '전기(중심)형'으로 분류하는 것이 여러모로 유용하다고 판단된다.[12] 또한 이본 간의 변이 양상을 가사 향유층의 의식 변화와 관련하여 고찰하려면, 두 유형 내에서 가장 많은 이본을 생산한 작품으로서 최소한의 가사 형식을 유지하고 있는 작품을 대상으로 삼아야 할 것이다. 여기서는 '계녀형'의 대표 작품으로 〈김씨계녀ᄉᆞ〉[13]를, '전기형'의 대표 작품으로 〈복선화음가〉[14]를 삼는다.

두 작품은 모두 250행 내외로 길이가 비슷하다. "어와 세상 ᄉᆞ람더라 이 ᄂᆡ 말솜 들어보소~"로 시작되는 서사와, 김부인/이부인의 일생과 괴똥어미 이야기를 대조적으로 기술한 본사, 당부의 말과 재회를 기약하는 내용의 결사를 공통적으로 갖는다. '계녀형'은 김씨부인의 일생과 괴똥어미의 일생 사이에 '계녀가' 부분이 삽입되어 있다는 점이, '전기형'은 이씨부인의 일생이 확대되고 괴똥어미 부분은 상대적으로 소략한 점이 외형상 차이점이다. '복선화음가' 계열 가사 구조를 단순화하

---

12 '계녀형'과 '전기형'의 유형 분류는 서영숙(1994b)에 의해 처음 시도되었다. 장정수(1995)는 두 유형 모두 계녀(戒女)가 주제이고 전기(傳記) 형식을 취하고 있으며 서술 방식도 복합적인 성격을 지니므로, 주인공과 괴똥어미의 생애를 끝까지 갖춘 기왕의 '계녀형'을 A형으로, 계녀가가 빠진 '전기형'을 B형으로 지칭한 바 있다. 타당성이 있으나 작품의 성향을 일별하는 데는 내용을 반영한 용어가 더 효과적이다.

13 국립도서관 소장본. 임기중 편, 『역대가사문학전집』 8, 동서문화원, 1987. 이본들 중 '계녀형'에 속하는 것은 〈김씨계녀ᄉᆞ〉 외에 〈紅閨勸奬歌〉, 〈복선화음〉, 〈袰旋花淫〉, 〈복션화음녹〉, 〈福善禍淫曲〉 등 다수다.

14 권영철 편, 『규방가사 I』, 한국정신문화연구원, 1979, 27-36쪽. '전기형' 이본은 이외에 이선애가 수집한 43편 중 32편이 여기에 해당한다고 추정된다. 장정수(1995: 289) 참조. 본고의 작품 표기는 권영철 편, 『규방가사 I』의 〈복선화음가〉와 동일한 작품으로 보이는 필사본 자료(이정옥 편, 『영남내방가사』 소재)를 따랐다.

면 '서사-김씨부인/이씨부인의 일생-(계녀가)-괴똥어미의 일생-결사' 인데, 두 작품의 공통점과 차이를 일별하기 위해 전체의 순차적 전개를 단락별로 제시해 보자.[15]

〈김씨계녀ᄉᆞ〉

(1) 서사(4)

(2) 나(김부인)의 일생

㉠ 좋은 가문에서 귀하게 성장(28)

㉡ 가난한 한절강 댁에 출가(34)

㉢ 고된 시집살이와 정성스러운 봉양(72)

㉣ 치산 결심과 치산 과정(26)

㉤ 치부(致富) 후 구제(救濟), 행복한 삶(20)

**(3) 계녀가**

**㉥ 남편 봉양의 범절 당부(60)**

**㉦ 부녀자의 일반 행실 경계(64)**

〈복선화음가〉

(1) 서사(4)

(2) 나(이부인)의 일생

㉠ 좋은 가문에서 성장(16)

㉡-1. 가난한 김한림 댁에 출가(28)

㉡-2. 시댁 도착 후 광경(24)

㉡-3. 오라버니와의 작별(54)

㉢-1. 시집 살림의 곤궁함(51)

**㉢-2. 접빈객의 고난(26)**

㉣ 치산 결심과 치산 방법(38)

㉤-1. 치부 광경, 유복한 삶(61)

**㉤-2. 남편의 장원급제(86)**

**㉤-3. 가문 회복, 영화로운 삶(18)**

15 작품의 순차적 전개를 제시하면서 두 유형 사이에 각 단락의 비중, 탈락 요소, 축약·확장 부분을 비교하기 위해, 유사한 내용 단락은 동일한 부호를 달았다. 따라서 한 작품 내에서 일부 부호 표시 단락은 생략된 것도 있다. 〈복선화음가〉는 '계녀가' 부분 및 ㉥과 ㉦단락, ㉧과 ㉪단락에 해당하는 내용이 빠져 있어 이를 제외하고 부호를 부여했다. 굵게 표시한 단락은 해당 작품 유형에만 있는 내용이며, 각 단락의 괄호 안 숫자는 해당 구(句)의 길이다. 가사에서 길이는 의미가 분절되는 행 수를 기준으로 하는 것이 일반적이지만, 〈복선화음가〉의 경우 3구 1행 내지 6구 1행을 이루는 곳도 더러 있어 행을 헤아리는 것이 어려우므로 구를 기준으로 했다. 작품 총길이는 〈김씨계녀ᄉᆞ〉가 488구, 〈복선화음가〉가 499구다.

| | |
|---|---|
| (4) 괴똥어미의 일생 | (3) 괴똥어미 사설 |
| ⓞ 부유한 집에 출가(22) | ⓞ 부유한 집에 출가(27) |
| ⓩ 그릇된 행실(38) | ⓩ 망측한 성품과 그릇된 행실(54) |
| **ⓒ 사치와 낭비로 재산 탕진(60)** | |
| **ⓚ 패가망신 후 비참한 광경(44)** | |
| (5) 결사 | (4) 결사 |
| ⓣ 효칙과 경계 당부, 재회 기약(16) | ⓣ 효칙과 경계 당부, 재회 기약(12) |

〈김씨계녀ᄉᆞ〉는 서사와 결사를 제외하면, 시적 화자인 '나(김씨부인)의 일생(180)-계녀가(124)-괴똥어미의 일생(164)'이라는 독립적인 성격을 띠는 세 부분으로 이루어져 있다. 김부인의 자전적 술회 말미에 딸을 출가시키는 내용 부분에서 '계녀가'를 들려주는 방식인데, 괴똥어미 부분은 이 계녀 내용의 일부로 편입됨으로써 전체 내용과의 연결고리를 갖는다.[16] 김부인의 일생은 시적 화자 '나'에 의한 1인칭 시점으로 성장부터 출가, 가난, 치산, 치부 후 노년에 이르는 서사적 과정이 전개된다. 괴똥어미 일생 역시 출가, 악행, 재산 탕진, 패가망신한 노후까지 대체로 서사적 완결성을 갖추었다. 계녀가는 남편을 봉양하는 도리를 강조하면서 부녀자의 조신한 처신과 예의범절을 경계하는 내용이다. 전형계녀가와 마찬가지로 '~하라'와 '~(하지) 마라'의 어법을 사용하여 경계할 조목을 나열하는 방식이다. 서두에서는 '세상 사람들'을 청자로 설정한 일반적 발화였던 것이, 계녀가에서는 딸을 가상 청자로 설정한 대화였다가 괴똥어미 부분 첫머리에서 '너'에 대한 발화로 표명화되어 마지막까지 지속된다. 대체로 4음보 1행의 의미 단위를 지키고 있고,

16 서영숙은 김부인의 일생을 서술하다가 괴똥어미 사설을 계녀 부분에 포괄시킨 이중액자 구조로 파악한 바 있다. 서영숙, 앞의 논문, 1994b, 225쪽 참조.

사건이나 행위를 부연한다든지 서술의 기교를 더하거나 흥미를 끌기 위한 장치는 적은 편이다.

〈복선화음가〉는 '나(이씨부인)의 일생(402)' 부분이 '괴똥어미 사설(81)'보다 훨씬 많은 분량을 차지하고, 이 부분이 '계녀형'의 김씨부인 일생에 비해서도 두 배 이상 확대된 '전기형'이다. 두 부분의 연결이 자연스럽지 못하고, 서술 시점 면에서 불합리한 부분도 존재한다. '세상 사람들'을 일반 청자로 설정하여 '나'의 일생을 다룬 서사적 전개의 발화에 관습적인 괴똥어미 사설 일부가 덧붙어 있다고 할 정도다. '나'의 성장-출가-가난-치산-치부와 노후에 이르는 과정에서는 '계녀형'의 각 단락을 상세히 하고 없던 단락도 첨가해 확대했다. 유의할 것은 관찰자 시점을 견지한 괴똥어미 부분이다. 인물의 처신과 행실을 부정적으로 그리면서도 '계녀형'의 후반부 ㊅, ㊆ 단락은 탈락시켰다. 율격 면에서 보다 자유로우나, 장면 묘사의 경우 한 행 내에서 구 단위의 대구와 긴장을 유지한 채 두 행 이상에 걸쳐 의미를 실현하는 가사의 율격 원리[17]를 구현한다.

이상 두 유형의 특징을 드러내면서 작품의 전개 과정을 구체적으로 따라가 보자.

먼저 (1) '서사' 부분은 화자가 세상 사람들을 일반 청자로 설정하고 노래를 시작하는 부분이다. 본사에서 토로할 체험 고백에 앞서, 그런 경험의 근본적 원인이라 할 여자로 태어난 사실을 불행이라고 표명한다. 대개 내용은 "어와 세상 사람들아 이 ᄂᆡ 말삼 들어보소/ 불힝한 이 ᄂᆡ 몸이 여자몸이 ᄃᆡ얏스니"[18]로 비슷하다.

(2) '나(김부인/이부인)의 일생'은 화자의 체험을 '복선(福善)'의 주제

17 성기옥, 『한국시가율격의 이론』, 새문사, 1986.

18 "어와 셰상 ᄉᆞ람더라 이 ᄂᆡ 말솜 들어보소/ 불힝ᄒᆞ고 ᄋᆡ달을ᄉᆞ 이 ᄂᆡ 몸이 녀ᄌᆞ되어"(〈김씨계녀ᄉᆞ〉)

로 드러낸다. 경제적 능력을 상실하고 체면만 남은 집안에 시집와 혹독한 가난을 겪다가 치산 결심 후 부를 일으켜 유족한 삶을 누린다는 내용이다. '전기형' 〈복선화음가〉는 이 부분이 작품 전체에서 압도적 비중을 차지한다.

㉠은 두 인물의 출가 전 성장 과정이다. "열녀 효경젼을 십셰의 외와ᄂᆡ"고 여공(女工)조차 출중하여 누구에게나 칭찬을 듣던 '나'의 어린 시절은 다음과 같이 회상된다.

금의옥식 싸혀시니 긔한을 어이알며
만화방츈 화원즁의 츈경도 귀경ᄒᆞ고
청풍명월 옥규즁의 월식도 귀경ᄒᆞ며
만반진슈 별미ᄎᆞ담 입맛슬혀 못다먹고
원앙금침 홍촉하의 칙ᄌᆞ도 펼쳐보며
셰시북납 죠흔ᄊᆡ의 상육도 더져보고
질거이 지ᄂᆡ던이 년관거연 십오셰라
–〈김씨계녀ᄉᆞ〉

악ᄒᆞᆫ행실 경계ᄒᆞ고 ᄎᆞᆨᄒᆞᆫ ᄉᆞ람 뽄을바다
일동일정 션히ᄒᆞ니 남녀노소 ᄒᆞ난말이
천ᄉᆞᆼ적강 이소제난 부귀공명 누리리라
그얼골 그태도난 천만고에 처음이라
–〈복선화음가〉

'계녀형'이 '전기형'에 비해 길게 서술된 유일한 대목이다. 〈복선화음가〉가 '부귀'에 대한 예언과 비범함을 강조하면서 사실 제시의 서술 태도를 유지한 반면, 〈김씨계녀ᄉᆞ〉는 유족한 가정에서 고급문화를 향유한 화자의 구체적 경험이 체험적으로 진술되고 있다. 즐겁고 귀한 어린 시절에의 회상은 결혼 후 맞닥뜨리게 될 시집살이의 고난과 대비되어 극적인 효과를 일으킨다.

시집살이를 묘사한 ㉢의 다음 대목을 비교해 보자.

진황씨 서방님은 아난거시 글뿐이요
시정모른 늙은구고 다만망영 뿐이로다
–〈복선화음가〉

쳔황씨 셔방님은 글밧긔 무엇알며
년만ᄒᆞ신 시부모님 다만망영 ᄡᅮᆫ이로다
야심구진 싀누의님 업난모ᄒᆡ 무삼일고
듯고도 못듯ᄂᆞᆫ쳬 보고도 못보ᄂᆞᆫ쳬
말못ᄒᆞᄂᆞᆫ 벙어린쳬 노염읍ᄂᆞᆫ 병신인듯
무죄한 ᄉᆞ즁나니 고ᄀᆡ숙여 잠잠들어
년노ᄒᆞ신 부모마음 힝여혹시 거실릴가
친졍ᄉᆡᆼ각 간졀한들 어ᄃᆡ가셔 ᄉᆡᆼ각ᄒᆞ리
–〈김씨계녀ᄉᆞ〉

끼니를 걱정해야 하는 현실은 며느리에게 떠맡기고 세상 물정에 어둡기만 한 시집 식구들에 대한 답답함을 드러낸 부분이다. 〈복선화음가〉는 남편과 시부모의 궁벽함을 제시하는 정도다. 〈김씨계녀ᄉᆞ〉의 화자가 다른 시집 식구들의 부당한 박대를 견디는 방법은 스스로를 '병신'처럼 가치 비하하는 길뿐이다. 그것은 시집 식구들이 화자를 약하고 열등하며 비정상인 존재로 무시함으로써 타자화시킨 결과다.[19] 이런

19 박희병, 「'병신'에의 시선: 前近代 텍스트에서의」, 『고전문학연구』 24, 한국고전문학회, 2003에서는 병신이라는 단어는 몸을 중심으로 정상/비정상, 주체/타자, 우/열, 有

화자의 고난과 순종적 인내는 비슷한 처지에 있던 청자로 하여금 간절한 친정 생각에 함께 젖어 들도록 하는 공감의 요인이 된다.

'전기형'이 (2) 부분을 확대하면서 첨가한 부분의 진술 방식은 자기 소회를 내면 독백적으로 진술하는 '계녀형'과 다르다. 특정 부분을 장면화하면서 대화체를 활용해 서사체에 근접한다든지 장면을 객관화하는 '서술적 독백(narrative monologue)체'에 가깝다. ㉡ 출가 장면과 ㉣ 치산 방법 묘사에서 이 점이 두드러지는데, 다음 대목이 그 예다.

ᄒᆞ로밤 지낸후에 회마치행 ᄒᆞ올적에
배행왓든 오라범님 나을보고 ᄒᆞ난말삼
"가세가 이러ᄒᆞ니 ᄒᆞᆯ일업다 도로가ᄌᆞ ᄎᆞ마혼ᄌᆞ 못가갯다
어여뿐 우리누에 이고생을 엇지ᄒᆞ리 두말말고 도로가ᄌᆞ"
"오라바님 ᄒᆞ난말ᄉᆞᆷ 이말이 왼말이요
ᄉᆞᆷ종지도 ᄌᆞᆼᄒᆞᆫ법과 여자유행 일것스니 부모형제 머러스라
행에예혼 ᄒᆞ올적에 제물을 의논ᄒᆞᆷ이
옛적에 전ᄒᆞᆫ바요 ᄉᆞ군ᄌᆞ에 경계로다

(…)

시댁에 간구ᄒᆞᆫ말 부모님께 부대마오
ᄌᆞ애ᄌᆞ정 우리부모 이말ᄉᆞᆷ 들으시면
갓득이나 늙은친당 침식이 불안ᄒᆞᆫ대
셔우슴 조흔말로 시가ᄉᆞ를 ᄌᆞ랑ᄒᆞ여 부모마음 편키ᄒᆞ오"
오라버님 ᄒᆞ난말ᄉᆞᆷ
"아름다운 우리누에 오히려 놀랏드니
금일애야 다시보니 백행이 구비ᄒᆞ니 무궁복록 누리리라

---

視/無視, 同化/異化를 뚜렷이 구분하는 성향이 있고, 여기에는 차별과 배제와 억압의 시선이 개입되어 있다고 본다.

슈지부모 귀흔몸을 안보흐야 졸잇스라"

– 〈복선화음가〉

신행(新行) 후 오라버니와 작별하는 ㉡-3 부분이다. 극난한 지경의 시댁에 차마 누이를 두고 돌아가지 못하는 오라버니를 향해, 여자유행(女子流行)에 따라 시댁 봉양을 다짐하고 오히려 친정 부모를 염려하는 이부인의 기특한 심정이 나타나 있다. 전형적 가사 서술 방식과 달리, 거의 서술자의 개입 없이 인물 간의 대화를 통해 진행되며, 4음보 1행의 형식을 벗어난 부분도 많이 눈에 띈다.

㉣은 화자가 임시변통으로는 가난에서 벗어날 수 없는 현실을 직시하고 재산을 모으기로 결심한 후 치산의 방법을 통해 재물을 쌓아가는 과정이다. 치산 결심의 구체적 계기도 등장한다. '계녀형'에서는 하녀를 시켜 이웃집에 쌀을 꾸러 갔다가 거절당하는 사건이며, '전기형'에서는 갑자기 닥친 손님을 나름껏 대접해 접빈객(接賓客)의 도리를 다하려다가 좌절하게 된 사건이다. 치산의 방법도 '계녀형'은 양잠과 직조 등 가사노동의 차원[20]인 데 반해, '전기형'은 개간과 매매 등 양반 부녀자로서는 꺼리던 생산 및 상업 활동까지 제시된다.[21]

십여 년의 치산 과정 끝에 ㉤에 이르러 화자는 적지 않은 재산을 모아 행복을 구가하게 된다. 그런데 치부(致富) 광경을 열거하면서 김부인과 이부인이 몰두하는 행위는 대조적이다. '계녀형'에서 치부 행위

---

20 "오식당ᄉᆞ 가는실을 올올리 ᄌᆞ아ᄂᆡ며/ 칠힝긔 큰뵈틀의 필필이 ᄶᆞ아ᄂᆡ니/ 할님쥬셔 죠복ᄎᆞ와 병슈ᄉᆞ의 융복ᄎᆞ라/ 녹의홍샹 쳐녀치장 요용스치 유족ᄒᆞ다/ 무정셰월 졀노가니 시집온지 십년이라/ 가산이 누만ᄌᆡ라 이만ᄒᆞ면 넉넉할가"(〈김씨계녀ᄉᆞ〉)

21 "비단치마 입던허리 행ᄌᆞ치마 둘려입고/ 운혜당혜 심든발내 석세집신 졸여신고/ 당ᄌᆞᆼ안해 무근처마 졸고매고 개간ᄒᆞ여/ 외가지를 굴기길너 성시애 팔아오고/ (…)/ 오회월여 고은실은 슈놋키로 다진ᄒᆞ고/ 호ᄉᆞᆼ에 돈천냥은 비단갑시 부족ᄒᆞ다"(〈김씨계녀ᄉᆞ〉)

가 부모 봉양과 이웃 구제에 집중된[22] 반면, '전기형'은 갖은 음식과 의복치레, 화려한 집치장에 이르기까지 호사스럽고 과장되게 그려진다.[23] 이처럼 엄청난 부의 획득과 소비에 대해 기왕의 논자들의 평가는 대개 부정적이다. 즉, 주인공의 도덕성에 대한 일종의 낭만적 보상[24]이라거나, 극적 형상화를 도모하면서 현실 맥락으로부터 이탈해 갔다[25]는 것이다. 결국 이 작품이 치산에 대한 당시의 관심사를 반영하고 있는 것은 사실이나, 그 형상화의 방법과 결과에 대해서는 비현실적이라고 본 것이다. 실제로 ㉣치산 대목을 기준으로, 그 앞에 위치한 '가난' 대목이 구체적이고 사실성을 띠는 반면, 이후 ㉤'치부와 영화' 대목은 극도로 과장되어 다분히 허구성을 띤다. 이처럼 (2) '김부인(이부인)의 일생' 부분에는 당대 여성들의 현실과 소망이 동시에 얽혀 있는 셈이다.

다음으로, '계녀형'에만 있는 '계녀가' 부분은 시집가는 딸을 훈계하고자 친정어머니가 들려주는 '계녀가'의 일반적인 어법을 답습하고 있다. 〈김씨계녀ᄉᆞ〉 등을 작품화하기 위해 나름대로 재배열한 흔적도 발견되는데, '전형계녀가'의 11개 항목[26] 중에서 '사군자(事君子)'에 해

22 "가산이 누만ᄌᆡ라 이만ᄒᆞ면 넉넉할가/ 날마다 소를잡혀 부모을 공경ᄒᆞ며/ 능나금슈 오셜지어 쳘쳘리 가라입고/ 쓰ᄂᆞᆫᄉᆞ람 오셜쥬고 쥬린ᄉᆞ람 밥을쥬며/ 궁교빈족 못ᄉᆞᄂᆞᆫ이 혼인쟝ᄉᆞ 못지ᄂᆡ면/ 돈을쥬고 쌀을쥬어 아모죠록 구졔ᄒᆞ고/ 가ᄉᆞᆫ의 허다소용 일용이 만금이라"(〈김씨계녀ᄉᆞ〉)

23 "울을뜻고 담을치고 집을짓고 기와이고/ 앞패에 조흔전답 만흘시고 안밧마구/ 노쇠나귀 때를차ᄌᆞ 우난소리/ 십이즁문 쥴행낭쥴 왕방울을 거러두고/ 고대광실 놉흔집애 츈혀마다 풍경달아/ 동남풍이 건듯ᄒᆞ면 잠든날을 깨와서라/ 보라대단 요이불을 반ᄌᆞ까지 도로싸고/ 용목괘ᄉᆞᆼ 두리ᄉᆞᆼ을 ᄌᆞ기홈농 겹처놋코/ 슈즁하님 열둘이요 반빗ᄒᆞ님 슈물둘이라/ 좌우로 벌려서니 육간대청 가득ᄒᆞ다/ (…)/ 날마다 소를잡아 부모봉양 유족ᄒᆞ다/ ᄎᆞᆫ물도 허다ᄒᆞ다 아침저녁 갈아놋고/ 혼정신성 ᄒᆞ올적에 가진실과 약주로다"(〈김씨계녀ᄉᆞ〉)

24 장정수, 앞의 논문, 1995, 309쪽.

25 이동연, 앞의 논문, 309-310쪽.

26 〈誡女歌〉의 순서와 항목별 행수는 다음과 같다. 序詞(5)-事舅姑(34)-事君子(18)-睦親戚(15)-奉祭祀(16)-接賓客(10)-胎教(10)-育兒(11)-御奴婢(11)-治產(6)-出入(9)-恒心(4)-結詞(4). 권영철 편, 앞의 책 참조.

당하는 남편 봉양 내용만을 특별히 강조하고 여타 항목은 부녀자의 일반 예의범절로 경계한 점이 그것이다. 이는 〈김씨계녀ᄉᆞ〉 향유층의 변화된 의식과 관련해 깊이 있는 분석이 필요한데, 본 논문의 3장에서 상세히 다루기로 한다.

'괴똥어미' 단락은 부유한 집안에 들어와서 망측한 처신과 그릇된 행실을 일삼다가 재산을 탕진하고 비참한 노년에 처하게 된 인물을 묘사한다. 김부인(이부인)과는 대조적 일생을 살아 '화음(禍淫)'이라는 주제에 부합하는 인물형이다. 이 인물의 일생은 〈김씨계녀ᄉᆞ〉에서는 어느 정도 완전하게 그려진다. 하지만 '전기형'에서는 재산을 낭비하고 비참하게 된 광경이 상당 부분 생략됨으로써 '일생'에 부합하는 서사적 완결을 이루었다고 보기 어렵다. '계녀형'의 ㉠에서는 남편, 아들에 이어 딸까지 죽고 셋째 딸은 불구가 된 데다 자신 또한 병신 꼴이 되는 등 극진한 보복을 겪는다. '전기형'은 이 모든 정황을 "우환이 연겹ᄒᆞ니 ᄉᆞ망인들 업슬소냐", "허다시간 포진천물 남용남식 ᄒᆞ고나서 그 모양이 대앗고나"라는 논평적 진술로 짧게 요약한다. "그 모양"이라는 지시어만으로도 충분할 만큼 괴똥어미의 이야기가 이미 가사 향유층에게 관습화되었거나, 사실을 생략하는 것 자체가 향유층의 의도와 관련된다고도 할 것이다.

마지막으로 '결사' 부분은 "딸아딸아 아기딸아~"로 시작해 괴똥어미 대신 어미를 본받을 것과 부덕(婦德)을 잘 실천해 내년에 다시 만나자는 기약으로 끝맺는다. 복선화음의 주제를 재차 확인하고 재회를 명시한다는 점에서 일반 계녀가보다 구체적이다.

이상 두 작품의 대비적 전개 과정을 통해, '복선화음(福善禍淫)'이라는 주제를 충실히 구현한 쪽은 제목과는 달리 〈김씨계녀ᄉᆞ〉이며, 〈복선화음가〉는 '복선(福善)'을 상대적으로 더 강조하면서 '화음(禍淫)'의 주제는 약화시킴을 알 수 있다. 이로 보아 '전기형'이 '계녀형'보다 이후에 이루어진 것은 분명하다. 그런데 두 유형의 관계는 계기적이지 않고 각기 향유층을 달리하면서 '계녀형'은 계녀형대로, '전기형'은 전기형대로 이본을 재생산해 간 것으로 보인다. 이 과정에는 시적 화자를 포함한 향유층의 의도나 지향이 필연적으로 관여할 것인바, 이제 '복선화음가' 계열 가사가 텍스트 내에 구유한 자질들을 텍스트 밖의 시대적 조건 속에서 해석해 내는 작업이 요청된다.

## 3. '복선화음가' 계열 가사에 나타난 근대성: 타자의 포용과 주체의 확립

'복선화음가' 계열 가사의 두 유형 사이에서 발견되는 내용과 형식상 변이 요소들은 작품 외적 측면에서 설명할 때 그 특징과 의미를 분명히 밝힐 수 있다. 여기에는 생산자와 수용자가 분리되지 않고 제작과 수용 과정에서 향유자의 지향이 개입된다는 점, 여성이라는 동일한 향유층에 기반하고 있다는 점, 가사가 다른 문학 갈래로의 출입이 비교적 자유롭게 허용되는 탄력적 양식이라는 점 등이 중점적으로 고려될 만하다. 이러한 점들이 작품 생산 배경이 되는 근대전환기의 특수한 시대적 조건과 반응하여 빚게 된 산물은 무엇인가. 이 물음에 대한 답은 곧 전통적 문학 양식인 가사가 시대적 대응력을 모색해 가는 과정을 이해하는 것이면서 동시에 가사 양식에 포착된 근대성의 징후를 해독하는 길이기도 하다.

### 1) 새로운 인간형의 창조와 타자에의 시선

'복선화음가' 계열 가사에서는 일반 계녀형 작품에서 보이지 않던 인물의 모습이 등장한다. 규범적이고 이상적인 여성상과는 동떨어진 괴똥어미의 존재가 그것이다. 괴똥어미는 애초에 비판과 경계의 목적으로 선택된 인물이다. 화자는 객관적 관찰자 시점에서 그와의 거리를 유지한 채, 그의 패악한 성품과 망측한 행실을 일일이 열거한다.

> 졔가당초 시집올ᄃᆡ 가산이 누만ᄌᆡ라
> 안팟즁문 쥴힝낭의 ᄉᆞ환노비 버러잇고
> 쌀노젹 콩노젹을 뉘안이 부러ᄒᆞ리
> 시집으로 오난날의 덕문밧긔 나셔면셔
> 눈을쪄 휘두르며 힝ᄉᆞ더옥 망칙ᄒᆞ다
> 신부큰상 허다음식 싱율먹기 고이ᄒᆞ며
> 무삼뵈가 그리곱하 국마시고 떡을먹고
> 트림ᄒᆞ고 방귀쒸니 더구나 ᄒᆞ연ᄒᆞ다
> 허다빈ᄌᆡᆨ 귀경군이 뉘안이 외면ᄒᆞ리
> – 〈김씨계녀ᄉᆞ〉

괴똥어미가 신행 올 때의 장면을 묘사한 부분이다. 화자는 '저이'라 칭해 대상을 자신과 다른 낮은 자리에 두고, 그 행동을 '망측하'고 '고이하'다고 평가하면서 '외면하'려는 태도를 보인다. 이러한 화자-대상 사이의 관계는 『초당문답가』의 〈우부가〉, 〈용부가〉의 그것을 연상시키며, 인물의 행위를 열거하면서 확장 제시하는 방식 또한 유사하다. 이러한 방식은 인물의 개성적인 모습을 형상화하기 위한 것이라기보다 전형성을 규정하기 위한 것으로, 그 태도가 해학과 관련을 갖는다고 한다.[27] 인용 부분에서도 괴똥어미의 행동은 화자의 의도와 달리 청자에게 슬며시 웃음을 자아낸다. 시집에 들어서는 순간부터 어려운 기색이라고는 없이 좌중을 훑은 뒤 고픈 배 속부터 채우고 보는 그 여유롭

27 김대행, 「〈우부가〉의 주제와 시대성 논의 반성」, 국어국문학회 편, 『가사연구』, 태학사, 1997, 346-347쪽.

고 본능에 충실한 행동의 주체는 부녀자의 금기 따위엔 아랑곳하지 않는다. 그는 보고 싶은 것은 참지 못하고, 제사음식으로 주전부리를 삼으며, 재미난 일에 박장대소하며 거들곤 하는 위인이다.[28]

자신의 본성과 감정에 충실한 인간형의 창조는, 그 인물이 지닌 부정성에도 불구하고 가사의 향유층을 몰입시키는 장치로 기능하기도 한다. 향유자들은 자신이 감히 시도해 볼 수 없는 과감하고 거침없는 행동에 심리적 유대를 가지며 일종의 쾌감을 느꼈을 것이다.[29] '전기형'에 와서 이부인의 치부 광경이 야단스러우리만치 호사스럽게 묘사된 점도, 보상 심리와 더불어 이러한 쾌감과도 연관되어 있다고 생각된다. 괴똥어미의 악행과 이부인의 치부 행위는 모두 실제와 거리가 있지만, 향유층의 지향을 반영한 결과 가사의 활발한 소통에 적극 기여하는 것이다.[30]

사회 규범과 관습을 벗어난, 소수자로서의 괴똥어미와 같은 인간형이 이 시기 여성가사에 등장하게 된 것은 그 사실만으로도 문제적이다. 하지만 '전기형'으로 오면서 이 부정적 인물에게 보내는 향유층의 변화된 시선은 더욱 주목을 요한다.

**우환이 연쳡ᄒᆞ니 초상인덜 읍실손가**
**닝ᄃᆡᄒᆞ던 노시부야 상ᄉᆞ난덜 관계ᄒᆞ리**

28 "담의올ᄂᆞ ᄉᆞ람귀경 문틈으로 여어보기/ 마루젼의 침밧기와 바람벽의 코풀기와/ 등잔압희 불ᄭᅳ기와 화로압희 불쬐기며/ (…)/ 절문죵의 셔방질과 늘근죵의 노구질을/ 아른체 시비ᄒᆞ며 젼쥬ᄒᆞ여 일을삼고/ 휘건치마 불ᄐᆡ기와 고흔의복 거름칠과/ 졔ᄉᆞ음식 쥬젼부리 탕긔ᄃᆡ졉 일져질기/ (…)/ 허다좌셕 박장ᄃᆡ소 난편압희 옷벗기와/ 쳔셕군 부ᄌᆞ밋고 굶ᄂᆞᆫᄉᆞ람 슝보기와/ 시부모의 걱정소ᄅᆡ 종종거려 ᄃᆡ답ᄒᆞ고/ 발굴너 포악소ᄅᆡ ᄉᆞᆷ동ᄂᆡ가 요란ᄒᆞ다"(〈김씨계녀ᄉᆞ〉)

29 서영숙, 앞의 논문, 1994b, 219-220쪽.

30 '계녀형' 이본과 동일 맥락에 놓인 〈괴똥젼〉, 〈괴동어미젼〉 등의 존재가 이 점을 뒷받침한다.

**졔심ᄉᆞ 그러ᄒᆞ니 난편인덜 진일손가**
**아들쥬거 우난날의 아기ᄯᅡᆯ이 마ᄌᆞ쥭네**
**가산이 탕ᄑᆡᄒᆞ니 노복인덜 진일손야**
**졔ᄉᆞ음식 작만할졔 졍셩읍시 ᄎᆞ렷시니**
**앙화읏지 읍시리오 셋ᄌᆡᄯᅡᆯ이 반신불슈**
**모양도 망칙ᄒᆞ고 보복도 극진ᄒᆞ다**
(…)
참옥할ᄉᆞ 괴ᄯᅩᆼ어미 단독일신 쁜이로다
다써러진 흔베치마 이웃집의 어더입고
(…)
ᄉᆡ벽셔리 찬바람의 이집가고 져집갈졔
다리졀둑 병신되여 ᄒᆡ소소ᄅᆡ 요란ᄒᆞ다
– 〈김씨계녀ᄉᆞ〉

ᄉᆞᆫ애올라 ᄉᆞᆫ지ᄒᆞ고 절애가서 불공ᄒᆞᆫ들
지심ᄉᆞ 그러ᄒᆞ니 귀신인들 도울손냐
**우환이 연겁ᄒᆞ니 ᄉᆞ망인들 업슬소냐**
딸아딸아 아기딸아
복션화음 ᄒᆞᆫ난법이 이를보니 분명ᄒᆞ다
저건너 괴똥어미 너도거면 안보앗나
허다시간 포진천물 남용남식 ᄒᆞ고나서
그모양이 대앗고나
– 〈복선화음가〉

'계녀형'에서 괴똥어미는 나쁜 행실과 재산 낭비의 대가로 노시부와 남편, 아들딸까지 잃고 의지할 곳 없이, 노복은커녕 병신 딸만 데리고 걸식하는 철저한 패배자로 귀결된다. 영락없는 거지꼴로, 불구에다 병자의 행색을 한 괴똥어미는 『초당문답』 내 〈우부편〉의 남촌(南村) 한량(閑良) '말똥이(=꽁생원)'의 모습을 연상케 한다.[31] 앙화와 보복이라는 작중 화자의 평가는 일말의 동정도 허용하지 않는다. "듯고도 못듯눈체 보고도 못보눈체/ 말못ᄒᆞ눈 벙어린체 노염읍눈 병신인듯" 시댁으로부터 철저히 타자화되었던 화자는 이제 끔찍한 최후를 안김으로써 괴똥어미를 자신보다 더욱 극단적으로 타자화하고 있는 것이다.

반면, '전기형'에 오면 괴똥어미를 바라보는 시선이 사뭇 달라진다. 우환과 사망을 언급했으나 구체적 실례는 생략하고 '그 모양'을 청자로 하여금 추측하도록 할 뿐이다. 괴똥어미가 징치의 대상에서 연민의 대상으로 바뀐 것이다. 가난의 고통을 공유하며 자기보다 비참한 상황으로 전락한 인물은 향유자들에게 더 이상 공격의 대상이 되지 못한다. 작품 밖 향유자들은 '전기형'에 오면 치부 단계에서 '나(이부인)'의 일생을 훨씬 화려하게 포장하고 확대함으로써 거기에 몰입하는 대신, 괴똥어미를 자신들과 비슷한 처지에 슬그머니 내버려 둔다.[32] 타인의 고통과 연대하고 타인을 받아들임(l'hospitalité)으로써 참된 주체성을 확립[33]하는 단계로 진입하게 된 것이다.

### 2) 여성의 주체 되기: 포용성을 지닌 긍정적 주체로

'복선화음가' 계열 가사가 여성들 내부에서 창작·향유되어 소통된 여성 중심적 텍스트라는 점에는 의의를 부여해 왔다. 그러나 작품에 드

---

31 "可憐ᄒᆞ다 저 인생아 一朝에 乞客이라/ 玳瑁貫子 어대 가고 물렛줄은 무삼일고/ 통냥갓은 어대 가고 헌 破笠에 통모자라/ (…)/ 銀鞍駿馬 어대 가며 先後 구종 어대 간고/ 석새 집신 지팡이에 정강말이 제격이라"(〈우부편〉, 『草堂問答』)

32 김석회(2005)의 계열 분류에서 '전기형'에 괴똥어미 탈락형이 중요한 축이 되는 것도 이런 방향에서 해석할 수 있다.

33 강영안, 『타인의 얼굴: 레비나스의 철학』, 문학과지성사, 2005.

러난 여성 의식을 평가하는 데 있어서는 종종 그 한계가 지적되곤 한다. 시적 화자가 가도(家道)를 일으킬 만한 탁월한 능력을 지녔으면서도 출가외인 이데올로기를 스스로 철저히 내면화함으로써 여전히 종속적 존재로 머물렀다거나,[34] 기존의 억압적 굴레에다 치산의 짐까지 지게 된 여성의 현실 때문에 치산 이후 풍경이 극적 형상화 쪽으로 기울어 현실적 맥락에서 이탈하고 말았다[35]는 견해가 그것이다.

과연 작품 속 여성의 모습은 여전히 억압되고 종속되며 비현실적인 존재인가. 그처럼 비관적인 진단은 여성 의식의 기준을 지나치게 현재에 둔 것은 아닌가. 비판적 의문을 품고 작품의 향유 시기로 거슬러 올라가 작품 안과 밖의 여성들과 조우해 보기로 하자.

'복선화음가' 계열 가사 향유의 시공간이 된 19세기 중후반 영남 향촌 사회는, 18세기 이래 진행되어 온 경향분기(京鄕分岐) 현상으로 인해 사족들의 벼슬길이 차단되고 정치적 소외가 심각했다. 그로 인한 경제적 궁핍 상황은 향촌 사족 아녀자들로 하여금 집안의 대소사를 정신적으로나 실질적으로 책임지게 만들었다. 이런 현상은 한편으로 가부장 이데올로기에 묶여 있는 여성에게 더욱 과중한 의무를 부여한 면이 있다. 다른 한편으로는 경제권이 부인에게 집중되면서 가문 내 여성의 역할이 부각되는 계기로도 작용했다.

두 유형의 작품 속에서도 가족 구성원들이 누리는 삶의 부귀빈천은 며느리에게 달려 있고, 시부모나 남편은 조력자 내지 보조자로 물러나 있다. 곤궁하기 이를 데 없는 살림살이에도 시집간 여성에게 둘러씌워진 의무를 다하려고 애쓰던 화자가 마침내 기존 규범에 직접 이의를 제기하게 된 것은 스스로 겪은 절박한 상황으로부터였다.

34 장정수, 앞의 논문, 1995, 297-301쪽.

35 이동연, 앞의 논문, 309-310쪽.

ᄒᆞᆫ때굴머 두때실시 치마끈을 졸라맨들
글노엇지 당ᄒᆞᆯ소냐 눈이캄캄 ᄒᆞ올적에
헛두통을 알노라니 ᄉᆞ랑에서 무ᄉᆞᆫ호기
슈청ᄒᆞ님 급히불러 손님두분 오셧으니
술ᄉᆞ오고 정심해라 호령이 등등ᄒᆞ니
시행을 아니ᄒᆞ면 ᄉᆞ랑에 망신이요
시행을 ᄒᆞᄌᆞᄒᆞᆫ들 두주먹 불것스니
생각다 ᄒᆞᆯ일업서 인두가왜 전당주고
술ᄉᆞ오고 양식팔아 손님대접 ᄒᆞ엿신들
그무엇이 넉넉ᄒᆞ여 지어기를 ᄒᆞ존말가
잇흘ᄉᆞ흘 유ᄒᆞᆫ손님 말유ᄒᆞ기 무ᄉᆞᆷ일고
봉제접빈 지성인들 업난바에 어이ᄒᆞ리
–〈복선화음가〉

궁핍한 시댁 살림에 혼수 방매는 임시변통에 지나지 않았다. 시부모와 하인들을 먹이고, 자신은 굶기를 밥 먹듯 하다 헛두통까지 얻게 된 화자에게 사랑의 손님을 접대하라는 호령이 떨어진다. 접빈객(接賓客)의 도리를 다하고자 해도 굳게 쥔 것은 붉은 주먹뿐, 별수 없이 바느질 도구마저 저당 잡혀 간신히 접대 의무를 다하는가 했더니, 이미 사흘씩 묵은 손님을 다시 붙잡는 시부모가 야속하고 대책은 없어 막막하기만 하다. 이 대목은 〈복선화음가〉 전체에서도 사실적인 묘사가 도드라지는 부분이다. 그런데 이것은 사실성 자체에 관심을 둔다기보다 여성 자신의 비판과 문제 제기에 대해 체험적 진술로 설득력을 높이려는 의도를 지닌 것이라고 본다. 현실의 가난을 구제하지 못하는 한 접빈객의 규범은 때로 무모하고 부당할 수밖에 없다는 항변, 즉 전형계녀가 가운데 '접빈객' 항목[36]에 대한 저항처럼 들린다. 체면은 규범의 보루가 될 수 없으며 가난은 명분을 무력화한다. 이러한 비판 의식이 치산을 결심하는 과정으로 귀결되는 것은 절박하고도 당연한 절차였다.

'계녀형'에 나타난 '계녀가' 항목의 구체적 면모 또한 여성의식과 관련하여 검토되어야 할 부분이다. 이 부분은 전형계녀가의 어법을 따르고 있어 보수적 향유자들의 관심사였을 법하다. 그런데 '계녀형'은 『내훈』이나 『소학』에서 비롯한 전형계녀가가 필수적으로 다루는 항목 가운데 순서나 비중으로 두 번째에 해당하는 남편 봉양 방법만 중요하게 다루고,[37] 나머지 항목들은 특정해 언급하지 않았다. 시부모나 자식 등 여성과 수직적 관계에 놓이는 어떤 관계보다도 수평적 관계를 형성하는 남편과의 관계를 중시한 것이다. 물론 해당 대목의 구체적 내용을 살필 때 남편-아내를 대등한 위치에 둔 평등한 관계의 언술이라고는 할 수 없다. 다만 규범과 실질의 혼란과 갈등이 표면화하던 당대에, 계녀가가 최후로 유일하게 고수한 항목이 남편에 관련된 것이었다는 사실은 흥미롭다.

한편 '전기형'에만 보이는 남편의 장원급제 단락(㉥-2)도 이와 같은 맥락에서 해석될 만하다. 이 대목은 이부인의 치부(致富) 장면 가운데 큰 비중을 차지한다. 그런데 남편의 영광을 바라보는 화자의 시선은 대단히 자기중심적이다. 글공부에 대한 존경심이나 당사자인 남편의 감격은 표출되지 않고, 시부의 대화와 친인척의 인사치레를 통해 화자의 들뜬 정서를 과장되게 보여 줄 뿐인 것이다. '계녀형'에서 아들형제의

---

36 전형계녀가의 접빈객 항목 전편은 다음과 같다(권영철 편, 앞의 책, 10-11쪽, 〈誡女歌〉).
"봉졔ᄉᆞ도 ᄒᆞ련이와 졉빈직을 잘ᄒᆞ여라/ 손님이 오시거든 청령더욱 ᄒᆞ여셔라/ 이웃제 쉬어오나 업다고 핑계말고/ 소리를 노피ᄒᆞ여 외당에 듯게 마라/ 반감을 ᄉᆞᆫ쇼ᄒᆞ고 종만막겨 두지말고/ 반상을 ᄆᆡ오싹고 긔명을 씻고씻어/ 밥그룻 골게말고 국그룻 씻게 마라/ 반찬을 노흘젹긔 제ᄌᆞ리 아라노코/ 음식이 불결ᄒᆞ여 손님이 안ᄌᆞ시면/ 주인이 무안ᄒᆞ고 안흉이 나ᄂᆞᆫ이라."

37 전형계녀가의 전체 항목은, 본 논문 주 26) 참조.

급제를 언급한 짤막한 구절이 '전기형'에 와서 남편의 급제 단락으로 바뀐 것은, 아들보다는 동일시의 대상으로서 남편을 내세워 여성 자신의 성취감을 만끽하려는 의도를 반영한다고 생각된다. 치산 활동에 의한 부의 획득에다 사회적으로 인정되는 권위까지 더하려는 향유자의 소망이 그렇게 표현된 셈이다.

이처럼 '복선화음가' 계열 가사는 소극적이고 수동적이던 화자가 적극적이고 능동적인 모습으로 변화해 가는 여성의 주체 되기를 실현하고 있다. 변화를 이끄는 결심의 계기와 구체적 결과가 존재한다는 점에서 이 여성의 변화는 입체적이다. 스스로를 타자화해야 했던 여성을 주체로 거듭나게 한 계기는 치산 활동이며, 그 의미를 여성 자신의 편에서 적극적으로 인정할 필요가 있다. 당시 여성들의 치산 활동은 시집의 인정을 얻기 위한 방편에 불과하거나, 사회가 여성에게 지운 또 다른 멍에에 머무른 것만이 아니다. 여성은 이를 통해 생산 활동과 집안 경영의 주체로 나서면서 비로소 자신의 주체 되기를 경험했고, 자신이 이룬 부를 활용해 이웃을 구제하고 소수자를 끌어안는다. 이런 점에서 '복선화음가' 계열 가사는 명실상부한 여성 중심적 텍스트, 여성가사로서 시대적 역할을 충분히 수행해 냈다.

### 3) '소비' 욕망의 이중성 혹은 '가난'을 통한 연대

'복선화음가' 계열 가사가 향유된 19세기 중후반에 이르면 '부'와 '가난'에 대한 인식이 변모한다. 이들 작품에서 여성 인물이 치산에 몰두하게 된 배경은 현실적으로 맞닥뜨린 경제적 위협과 관련되어 있음을 앞 절에서 살핀 바 있다. 이미 '부'는 사회적으로 가치 평가의 중요한 기준이 되었고, 심지어 부의 축적이 부녀자의 미덕으로 존중받기에 이른 세태를 이 작품은 역설한다. '전기형'의 치산 방법은 전래의 근검(勤儉), 절용(節用)은 물론 삯바느질과 길쌈 등 가사 노동에다, 개간을 통한 농사

짓기, 양잠, 매매 등 적극적이고 상업적인 활동으로 확대되고 있는 것이다.

그런데 〈김씨계녀ᄉᆞ〉에서 '부'를 향한 화자의 욕망은 가난으로부터의 탈출에 있을 뿐 소비로 이어지지 않는다. 오히려 괴똥어미의 행동을 반면교사로 삼아 사치와 낭비를 강력하게 견제하고자 한다. 반면 〈복선화음가〉의 인물이 다양한 치산 활동으로 이루고자 하는 '부'의 추구는 소비에 대한 욕망으로 직접 구체화된다.

'계녀형'에서 괴똥어미가 막대한 시집 재산을 낭비하는 대목을 보자.

마음을 널이먹고 동ᄂᆡ인심 으더리라
떡을치고 밥을지여 오난ᄉᆞ람 퍼쥬어셔
이웃집 졀문뎍과 너도죠ᄐᆞ ᄂᆞ도죠ᄐᆞ
쌀을쥬고 돈을밧고 돈을쥬고 고기ᄉᆞ셔
슬인밥은 ᄀᆡ를쥬고 산ᄒᆞᆫ고기 괴를쥬며
ᄉᆞᆷ간다락 팔간ᄃᆡ청 어물젼이 도엿구ᄂᆞ
(…)
**세간ᄉᆞ리 못한단말 졀통ᄒᆞ고 ᄋᆡ달을ᄉᆞ**
**졔복잇셔 씨ᄂᆞᆫ거셜 뉘라셔 시비ᄒᆞ리**
션젼의 각ᄉᆡᆨ필육 긔탄읍시 ᄉᆞ드려셔
돈을쥬고 마젼ᄒᆞ며 쌀을쥬고 옷셜지여
쥭쥭이 싹을최와 이농져농 너허두고
긔명도 만컨머는 젼곡을 두로허쳐
왜화긔와 당ᄉᆞ긔며 놋동의며 유리병을
쥭쥭이 ᄉᆞ드리며 ᄉᆞᆷ간고의 ᄊᆞ어두고
(…)
문젼옥답 숫한젼답 슈파ᄒᆞ여 ᄂᆡ가되고
크고도 죠흔가ᄐᆡᆨ 부리부터 읍셔지고

ᄐᆡ산가치 ᄡᅵ인곡식 뉘ᄌᆡ물이 도엿ᄂᆞᆫ고

-〈김씨계녀ᄉᆞ〉

괴똥어미의 행동을 비난하는 관점은, 필요 이상으로 재화를 사들이며 낭비하는 데 초점이 맞추어져 있다. 음식을 헤프게 퍼주어 동네 인심을 얻으려는 발상이나 의복을 넘치게 마련하는 행위, 곡식을 팔아 갖가지 그릇들을 사들여 쌓아 두는 일은 패가망신의 지름길이다. 검소와 절약의 미덕에 배반하는 소비 행위는 그 자체로 징벌당해 마땅한 악인 것이다.

이런 관점에 대항하는 괴똥어미의 반응은 사설 가운데 선명하게 제시되었다. '부'는 자기가 타고난 복에 따른 것이므로 소비 행위란 남들이 함부로 시비할 수 없는 일이라고 하여 자신을 정당화한다. 물자의 대량 유통과 활발한 매매 활동은 상업이 발달하고 경제 규모가 커지게 된 이 시기 변화된 사회상을 반영한 것으로, 화자와 괴똥어미 사이의 상반된 관점은 '부'의 척도와 소비 욕망을 둘러싸고 제기된 당대인의 혼란과 갈등을 간접적으로 보여 주는 셈이다.

동일한 문제에 관하여 '전기형'은 '계녀형'과는 달라진 관점을 제시한다. 다음 대목을 보자.

고대광실 높흔집애 츈혀마다 풍경달아
동남풍이 건듯ᄒᆞ면 잠든날을 깨와서라
보라대단 요이불을 반ᄌᆞ까지 도로싸고
용목괘ᄉᆞᆼ 두리ᄉᆞᆼ을 ᄌᆞᄀᆡ홈농 겹처놋코
오동설합 백통연죽 서초양초 가득ᄒᆞ여
왜화기며 당화기와 동내반ᄉᆞᆼ 안성유긔
ᄉᆞᆷ각고의 가득ᄒᆞ고

(…)

날마다 소를잡아 부모봉양 유족ᄒᆞ다
ᄎᆞᆫ물도 허다ᄒᆞ다 아침저녁 갈아놋고
혼정신성 ᄒᆞ올적에 가진실과 약주로다
안진나락 선너럭에 가진ᄎᆞᆫ합 열두설합
꿀병ᄉᆞ탕 편강이며 약과순ᄌᆞ 증복이라
주먹갓흔 굴근대초 춘시호도 겹처놋코
전복쌈약 표육을 성을처서 세이놋코
호초생강 양염이며 은안백척 인절미라
**지악이 복이되고 지성이면 감천이라**
– 〈복선화음가〉

이부인이 마침내 재산을 모아 치부하는 광경을 묘사한 대목이다. '전기형'에 나타난 치부 대목은 '계녀형' 괴똥어미의 소비 행위를 능가한다. 의식주는 물론 이불과 그릇, 장식품에 이르기까지 온갖 명품들이 동원되는가 하면 부모 봉양을 위한 음식의 호사 또한 극에 달했다. 사치스럽고 요란한 치부 행위에 대하여 화자는, 지독한 고난을 이기고 성심을 다한 데 대한 하늘의 보답이라고 합리화한다. 이처럼 '전기형'의 향유자들은 '부'와 '소비'에 관한 태도에서 '계녀형'과 대립되는 입장을 표명하고 있는 것이다. 이들은 '부'의 축적 과정을 능력에 의한 것으로 긍정하고 무한한 소비에의 욕망을 작품을 통해 마음껏 구가하려 한다.

그러나 '계녀형'이든 '전기형'이든 소비 행태의 묘사 수준은 현실적이지 않다. 한껏 과장된 채 낭만적 차원에 머물러 있는 것이다. 소비 욕망에 긍정적으로 반응한다고 해도 곧바로 그만한 수준에 이를 수 있는 것은 아니었으니, 당대 여성 향유층에게 치산은 당면한 과제였으나 그들이 발 디딘 현실은 '부'보다 '가난' 쪽에 여전히 기울어 있었다고나 할까. '가난'을 묘사할 때는 핍진한 사실성을 띠며 내면 독백체로 정서적 공감을 끌어낼 수 있었던 반면, '부'를 제시하는 방식은 서사체에 가까운 서술형이어서 객관적 거리를 느끼게 한 것은 그런 정황과 관련되어 있을 법하다.

결국 당대 현실 속에서 가사의 여성 향유층을 연대하도록 만든 요인은 무엇이었을까. 그것은 '부'에의 욕망도 '치산'의 결심도 아니었다. 바로 '가난'과 '고통'이라는 가장 구체적인 경험이었다. 그 절실한 경험을 공통분모로 하여 꿈/현실, 욕망/공감 사이의 엇갈리는 시선을 모두 포괄할 수 있었던 것이 이 작품군으로 하여금 전기형은 전기형대로, 계녀형은 계녀형대로 향유층을 넓히며 자기확산을 거듭하도록 한 원동력이었다.

## 4. 마무리

전통적 문학 양식으로서 가사가 대중화하는 경향은 '계몽가사'에 들어와 본격화되었다. 인쇄 매체를 매개로 한 계몽가사의 생산·유통 방식은 가사의 소통 구조를 획기적으로 전환시켜, 동시적이고 광범위한 가사 향유를 가능케 했다. '복선화음가' 계열 가사는 이들과 비슷한 시기에 향유되면서 유형별로 상당수의 이본을 생산했지만 양적으로는 비교의 대상이 되지 못한다.

그런데 가사의 대중화가 무엇을 의미하는지 근본적으로 짚어 보노라면 반드시 그렇게 단정할 수만은 없는 듯하다. 계몽가사는 인쇄 매체에 실려 동시에, 널리, 많은 양이 공급되지만 일회성에 그치는 경우가 많다. 창작과 향유, 재생산 과정이 동질적인 집단 내에서 순환적으로 이루어질 수 있었던 전통적 가사(특히 규방가사)의 방식과는 근본적으로 차이가 있다.

가사가 지닌 내용과 형식을 개인의 창작 의식을 넘어 집단 내 움직임의 반영, 곧 향유층의 의식 차원에서 설명하는 것은 전통적 방식일 때 가능하다. 더구나 다양다기한 의식 표출의 현장이었던 근대전환기 문학 현상을 대상으로 할 때 이런 탐구는 더욱 의미를 갖는다. '복선화음가' 계열 가사가 다양한 필사본 이본들을 양산해 가는 과정은 전통적 가사 양식이 근대전환기 현실의 자장 안에서 대중화해 가는 모범적인 사례다.[38] 본 장에서는 '복선화음가' 계열 가사가 대중 흡인력을 지닐 수 있었던 요인을 검토하면서, 문학의 시대적 대응과 관련하여 가사의 장르성 문제를 다시 고민해 보고자 한다.

사실성과 서사적 요소는 '복선화음가' 계열 가사의 특징으로 일찍부터 언급되었다. 학계에서도 조선 후기 이후에 나타난 가사의 사실성과 서사적 요소에 대하여 여러 차례 논의된 바 있다. 논의를 요약하자면, 문학 전반의 산문화 경향이 보편화되면서 가사 양식에도 서사적 요소의 개입이 불가피해졌고 이것이 가사에 긍정적 영향을 끼친 면이 있으나 대체로 불완전한 의사(擬似) 서사 양식의 한계를 지녀 본격적 '서사'로 보기는 어렵다고 한다.[39] 또 〈덴동어미화전가〉처럼 당대의 생활상을 핍진하게 묘사한 작품의 사실주의적 성과를 평가하고, 인물 생애의 서사성을 전체 작품 구조에 대한 해명보다 우위에 두기도 한다.

그렇다면 이 시기 다른 문학 갈래에서와 마찬가지로, 가사 또한 과연 사실성이 높을수록, 서사적 요소가 완전할수록 시대적 대응력을 갖춘 훌륭한 작품으로 대접받는 것이 온당한가. 사실성과 관련해 '전기형'에만 보이는 남편 장원급제 부분의 태도는 흥미롭다.

---

38 '복선화음가' 이본 가운데는 영남 지역뿐 아니라 전주(全州) 지역 노론 벌열 가문에서 향유되었을 것으로 보이는 것까지 발견되어 계층적·지역적 확산 현상을 확인할 수 있다고 한다(김석회, 2005). 필사본으로 다양한 이본이 존재하는 가사로는 이 밖에 『초당문답가』를 대표적으로 들 수 있다.

39 김학성, 「가사의 실현화 과정과 근대적 지향」, 『국문학의 탐구』, 성균관대학교출판부, 1987, 161쪽; 박혜숙, 「서사가사와 가사계 서사시」, 『고전문학연구』 10, 한국고전문학회, 1995, 308쪽.

갑ᄌᆞ구월 초파일애 국화주를 ᄒᆞᆫᄌᆞᆫ먹고
안색이 이지ᄒᆞ여 춘관을 분부ᄒᆞ여
다리치 드러누어 책보이고
담배대 가로물고 고요히 듯노라니
호련이 ᄌᆞᆷ이들어 정신이 흔흔트니
(…)
ᄎᆞᆼ안백발 우리존구 청여ᄌᆞᆼ을 둘너집고
황황이 드러와서 나을보고 ᄒᆞ난말솜
이번과거 즉일ᄎᆞᆼ방 너에남편 내아들이
ᄌᆞᆼ원급제 ᄒᆞ엿으니 이른경ᄉᆞ 또잇난가
(…)
재인무동 열두놈은 오색비단 가진치ᄌᆞᆼ
식천금은 안백마난 ᄉᆞᆷ복두 대모각대
어ᄉᆞ화 ᄒᆞᆫ가지가 향풍애 나붓긴다
전후애 가진전배 복색도 황홀ᄒᆞ다
안동방고 리ᄒᆞᆫ님은 실내위 ᄒᆞ난소릐
어엿분 우리낭군 분성적도 괴괴ᄒᆞ다
(…)
전애방골 코리육촌 실내그만 욕비시요
승지댁 ᄉᆞ촌형님 무ᄉᆞᆷ일노 부르시나
꾀득스런 ᄉᆞ종동서 팔을어이 이끄시요
안밧으로 허다빈객 차담ᄉᆞᆼ도 융숭ᄒᆞ다
(…)
고을마다 단일적에 연광이 ᄉᆞ십이라
–〈복선화음가〉

우선 갑자년 구월 팔일[40]로 날짜를 밝혀 사실성을 부여하려는 점이 눈에 띈다. 자신의 혼인 일을 비롯해 화자의 다른 체험을 진술할 때는 보이지 않던 점이다. 총 86구에 이르는 이 부분은 〈복선화음가〉의 내용별 전개 단락 가운데 단일 화소를 기준으로 가장 많은 분량을 차지한다. 감격에 겨운 시부의 황황한 태도, 급제 후 삼일유가(三日遊街)의 행적, 기회주의적이고 거만하기만 하던 친인척들의 인사치레 속에 드러난 화자의 과장된 모습과 고양된 정서는 오히려 사실성을 반감시킨다. 사십에 급제한 남편의 얼굴을 어여쁘게 황홀히 바라보는 화자의 내면 의식도 사실 기록의 태도와는 거리가 있다. 이는 첫 장면에서 암시하는바, 화자의 몽롱한 의식 속에 들려왔던 책의 내용에서나 있음 직한 꿈속의 상상을 실제처럼 옮겨 놓은 심리적 보상 차원의 진술은 아닐까.

치부 광경을 사치스럽다고 할 만큼 벌여 놓은 것도 이와 연관되는 심리다. 날마다 소를 잡고 하루에 만금을 소용한다는 과장된 언술,[41] 의식주 전반에 걸쳐 자족적인 호사스러운 치장으로 일관하는 것은 '전기형'의 향유층이 가사라는 문학 양식을 통해 공유한 정서와 관련된다. 이는 사실성의 차원에서보다는 이 시기 가사가 대중적 독서물로 자리잡아 가던 점과 연계하여 논의되어야 할 것으로 본다.

'복선화음가' 계열 가사에서 '전기형'은 시적 화자의 일생을 부연하

---

40 이 작품의 향유 시기를 고려한 갑자년은 1804년, 1864년, 1924년 등인데, 과거 제도의 존속 시기, 필사 시기 등을 감안하면 1864년으로 보는 것이 합당하다. 이 작품은 창작 시기와 연대가 미상으로 19세기 작품일 것으로 추정해 왔는데, 이 부분에 의거하면 19세기 후반에 창작되어 『초당문답가』나 〈덴동어미화전가〉 등과 함께 20세기 초까지 향유된 정황을 구체화할 수 있다.

41 이 점은 다음 '계녀형' 이본 진술과 대비된다.
"시집온지 十年만에 家産이 十萬이라/ 때때로 소를잡아 父母를 奉養하고/ 綾羅錦繡 옷을지어 철철이 갈아입고/ 떠난사람 옷을주며 주린사람 밥을주며/ 婚姻葬事 못지내면 돈을주어 救濟하고/ 窮交貧族 못사난이 내힘대로 救濟하고/ 가간한다 하는要用 日用이 百金이라"(〈紅閨勸奬歌〉)

고 극적 대화 방식이나 장면화 등 서사적 장치를 풍부히 활용하면서도 서사적 완결이나 서사성 자체에 관심을 두지는 않았다. 또 장원급제 대목을 비롯하여 치부 이후 대부분의 단락은 사실적 차원의 기술과는 무관하다.[42] 이는 달리 화려한 볼거리를 제공하고, 향유층으로 하여금 욕망을 향한 대리 충족을 경험하게 함으로써 가사가 대중적 독서물화하는 데 기여한 점에서 의의를 찾을 수 있다. 비슷한 시기에 향유된 『초당문답가』 또한 인물 간 대화를 상정하고, 성격이 다른 인물들을 내세우며, 3인칭 주인공을 내세워 구경하듯 서술을 객관화한다든지, 때로 문제적 사건을 구체적으로 서술하여 향유층의 시선을 붙잡는 기법을 활용하면서도 본격 서사로는 진행하지 않았다.

가사가 산문화 요소를 지니고 서사의 다양한 기법을 응용한 것은 근대전환기의 문학적 대응 양식으로 전환하기 위한 과정으로 해석된다. 하지만 그 과정에서 산문화한 부분이 더러 발견됨에도 불구하고 전체적으로 가사체 형식을 유지할 수 있었던 것처럼 가사는 본래 자기 장르의 외연을 해체하는 데까지 나아가지 않았다. 오히려 서사적 요소를 반영하되 서사와는 다른 방향을 개척해 호응을 얻었다. 내용을 함축적으로 제시해 부정적 형상화의 효과를 창출한다든지, 단순 율격을 고정하는 장치로 자유로운 내용의 구사를 용이하게 한 점, 작품 내 청자의 전환처럼 인물과 상황의 경직성을 쉽게 넘어설 수 있는 점은 소설과 다른 가사의 장점으로 작용할 수 있었던 것이다.[43]

'서사적' 텍스트를 역사적 현실 기록과 동일시하거나, '사실성'을 후기 가사의 가치를 평가하는 유일한 잣대로 여기는 태도는 위험하다.

---

42 예를 들어 장원급제 당시 남편의 나이를 사십이라고 했는데, 십오 세에 시집와 십 년 동안 치산한 화자의 나이를 고려하면 불합리한 설정이다. '계녀형'에서 계녀가를 시작할 때 화자가 자기 나이를 오십이라고 한 것도 마찬가지로 이치에 맞지 않는다.

43 이 점에 대해서는 본서의 제1부 I. 「『초당문답가』를 통해 본 전환기 가사의 장르적 변환과 근대성」, 51-52쪽 참조.

일부 후기 가사에서 보이는 핍진한 현실 묘사의 유용성을 인정하더라도, 작품이 역사의 증거 자료가 될 수 없는 것처럼 그것이 곧 현실 자체는 아니다. 더구나 이런 작품이 더 '가사다운' 것인지, 또한 이것이 가사의 근대성과 직결되는 요소인지에 대해서는 깊이 있는 성찰이 필요하다. 서사와 서정, 사실과 허구 사이를 오가는 긴장 관계를 유지하면서 당대인의 소망을 구현하는 것이 가사 문학의 본령이다. 바로 이것이 '가사다움'이자 가사가 대중화할 수 있는 중요한 요인이었던 것이다.

다음으로 가사의 대중화와 관련하여 '복선화음가' 계열 가사에서 지적되어야 할 것은 말하기 방식의 변모다. 전형계녀가가 교훈적 내용을 직접적 명령으로 제시하는 방식을 고정한 것과 대조적으로, '복선화음가' 계열 가사는 긍정적 인물과 부정적 인물의 일생을 형상화하여 간접적으로 설득하는 방식을 택했다.[44] 결과적으로 이는 훈계의 목적을 효과적으로 달성하는 수단으로 작용하여, 더 많은 청자를 가사의 고정 향유층으로 끌어들였다.

한편, '복선화음가' 계열 가사나 『초당문답가』 작품들이 전통 가사와 구별되는 큰 차이점은 한 작품 내, 혹은 여러 작품의 연결 구조 안에 다양한 인물의 목소리가 동시에 등장한다는 점이다. 남녀와 노소, 신분과 처지가 같지 않은 이들이 가사라는 틀 안에서 한자리에 모일 수 있었다. '복선화음가' 계열 가사에서 김부인(이부인)과 괴똥어미, 어미와 딸이 작품 안 화자와 청자, 발화자로 만나게 되며, 작품 밖 청자는 이들끼리의 대화를 간접적으로 엿듣기도 하고 '세상 사람'을 향한 직접 발화의 청자가 되기도 한다. 이처럼 한 작품 내에 얹힌 중층적 목소리나

44 부정적 인물을 통한 효과적 훈계라는 의도는, 향유자에 따라 '복선화음형'을 유지시키는 한편으로 보수적인 향유자들과는 불화함으로써 괴똥어미 부분이 탈락한 '복선형'(〈부인셩힝녹〉)을 낳기도 했으며, 다른 한편으로 더 많은 '전기형' 이본들 속에서는 괴똥어미의 비극성을 완화하는 경향으로 변형되었다.

청자의 자유로운 전환은, 어떤 계층이든 작품을 자기 이야기처럼 여기며 그것을 엿듣도록 이끄는 구실을 한다.

가사의 생산 과정과 작가 문제에 대해서도 간단히 짚고 넘어가자. '복선화음가' 계열 가사의 작가는 '계녀형'에서 보았듯이 독립적으로 존재했던 여러 편의 노래를 계녀가사의 구조를 염두에 두고 일부를 개작하면서 전체를 재배열했을 가능성이 높다. 작품의 생산자와 수용자, 화자와 청자가 절대적으로 분리되지 않고, 애초의 청자가 다음 이본의 부분 제작자로 참여하고 조정과 재배열을 이루어 나가는 방식이다. 이러한 적층적 성격이 향유층의 참여를 유도해 대중화에 유리하게 작용할 수 있었다.

이상에서 '복선화음가' 계열 가사의 생산과 향유에 관련된 양상을 분석함으로써 가사가 다른 문학 양식과 구별되는 장르성을 점검하고 그 시대적 대응력을 적극적으로 평가해 보고자 했다. 가장 중요한 것은 이 시기 대중성을 보인 가사가 그 내부에 다양한 인물 군상을 포용하고 그 목소리를 담아냈다는 점이며, 바로 그 점이 전통적 양식의 해체를 요구받던 시기에 가사의 대응력이 되었다는 점이다.

마지막으로, 타자와 관련한 근대성 논의를 진전시키기 위하여, 후속 연구의 전망을 마련하는 것으로 마무리를 삼고자 한다.

우선 이 시기 가사에 부상한 노인, 여성, 가정, 하층민의 양상과 의미를 고찰하는 작업이 필요하다. 젊은이, 남성, 국가, 상층 사대부와 견주어 약자였던 이들은 경제적 파산과 국가의 존폐 위기에 처하여 지속적으로 소수자나 약자에 머물러 있지는 않았다고 본다. 『초당문답가』에서 노인은 어제와 오늘을 연결하고, 변화하는 세상 속에서도 변함없는 인식을 깨우치는 지혜자이며, '복선화음가' 계열의 여성은 가문의 경제적 위기로 인해 역설적으로 주도권을 장악할 계기를 얻었다고 볼 수도 있다. 여성의 능력과 교육 면에서 신소설의 여성 담론이나 개화기 여성상 등과 연결해 그간의 전공 분리 경향을 극복하고 시대적 교집합을 만들어 가야 한다.

또한 이 시기 가사 논의를 활발히 지속함으로써 가사 문학에 대한 시가사적 평가를 재고해야 한다. 가사 작품의 대응력과 대중적 흡인력을 감안할 때 근대전환기는 적어도 가사의 위축기나 쇠퇴기라고 평가될 수 없다. 창가-신체시-개화가사로 이어지는 빈약한 축으로는 신문 매체 등을 통해 폭발적으로 쏟아져 나온 계몽가사의 뿌리를 설명하지 못한다. 더욱이 그러한 가사를 가사가 아니라고 평가절하하는 태도는 지양되어야 할 것이다. 그러기 위해서는, 전통적 양식의 해체기에 처하여 가사가 감당해 온 시대적 대응력과 자기 해체·변신의 과정을 지속적으로 고찰하고 문학사적 의의를 부여해야 할 과제가 남아 있다.

괴똥어미, 뺑덕어미, 꽁생원과 같은 인물의 면면을 작품 속에서 형상화해 그들에게 다가서는 일은 전환기 인간들에게 닫힌 세계에서 밖으로의 초월을 가능케 해주는 유일한 통로 구실을 했던 것이 아닐까. 인간 삶의 정수는, 자기의 고유 세계를 가지면서도 얼굴을 통해 드러나는 타인의 고통에 대한 연대와 책임을 통해 세계를 만들어 가는 것에 있을 터. 가사의 향유층 또한 작품의 소통에 참여하면서 자기 밖의 인물들을 절대적 규범이나 동일성을 향해 나란히 서 있는 자로 인식하던 집단성에서 벗어나 자신과 얼굴을 맞댄 존재로 인식하게 된 것이다. 이런 점에서 우리의 연구는 아직도 현존하는 '그들'을 향해 어떤 낯선 얼굴의 타자로 마주 앉아야 하는가에 대한 진지한 고민의 과정이기도 할 것이다.

# III 조선 후기 가사 속 여성 인물 형상

## 1. 서론

문학을 사회적으로 이해하는 것은 문학이 어떤 형태로 제도화되었는가를 생각하고 그것의 의미를 반성하는 일이다.[1] 고전시가 분야에서 문학 작품과 사회의 관련 양상을 문제 삼을 때는 조선 후기, 서사 지향을 보이는 일련의 가사 작품들을 쉽게 떠올릴 만하다. 이 시기에 서사 장르가 우세한 지위를 차지하며 여러 문학 갈래에 영향을 미치는 현상은 문학사에서 특징적인 현상으로 주목받아 온 바다. 가사는 서사화 경향을 뚜렷이 드러내는 작품들을 중심으로 일찍부터 그러한 현상의 구체적인 사례를 제공하며 그 역사적 함의와 평가를 이끌어 내는 갈래가 되었다.[2] 이 같은 사회사적 의미에 전기 가사와 구별되는 작품 자체의 흥미 요소가 더해져, 20세기 말 학계에서 이른바 '서사가사' 연구가 거듭 학위논문으로 제출되었으며,[3] 소설 갈래와의 교섭 접점을 정밀하게

1 김현, 『문학사회학』, 민음사, 1987, 14쪽.

2 김기동, 「가사의 소설화 시론」, 『동국대학교 논문집』 3·4집 합집, 동국대학교, 1968; 최원식, 「가사의 소설화 경향과 봉건주의의 해체」, 『민족문학의 논리』, 창작과비평사, 1982.

3 김유경, 「서사가사 연구」, 연세대학교 석사학위논문, 1988; 장정수, 「서사가사 특성

읽어 내고 장르 귀속 문제에 이론적으로 접근하려는 시도 또한 지속되어 왔다.[4]

이들 연구를 통해 얻은 성과는 뚜렷하다. 가사의 서사화 현상 자체가 부각되고, 서사 가사의 개념을 마련하게 되었으며, 본격 서사 장르에 견주어 가사가 이룩한 새로운 진술 방식과 구조 등을 밝히게 된 것이다. 그런데 작품의 서사성을 주목한 결과 시점과 진술 방식, 서사적 구성이나 논리성의 구현 문제 등에 논의가 치우쳐 온 것도 사실이다. 곧 얼마나 소설다운가 하는 것이 서사 지향을 보이는 가사 작품들을 평가하는 준거로 작용해 온 것이다. 이러한 시각 때문에 개별 작품 또는 임의적 작품군을 대상으로 그것을 가사로 볼 것인가 소설로 볼 것인가, 혹은 의사(擬似) 서사인가 본격 서사인가를 반복해서 논하는 경향도 나타났다.

이러한 문제의식을 염두에 두고 본고에서는 조선 후기 가사가 새롭고 다양한 인물을 작품 속에 반영하면서 특히 여성의 목소리와 구체적 형상을 담게 된 사실을 환기하고, 그 인물 형상을 탐색해 보고자 한다. 인물은 서사성을 이루는 중요한 요소이면서도 해당 작품들을 대상으로 한 논의의 중심에 서지 못했다. 〈용부가〉, 〈우부가〉 속의 인물들은 자기 사회의 모순을 집약해 보여 주는 전형화된 인물 유형으로, 〈노처녀가〉의 주인공은 시대적 담론을 발화하는 허구화된 낭만적 화자로, 조선 후기 사회 현실을 사실적으로 그려 냈다는 〈덴동어미화전가〉의

---

연구」, 고려대학교 석사학위논문, 1989; 이동찬, 「서사가사의 담화양상 연구」, 부산대학교 석사학위논문, 1991; 이혜전, 「조선후기 가사의 서사성 확대와 그 의미」, 이화여자대학교 석사학위논문, 1991; 최현재, 「조선후기 서사가사 연구」, 서울대학교 석사학위논문, 1995.

4 서인석, 「가사와 소설의 갈래 교섭에 대한 연구: 소설사적 관심을 중심으로」, 서울대학교 박사학위논문, 1995; 서영숙, 『한국 여성가사 연구』, 국학자료원, 1996; 박혜숙, 「서사가사와 가사계 서사시」, 『고전문학연구』 10, 한국고전문학회, 1995.

주인공조차 하층 몰락민의 한 유형으로 처리되곤 했던 것이다. 인물 중심 가사에서 인물의 면면에 대한 관심은 이들을 둘러싼 사회 현상이나 사건들을 의미화하는 일이나 서사 장르 기준의 구현 정도를 가늠하는 일에 가려져 있었던 셈이다.

일찍이 고전소설 속 주변적 인물들에 대한 탐구의 필요성을 역설한 정하영 교수는 〈심청전〉 뺑덕어미의 성격과 역할에 관한 새로운 관심을 불러일으켰다.[5] 이 주목할 만한 논문에 의하면 뺑덕어미는 개성이 뚜렷한 한 개인이자 하나의 유형을 대표하는 유형적 인물로 세 가지 요소를 갖추고 있다. 추악한 여인, 부도덕한 아내, 유랑하는 서민상이 그것이다.

서인석 교수도 조선 후기 역동적인 향촌 사회를 배경으로 한 '새로운 인물형'의 출현을 문학적으로 흥미로운 현상이라 진단한 바 있다. 이들 인물 군상들은 이전 소설들이 보여 주던 인물의 절대적 선악 구분을 벗어나는 모습을 보여, 선한 인물이라고 나오는데도 그를 절대적으로 긍정하기 어려운 인물이 있는가 하면 악인으로 규정하고 나면 뭔가 여백이 남는 그런 악인도 존재한다는 것이다.[6] 이는 판소리 문학에서 놀부, 월매, 뺑덕어미 같은 보조적 인물형을 '교활함, 어리석음, 탐욕, 심술, 너절한 욕망 따위를 각자의 방식으로 뒤섞어 지닌 채 누추한 삶을 영위하는 자'라 규정하고, 선·악 이원론의 도식적 악인형과 다른, 인간적 체온을 전해 주는 유형으로 주목한 논의[7]를 연상시킨다. 또 악인으로 분류할 수는 없지만 판소리계 소설에서 주인공의 상대역으로 등장해 작품 구조 및 주인공의 성격 변용에 중대하게 개입하는 희극적

---

5 정하영, 「심청전에 나타난 악인상: 뺑덕어미론」, 『국어국문학』 97, 국어국문학회, 1987.

6 서인석, 「조선 후기 향촌 사회의 악인 형상: 놀부와 옹고집의 경우」, 『인문연구』 20, 영남대학교 인문과학연구소, 1999.

7 김흥규, 「판소리 문학의 인물형」, 『예술과 비평』 4호(겨울호), 서울신문사, 1984.

인물인 방자(房子), 정욱(程昱) 등 '방자형 인물'을 검토한 논의[8]도 있다.

여성 인물의 형상이 두드러진 후기 가사 작품으로는 『초당문답가』 내 〈용부가(庸婦歌)[용부편(慵婦篇)]〉, '복선화음가(福善禍淫歌)' 계열 가사, 〈덴동어미화전가(一花煎歌)〉, 〈노처녀가〉, 〈신가전(申哥傳)〉 등을 들 수 있다. 〈용부가〉에는 '저 부인'과 '뺑덕어미'가, 〈복선화음가〉에는 '김씨부인(이씨부인)'과 괴똥어미가, 〈덴동어미화전가〉에는 덴동어미와 이웃 여인들이, 〈노처녀가〉에는 주인공 노처녀가, 〈신가전〉에는 한림댁과 그 딸이 등장한다. 이 작품들의 필사 및 향유는 대체로 19세기 말에서 20세기 초에 이루어졌으며, 〈덴동어미화전가〉와 〈신가전〉을 제외한 작품들은 다수의 이본을 생산한 것으로 확인된다. 이본 가운데는 '…전'이나 '…록'을 표방한 작품이 있을 만큼 소설과의 경계가 모호해진 작품도 있으며, 동일 소재를 바탕으로 소설로의 전환을 이룬 것도 존재한다. 이 중 〈용부가〉가 속해 있는 『초당문답가』는 현전 이본들을 살필 때 서울을 중심으로 향유된 것으로 보이지만, 대부분의 작품들이 지어지고 널리 퍼지게 된 것은 대체로 18세기 중반 이후 가속화되어 온 향촌 사회의 분화 과정과, 그 속에서 경제적 성장을 토대로 양반 신분까지 넘보게 된 새로운 계층의 출현이라는 현실을 배경으로 하고 있다고 추정된다.

기존 연구들에서 밝힌 바와 같이, 위에서 든 각 작품들은 길이는 물론 서술자의 존재 유무나 서사화의 정도 면에서 편차가 있으며, 작품 전개에서 여성 인물이 차지하는 역할 또한 동일하지 않다. 그러나 본 논의의 초점이 서사화 수준이나 그 방식을 밝히려는 것이 아니라 여성 인물 자체에 있으므로 앞에서 언급한 작품들을 구분 없이 함께 다루기로 한다. 다음 장에서는 작품 속에 중점적으로 형상화된 모습을 중심으

8 권두환·서종문, 「방자형 인물고: 판소리계 소설을 중심으로」, 『한국고전문학의 탐구』, 일조각, 1978.

로 여성 인물들이 당면했던 현실을 재구하고, 그다음 장에서 이에 대한 분석을 통해 당대 가사 향유층이 추구한 이상과 욕망을 짚어 보고자 한다. 이 과정에서 가사라는 전통 문학 양식이 자기 시대의 문제들에 어떻게 대응해 갔는지, 또 인물 중심 가사에서 확인할 수 있는 인물 형상은 본격 서사문학이라 할 소설 등의 인물 형상화와 비교해 어떤 특징을 갖는지에 대해서도 심도 있게 논할 수 있을 것이다.

## 2. 가사 속 여성 인물의 현실

조선 후기 작품 속 인물들을 고찰한 연구에서 자주 언급되어 온 여성 인물들은 뺑덕어미와 괴똥어미, 덴동어미이다. 이들은 각각 가사 〈용부가〉, 〈복선화음가〉, 〈덴동어미화전가〉에 등장한다. 세 인물에 대해 각 작품론들에서 언급한 결과는 대동소이하다. 판소리 〈심청가〉의 부정적 인물과 이름 및 성격을 공유하는 뺑덕어미와, 그녀의 인물 원형이 되었다고 여겨지기도 하는 괴똥어미[9]는 그 모습과 행동 면에서 이름만 다를 뿐 동일한 성격을 지닌 부정적 악인형 인물로 인식되어 왔다. 반면 덴동어미는 고난에 찬 인생유전을 거치는 비극적 인물이면서 동시에 자기 긍정으로 삶에 달관한 태도를 갖춘 하층 여성 인물로 평가받

9 정하영은 〈심청전〉 뺑덕어미 삽화의 원형을 '괴똥어미전'으로 불리는 계녀가사류에서 발견할 수 있다고 추정했다(정하영, 앞의 논문, 19쪽). 반면 서인석은 〈복선화음가〉의 괴똥어미와 같은 인물의 계보는 〈심청전〉의 뺑덕어미로까지 올라갈 수 있을 것이라고 하여 그 영향 관계를 역으로 보고 있다(서인석, 앞의 논문, 1995, 56쪽). 이 문제는 뺑덕어미가 등장하는 완판계 〈심청전〉과 '복선화음가' 계열 가사의 소통 환경을 살펴 해결할 일이다. 다만 가사 작품 내에서는 괴똥어미 유형이 뺑덕어미 유형 작품보다 선행한 것으로 볼 수 있는데, 이 점에 대해서는 본고 3장에서 구체적으로 다룬다.

기도 했다. 본고에서는 이 세 인물을 중점적으로 다루되, 〈용부가〉의 '저 부인', 〈복선화음가〉의 '이씨부인'(혹은 '김씨부인'),[10] 〈덴동어미화전가〉 내에 등장하는 주변 여인들, 〈노처녀가〉의 주인공, 〈신가전〉의 한림댁 및 딸 등 다른 여성 인물들 또한 주목한다.

그런데 이쯤에서 의문을 제기해 본다. 기왕의 여성 인물에 대한 인식은 그 행동이나 정서로부터 이끌어 낸 것인가. 아니면 작품 뒤에 숨은 서술자의 논평에 기댄 것인가. 또 수많은 이본을 생산한 시가 작품 속의 인물들이 그처럼 부정적/긍정적 인물형으로 단순하게 고정되는 것이 가능한 일인가. 그때, 전환기를 통과하던 인물들은 무정향적 혼돈 속에 살지 않았는가. 이 물음은 전통 양식으로서의 가사 문학이 그 시대 사회사와 맺는 양상을 인물 형상을 통해 살핌으로써 풀어 갈 수 있을 터이다.

그렇다면 본격 서사 문학 속 인물형과 비교해 가사 속 여성 인물들은 어떠할까. 그 구체적인 모습을 살펴보기로 하자.

### 1) 계기로서의 결혼

가사 속 여성 인물들의 사연은 한결같이 결혼이 중요한 계기가 되고 있다. 괴똥어미와 뺑덕어미의 부도덕성과 서툰 인간관계는 혼인으로 인해 표면화되었다. 시집오던 날 잔칫상의 음식을 탐하고, 집안의 부모와 남편은 물론 남녀 노비와 불화하는가 하면, 동네 싸움에 끼어들고 말 옮기기를 일삼는 거침없는 행동은 혼인한 여성에게 용납될 수 없는

---

10 '복선화음가' 계열 가사의 이본들은 서술 내용의 비중에 따라 '계녀(중심)형'과 '전기(중심)형'으로 분류할 수 있다. '계녀형'의 대표 작품인 〈김씨계녀ᄉ〉에는 '김씨부인'이, '전기형'의 대표 작품인 〈복선화음가〉에는 '이씨부인'이 등장한다. '복선화음가' 계열 가사의 유형 분류는 서영숙, 「복선화음가류 가사의 서술구조와 의미: 〈김씨계녀ᄉ〉를 중심으로」, 『고전문학연구』 9, 한국고전문학회, 1994b 참조.

것이었다.

> 시집간 지 석달 만에 시집살이 심하다고
> 친정에 편지하여 시집 흉을 잡아내네.
> 계엄할사 시아버님 암상할사 시어머님
> 고자질의 시누이와 여우같은 시앗년에
> 드세도다 남녀노복 들며나며 흠구덕에
> 여기저기 사설이요 구석구석 모함이라.
> 남편이라 믿었더니 십벌지목 되었어라.
> (…)
> 들고나니 초롱군에 팔자나 고쳐볼까.
> 양반자랑 모도 하며 색주가나 하여볼까.
> – 〈용부가〉[11]

‘저 부인’이 겪고 있는 상황은 시집살이요나 사설시조에서도 보아 온 바 있다. 시집살이에 적응하지 못하고 친정에 편지로 호소하고, 드나드는 여승이나 떠돌이를 따라가는 일을 마음에 두기도 한다. 민요와 사설시조 속의 여성과 다른 점이 있다면 불편부당한 시집살이를 그저 견디는 것이 아니라 거기서 탈출할 기회를 호시탐탐 노리고 있다는 것이다.

〈김씨계녀사〉에서 김씨부인의 고난도 결혼으로부터 시작되었다. 유족한 집안에서 귀하게 자란 재주 많은 그녀는 양반으로서의 지체만 남은 가난한 시집으로 오면서 지금껏 겪어 보지 못한 신산한 삶과 맞닥뜨린다. 친정의 구제와 혼수 방매에도 불구하고 정작 자신은 굶기를

---

11 정재호 외 편, 『주해 악부』, 고려대 민족문화연구소, 1992.

밥 먹듯 해야 하는 처지에도 "말 못하는 벙어린 체 노염 없는 병신인 듯" 감내한다.

결혼 후의 어려움에 대처하는 자세는 이처럼 다르지만 이들에게 결혼은 탄생만큼이나 당연하게 주어진 것이었다는 점은 동일하다. 결혼은 자기 힘으로 묶을 수도 풀 수도 없는 것이었다. 반면 〈덴동어미화전가〉에 등장하는 주인공의 경우는 다르다. 경북 순흥 임이방의 딸이었던 덴동어미는 예천 장이방 아들과 짧은 결혼 생활을 보내고 사고로 남편을 잃은 후, 개가 과정에서 주체적 선택을 보인다. 상주 이상찰 아들의 후취로 들어간 첫 개가는 양가 부모의 권유가 크게 작용하지만 이후는 혼자 결정한다.

고되게 일하며 부지런히 함께 돈을 모았던 이승발이 괴질로 죽자, 절망감 속에 방황하던 덴동어미는 우연히 울산 황도령을 만난다.

> 그런 날도 살았는데 설워마오 우지마오.
> 마누라도 설다하되 내 설움만 못하오리.
> 여보시오 말씀 듣소 우리 사정을 논지컨댄
> 삼십 넘은 노총각과 삼십 넘은 혼과부라.
> 총각의 신세도 가련하고 마누라 신세도 가련하니
> 가련한 사람 서로 만나 같이 늙으면 어떠하오?
> (…)
> 저 총각의 말 들으니 육대독자 내려오다가
> 죽을 목숨 살았으니 고진감래 할까보다.
> 마지못해 허락하고 손잡고서 이 내 말이
> 우리 서로 불쌍히 여겨 허물없이 살아보세.
> – 〈덴동어미화전가〉[12]

---

12 자료는 박혜숙, 「주해(註解) 〈덴동어미화전가〉」, 『국문학연구』 24호, 국문학회,

황도령이 덴동어미보다 한층 기구했던 삶의 역정을 토로한 후 함께 살기를 청하자, 덴동어미가 자신의 판단하에 제안을 받아들인다. 이후 네 번째 남편인 엿장사 조서방을 만났을 때도 그 기상이 순후함을 보고 만고풍상을 겪은 동질감을 바탕으로 부부 되기를 작정한다.[13] 혼자 살아갈 경제력과 배경을 갖추지 못했던 덴동어미가 개가 여부를 스스로 선택하고 상대자를 판단하는 기준을 내세운 점에 주목할 만하다.

### 2) 고난의 내용과 극복 방식

작품 속 여성 인물들은 공통적으로 결혼을 계기로 삶이 달라지지만, 각자가 넘어서야 할 현실적 고난의 종류는 달랐다. 김씨부인에게는 가난을 타개할 경제력의 확보가 급선무였다.

> 이목구비 갖춰있고 수족도 성성하니,
> 제가 힘써 적이 하면 그 뉘라서 시비하랴.
> 사람되고 곤궁하면 천하기도 막심하다.
> 김부자와 이부자는 씨가 본디 부자런가.
> 치산범절 힘쓰리라 낸들 아니 유족하랴.
> 만고대승 순임금도 단비 땅에 그릇 굽고
> 주문왕의 어진 아내 방적으로 일사 먹여

---

2011의 것을 가져왔다. 본문에서 인용한 다른 작품들도 여기서의 제시 방식에 준해 원 텍스트의 표기를 크게 해치지 않는 범위에서 현대 표기로 바꾸어 제시한다.

13 "그 집으로 들이달아 우선 영감을 자세 보니
나인 비록 많으나마 기상이 든든 순후하다.
영감 생애 무엇이오? 내 생애는 엿장사라.
마누라는 어찌하여 이 지경에 이르렀나?
내 팔자가 무상하여 만고풍상 다 겪었소."(〈덴동어미화전가〉)

갈람장에 유전하고 지금까지 유명커든
하물며 우리 인생 무엇으로 생애할꼬.
– 〈김씨계녀사〉[14]

접빈객의 의무를 다하기 위해 이웃에 쌀을 꾸러 보낸 여종이 모욕적 언사만 듣고 빈손으로 돌아오자 김씨부인은 적극적인 치산의 태도를 결심하게 된다. 전통적인 사대부 여성의 치산 덕목이었던 근검과 절약, 길쌈과 바느질 이외에, 농지를 개간하고 상업적 행위까지 마다하지 않는 달라진 여성상을 '복선화음가' 계열 가사는 제시한다.

〈노처녀가〉의 여성은 결혼 자체가 이루어야 할 목표다. 한미한 향촌 사족으로서의 위신을 내세우며 부귀를 갖춘 혼처를 구하다 딸의 혼기를 넘기고도 잘못을 인식하지 못하는 부모와 달리 그녀는 자신에게 걸맞은 결혼의 현실적 조건을 깨닫고 있다.

우리 부모 무정하여 내 생각 전혀 없다.
부귀빈천 생각 말고 인물풍채 마땅커든
처녀 사십 나이 적소 혼인거동 차려주소.
김동이도 상처(喪妻)하고 이동이도 기처(棄妻)로다.
중매할미 전혀 없네 날 찾을 이 뉘시던고.
검정암소 살져있고 봉사전답 갖췄건만
사족가문 가리면서 이대도록 늙어간다.
– 〈노처녀가 (1)〉[15]

주인공인 화자는 사별이나 이혼의 경험을 지닌 흠 있는 인사와도

14 임기중 편, 『역대가사문학전집』 8, 동서문화원, 1987.
15 김성배 외, 『주해 가사문학전집』, 집문당, 1961.

결혼할 용의가 있음을 분명히 하고 있다. 혼인 조건으로 부귀와 가문을 내세우는 자신의 부모를 향해서는, 노처녀 딸을 구제하기 위해서라면 집안 농사와 제사 밑천을 팔아서라도 결혼 자금을 마련해야 한다는 인식을 내보인다. 그러나 그 같은 화자의 호소는 현실에서는 직접 전해지지 않아 혼인이 성사될 기미는 없다. 이처럼 〈노처녀가(1)〉이 부모 세대와의 상반된 현실 인식에서 접점을 찾지 못하면서 한탄으로 마무리되는 반면, 〈노처녀가(2)〉는 결혼도 스스로 선택할 수밖에 없다고 결심하는 여성 인물의 모습을 형상화했다.

> 내 서방을 내 가리지 남더러 부탁할까.
> 내 어찌 미련하여 이 의사를 못 내던고.
> 만일 벌써 깨쳤다면 이 모양이 되었을까.
> 청각 먹고 생각하니 아주 쉬운 일이로다.
> 적은 염치 돌아보면 어느 년에 출가할까.
> – 〈노처녀가 (2)〉[16]

〈노처녀가(2)〉는 바로 이 주인공의 각성 대목을 전환점으로 삼아, 한탄과 하소연으로 끝난 〈노처녀가(1)〉과 달리 이상적 혼인에 이르는 과정과 후일담까지 덧붙이고 있다. 혼인 불가를 그린 전반부의 고난이 사실적이고 현실적인 데 비해, 후반부의 결혼 성사 과정은 낭만적이며 비현실적이라는 점은 지적되어야 할 바[17]이지만, 더불어 이 같은 여성 인물의 인식 변화는 주목할 만하다.

이들에 비하면 덴동어미에게 주어진 고난은 한층 심각하고 중첩된 성격을 띤다. 불가항력인 채로 남편과의 사별을 거듭 겪는 데 더해,

16 김동욱 교주, 『단편소설선』, 민중서관, 1976.

17 이 점에 관해서는 본고 3장에서 가사 속 여성 인물의 욕망과 관련해 재론하기로 한다.

부지런히 일군 재산마저 매번 실패로 인해 몽땅 잃는 상황에 처하게 되는 것이다. 이 가혹한 삶의 고난에 그녀는 어떻게 대처하고 있는가.

일가친척은 나을까 하고 한번 가고 두 번 가고 세 번 가니
두 번째는 눈치가 다르고 세 번째는 말을 하네.
우리 덕에 살던 사람 그 친구를 찾아가니
그리 여러 번 안 왔건만 안면박대 바로 하네.
무슨 신세를 많이 져서 그저께 오고 또 오는가.
우리 서방님 울적하여 이역스럼을 못 이겨서
그 방안에 궁글면서 가슴을 치며 통곡하네.
서방님아 서방님아 울지 말고 우리 둘이 가다보세.
이게 다 없는 탓이로다 어디로 가든지 벌어보세.
– 〈덴동어미화전가〉

덴동어미와 둘째 남편 이승발이 이포(吏逋) 상환 독촉에 못 이겨 집과 전답, 세간 일체를 잃고 부모 상사마저 겪은 후 길에 나앉게 된 장면이다. 믿었던 이웃과 친척으로부터 박대를 당하자 울화와 절망으로 통곡하는 남편을 덴동어미는 진심으로 다독이며 재기를 북돋운다. 이처럼 현실적 고난을 내면적 의지로 넘어서곤 하는 덴동어미의 모습은 작품 곳곳에서 포착된다. 주어진 상황을 운명으로 받아들이지 않고, 적극적인 의지와 행동을 통해 현실을 변화시키려는 모습은 덴동어미뿐만 아니라 김씨부인이나 〈노처녀가(2)〉의 주인공 등에게서 공통적으로 발견되는 점이기도 하다.

### 3) 징벌 또는 보상

여성 인물을 형상화한 가사 작품들이 결혼 문제와 관련한 고난을 집중

적으로 다루고 있는 점은 이미 살핀 바다. 그런데 이들 작품은 다양한 고난의 정황이나 강도를 묘사하는 데 그치지 않고 각각의 행위에 따른 결말까지 제시하는 경우가 흔하다. 여성 인물들은 긍정적 혹은 부정적 대가를 받게 되는데, 그 양상은 과장되거나 비현실적으로 그려질 때가 많다. 바로 이 결말 부분 때문에 작품들은 서사적 성격이나 교훈적 성격을 드러내게 된다. 다음에서 그 구체적 양상을 확인해 보자.

〈용부가〉의 뺑덕어미가 반가정적이고 부도덕한 행동의 대가로 경제적 몰락과 가정 파탄을 맞고 있다면, '복선화음가' 계열 가사 속 괴똥어미에게는 훨씬 가혹한 형벌이 기다리고 있다.

> 우환이 연첩하니 초상인들 없을쏜가.
> 냉대하던 노시부야 상사 난들 관계하리.
> 제 심사 그러하니 남편인들 지닐쏜가.
> 아들 죽어 우는 날에 아기딸이 마저 죽네.
> 가산이 탕패하니 노복인들 지닐쏘냐.
> 제사음식 장만할 제 정성 없이 차렸으니 앙화 어찌 없으리오.
> 셋째 딸이 반신불수 모양도 망측하고 보복도 극진하다.
> 문전옥답 좋은 전답 수파하여 내가 되고
> 크고도 좋은 가택 뿌리부터 없어지고
> 태산같이 쌓인 곡식 뉘 재물이 되었는고.
> 참혹할사 괴똥어미 단독 일신뿐이로다.
> 다 떨어진 헌 베치마 이웃집에 얻어 입고
> 뒤축 없는 헌 짚신을 짝을 채워 얻어 신고
> 앞집에 가 밥을 빌고 뒷집에 가 장을 얻어
> 초욕기는 겨우 되고 불 못때는 찬 움속에
> 헌 거적 뒤집어쓰고 밤을 겨우 새웠나니
> 새벽서리 찬바람에 이 집 가고 저 집 갈 제

다리 절뚝 병신되어 해소 소리 요란하다.

-〈김씨계녀사〉

이처럼 괴똥어미는 가족을 잃고 불구인 딸만 지닌 고립자에다 거지 행색으로 유랑하는 불구자로 묘사된다. 이 대목은 작품 전반부에 제시된 김씨부인의 가난 사설만큼 매우 구체적이고 사실적이다. 이 같은 뚜렷한 대비적 효과를 통해 권선징악이라는 작품의 주제를 선명하게 제시하는 것이다.

주목할 만한 사실은, 괴똥어미의 사설이 상대적으로 약화된 이른바 '전기형' 이본들에서는 괴똥어미에 대한 징벌 정도가 약화된다는 점이다. 괴똥어미와 대비되는 이부인의 일생을 화려하게 포장하고 확대함으로써 몰입하게 하는 대신, 가난하고 비참한 상황으로 전락한 괴똥어미를 향유자들과 비슷한 처지에 슬그머니 내버려 두는 것이다.[18]

'부(富)'를 대하는 사회적 태도는 〈신가전〉의 인물을 대할 때 특히 문제가 된다. 과부의 몸으로 문벌과 경제력을 갖춘 한림댁이 최고의 사윗감을 고르려다 재물에 혹해 귀한 딸을 고자에게 시집보내는 어리석은 판단을 하고 마는데, 이 장면에서 서술자의 풍자적인 시선을 느끼게 된다.[19]

말 잘하는 매파들이 날마다 모여들 제
만수산의 구름 못듯 청산서 안개 못듯
온 가지로 꾀이면서 사위일 부자자랑

---

18 이 점에 대해서는 본서의 제1부 II. 「'복선화음가' 계열 가사의 시대적 대응력과 대중화 방식」, 74-76쪽 참조.

19 서인석, 앞의 논문, 1995, 61쪽.

백단으로 선이는 양 눈에 맞고 귀에 든다.

– 〈신가전〉[20]

이 작품의 중심을 차지하는 혼수 준비 장면, 신방 치장, 신행의 광경은 화려한 볼거리를 제공하지만, 그 과정에서 인물은 그만큼 밀려나 있다. 이 사실 또한 사회 현실을 작품이 유사하게 반영하고 있는 것이라 할 수 있다. 딸의 결혼식을 치르고 사흘 만에 한림댁은 병을 얻어 죽고, 딸은 삼년상을 마친 후 중이 되어 고독한 삶을 보내다 구십 인생을 마감하게 된다.

무인이월 초사일에 이내 목숨 끊어지니
채농에 입관하여 더운 불에 찬 재 되니
슬프고 슬프도다 세상자취 아주 없이
인생이 이 같으니 모드신 부인네
사치를 숭상 말고 유순하기 본심이니
열사의 품을 가져 백년경조 하오소서.

– 〈신가전〉

〈신가전〉의 여성 인물은 악하다거나 부정하다고 볼 수 없다. 하지만 재물에 대한 집착이 잘못된 판단과 불행을 불러올 수 있음을 경계하는 3인칭 서술자는 풍자적 시선과 동정적 시선을 번갈아 보내며, 재물보다 마음을 강조하는 말미의 논평으로 주제를 드러낸다. 이 같은 서술자의 양면적 태도는 곧 부에 대한 상반된 가치 평가를 반영하는 것이다.

20 박요순, 「가사 〈신가전〉고」, 『숭전어문학』 6집, 숭전어문학회, 1977.

향촌 사회에 밀착된 생동하는 인간상의 구현은 위에서 보듯이 경계 대상으로서의 여성, 곧 부정적 여성 인물을 형상화한 가사들에서 가장 주목되는 요소라 할 수 있다. 그렇다면 현실에서 끊임없이 근면하고 분발했던 덴동어미와 같은 여성 인물이 현실적으로 얻은 것은 무엇일까. 네 번의 결혼과 실패, 불구인 아들에다 가난까지, 보상받은 것이라곤 없어 보이는 일생이지만 그녀의 내면을 듣는 다음 대목에서 문득 빛나는 무엇을 발견할 수 있다.

> 맘 심자가 제일이라 단단하게 맘 잡으면
> 꽃은 절로 피는 거요 새는 여사 우는 거요
> 달은 매양 밝은 거요 바람은 일상 부는 거라.
> 마음만 여사 태평하면 여사로 보고 여사로 듣지.
> 보고 듣고 여사하면 고생될 일 별로 없소.
> 앉아 울던 청춘과부 황연대각 깨달아서
> 덴동어미 말 들으니 말씀마다 개개 옳애.
> 이 내 수심 풀어내어 이리저리 부쳐보세.
> -〈덴동어미화전가〉

인생에서 덴동어미처럼 고난과 좌절을 여러 번 경험하는 것은 드문 법이다. 하지만 그런 고통을 겪었다고 해서 누구나 덴동어미만 한 달관의 경지에 이르는 것은 더더욱 아니다. 그래서 그 사연은 노래로 불릴 만한 가치를 지닌다. 고통의 심연을 치고 올라와 평상심을 회복한 덴동어미에게 모든 사물은 본성대로 다가들 수 있었다. 엿 한 고리이고 참여한 화전놀이에서 그녀가 누구보다 신명을 낼 수 있었던 것은 바로 고난의 인생역정에서 스스로 얻은 보상, 이러한 깊은 깨달음으로 인해 가능했을 것이다.

그 혜택은 개인에게만 그치지 않고, 죽음처럼 시들었던 청춘과부를 살려냈다. 덴동어미가 자신의 만사우환을 기꺼이 노래해 준 덕택에 화전 놀음에 참여한 이들의 걱정근심 또한 사라지게 되었다.[21] 청춘과부는 45행에 이르는 긴 봄노래를 자청해 부르면서, 그 노래의 말미에 화전놀이에 참여한 인물들을 한 사람씩 불러내고 있다.[22] 그 모든 것이 모여 화창한 그들의 봄을 이루고, 마침내 여인들이 저마다 소중한 꽃처럼 피어나는 순간을 맞이하게 된 것이다.

## 3. 가사 속 여성 인물의 욕망

앞 장에서 조선 후기 여성 인물을 특징적으로 형상화한 가사 작품 속에 반영된 여성의 현실 모습을 살폈다. 작품 속 여성들은 결혼과 관련하여 고난과 위기를 겪고 이를 극복하거나 이로부터 일탈하는 과정을 거쳐 상별의 결말에 이르는 것으로 집약된다. 그 모습이 긍정적 인물형인가 부정적 인물형인가를 막론하고 후기 작품들에서 여성 인물을 부각하고 유형화하는 현상까지 나타난 사실은 그 자체만으로 분명 주목할 만한 것이다. 이는 당대 사회에서 여성의 역할이 새롭게 규정되고 있었음을 의미하기 때문이며, 작품 속에 여성을 바라보는 시선 혹은 여성 자신의 시선을 반영하고 있기 때문이다. 그렇다면 가사 내 여성 인물의 모습에서 공통적으로 두드러진 부분들을 세밀하게 분석함으로써 당대 가사 향유층이 추구한 이상과 욕망을 읽어 낼 수 있을 것이다. 이

---

21 "덴동어미 ○○○○ ○○○○ ○○○○/ 만사우환 노래하니 우리 마음 더욱 좋의./ 화전놀음 이 좌석에 꽃노래가 좋을시고."

22 "산하산중 홍자춘 홍정골댁 봄 춘자"의 형식에 맞추어 홍정골댁, 골내댁, 새내댁, 도화동댁, 행정댁, 도지미댁, 희여골댁, 오양골댁, 연동댁, 홍다리댁, 안동댁, 소리실댁, 놋점댁, 청다리댁, 남동댁, 영춘댁, 질막댁, 우수골댁, 단양댁, 청풍댁, 덕고개댁, 풍기댁까지 차례로 호명되고 있다.

장에서는 부(富)와 노동이라는 현실 요소, 그리고 공동체 내의 정착 및 분수·운명론이라는 현실 태도의 문제로 나누어서 분석해 보고자 한다.

조선 후기 여성이 당면하고 있었던 부와 노동의 문제에 관해 작품 안팎 여성들의 인식은 양면성을 보인다. 집안의 경제적 책임을 인식하면서 전통적인 근검과 절약 덕목을 내세우며 과소비의 처참한 결말을 제시하는 한편으로 유적한 치부(致富)의 광경을 과장해 제시하기도 하고, 근면을 역설하며 게으름을 경계하는 반면 노동에서 벗어나 편안하고 여유로운 광경을 긍정하기도 하는 것이다. 이러한 부와 노동에 대한 양면성이 어떻게 나타나며 그것이 의미하는 바는 무엇인지 작품 속에서 살피기로 하자.

여성 인물 가사에 반영된 부에 대한 인식은 '치산(治産)'의 개념으로서 자주 언급되어 왔다. 18세기 경향분기(京鄕分岐)의 결과 향촌 사족층 여성들은 관리할 재물이 없는 적빈(赤貧) 상태에서 생계형 생산노동에 종사하는 상황에까지 이르게 되었는데, 이러한 정황이 가사 작품에도 반영되었다고 보았다. 뺑덕어미와 괴똥어미의 최고 악행은 가산 탕진, 곧 치산의 실패인 반면, 김씨부인(혹은 이씨부인)은 있는 재물을 관리하는 소극적 치산은 물론 없는 재물도 생산하는 적극적 방식으로 치산을 이루고 가문을 일으켜 세운 인물로 긍정되는 것이다.

그런데 '부'에 관한 당대의 관념은 고정화되어 있지 않았던 것으로 보인다. 〈놀부전〉이나 〈옹고집전〉에서 문제 삼았듯이 이 당시 부의 윤리성과 사회성이 의심되었으며, 부의 독점적 욕구로 인한 반사회적 행위는 자칫 향촌 질서를 깨는 법적인 문제일 수도 있는 것이었다.[23] 부에 대한 집착과 과시가 스스로를 패착으로 이끈 〈신가전〉은 그와 동일한 인식을 공유한다고 볼 수 있다. 하지만 여성들은 경제력 확보를 통한

23 서인석, 앞의 논문, 1999, 68-70쪽.

소비, 치부(致富)의 문제를 경계와 욕망의 양면적 태도로 대하고 있다.

> 세간살이 못한단 말 절통하고 애달을사
> 제 복 있어 쓰는 것을 뉘라서 시비하리.
> 선전의 각색피륙 기탄없이 사들여서
> 돈을 주고 마련하며 쌀을 주고 옷을 지어
> 죽죽이 짝을 채워 이 농 저 농 채워 두고
> 기명도 많건마는 전곡을 두루 헤쳐
> 왜화기와 당사기며 놋동의며 유리병을
> 죽죽이 사들이며 삼간고에 쌓아 두고
> – 〈김씨계녀사〉

괴똥어미가 재산가에 시집온 후 행하는 소비 행태를 부정적으로 묘사한 부분이다. 갖가지 옷감을 거리낌 없이 사서 쌀을 팔아 옷을 지어 두고, 사치스러운 부엌살림을 넘치게 장만하는 광경을 제시했다. 괴똥어미의 이 같은 물질적 과소비는 비도덕적 태도만큼 작품에서 중요한 실패와 비난의 요소가 되고 있다. 그런데 이와 유사한 장면이 '복선화음가' 계열의 다른 작품에서 긍정적 여성 인물의 치부 광경에 등장하고 있다.

> 안팎 마구 노쇠나귀 때를 찾아 우는 소리
> 십이중문 줄행낭줄 왕방울을 걸어 두고
> 고대광실 높은 집에 추녀마다 풍경 달아
> 동남풍이 건듯하면 잠든 나를 깨웠어라.
> 보라대단 요이불을 반자까지 도로 싸고
> 용목괘상 두리상을 자개함농 겹쳐 놓고
> 오동 서랍 백통 연죽 서초 양초 가득하며

왜화기며 당화기와 동래 반상 안성 유기
삼각고의 가득하고
-〈복선화음가〉[24]

적극적 치산의 방법으로 부를 이룬 이씨부인의 구체적인 치부 장면은 괴똥어미의 소비 행태를 능가한다. 그릇, 의복 등 기본적 살림살이의 소비 내용은 괴똥어미와 유사한 데다가 여기에 집안 치장과 화려한 침구, 기물 등이 더해졌다. 〈신가전〉에서 딸의 혼수 준비와 신방 치장 부분 또한 장면 확대라 이를 만큼 비중 있게 특징적으로 처리되고 있는데,[25] 여기서도 의식주의 모든 영역에서 세세하고 화려한 볼거리를 갖추어 보여 준다.[26] 각 인물의 행위에 대한 어조의 차이는 감지되지만, 부정적 인물과 긍정적 인물의 소비 행위가 이토록 겹쳐지며 오히려 긍정적 인물에게 더욱 다채롭고 풍부한 물질적 보상을 용인하고 있는 점으로부터 가사의 주된 향유층인 당대 여성들의 결핍과 욕망을 동시에 포착해 낼 수 있다.

---

24 권영철 편, 『규방가사 I』, 한국정신문화연구원, 1979.

25 박요순, 앞의 논문, 14-15쪽.

26 예를 들어 의복과 기물을 묘사한 부분만 제시하면 다음과 같다.
"패물이 갖았으니 즙물인들 아니 줄까
왜화기며 당화기며 자개함농 반닫이며
삼층들이 들메장과 쓰기 좋은 전목뒤주
(…)
전라도 피륙상자 충청도 오합고리
신랑신부 순금간저 자개박은 통영소반
동래주발 실굽다리 열두 접시 갖은 반상
요강타구 퇴아발이 생옹남빗 청동화로
(…)
인도가위 골무바늘 피죽농에 가득하고
명주무명 당사실은 왜합 속에 가득하고
삼간다락 각색농에 금은보배 가득하고"(〈신가전〉)

가사 작품 속에서 치산과 더불어 향촌 부녀자들에게 강조된 덕목은 노동이다. 이들 가사의 주요한 담당층이었던 여성들은 소비와 부의 문제에 관해서처럼 여성 인물들의 노동에 대해서도 양면적 태도를 드러내고 있다. 부정적 인물형인 뺑덕어미의 게으름에 대해 "물레 앞 씨야 앞은 선하품과 기지개라/ 이야기책이 소일이요 음담패설 세월이라" 라고 비판적 날을 세우지만, 긍정적 인물의 치부 장면에서는 한가로운 소일 장면을 첨가해 여성 주인공에게 부러운 시선을 던진다.

갑자구월 초파일에 국화주를 한잔 먹고
다리치 드러누워 옥단어미 책보이고
담뱃대 가로물고 고요히 듣노라니
홀연히 잠이 들어 정신이 흔흔터니
- 〈복선화음가〉

이씨부인이 남편의 장원급제 소식을 전해 듣기 바로 전 대목이다. 농촌의 가을 한낮, 노동에서 해방되어 국화주 한 잔과 이야기책을 즐기는 여유로운 여성의 모습을 묘사했다. 이는 가정 경제의 주체로서 남성과 대등하게 설 수 있는 계기를 마련한 한편으로, 노동을 통한 치산의 부담을 지게 된 당대 향촌 여성들의 현실 속 꿈을 반영한 것으로 이해된다. 노동에서 해방된 한가롭고 여유 있는 일상은 결국 여성들이 누리고 싶은 제일 소망이었을 터이다.

가사 속 여성 인물의 모습을 통해 부와 노동과 같은 현실적 요건들 이외에 삶에 대한 태도 면에서의 욕망 또한 파악할 수 있다.

가사 작품의 여성 인물들이 내보인 또 다른 현실적 욕망은 공동체 내에서의 안정과 정착이었다. 시댁에서든 향촌 사회 속에서든 부와 노동을 통해 여성들이 이루려던 꿈은 결국 공동체의 일원으로 정착해 인정과 존경을 받는 삶이었다고 할 수 있다.

음양의 배합법을 낸들 아니 모를쏜가.
부모님도 보기 싫고 형님네도 보기 싫고
아우년도 보기 싫다.
날더러 이른 말이 불쌍하다 하는 소리
더구나 듣기 싫고 눈물만 솟아나네.
내 신세 이러하고 내 마음 이러한들
뉘라서 걱정하고 뉘라서 염려하리.
- 〈노처녀가 (1)〉

〈노처녀가〉에서 주인공이 스스로 심정을 밝힌 부분이다. 그 가운데서 "날더러 이른 말이 불쌍하다 하는 소리/ 더구나 듣기 싫고 눈물만 솟아나네"라는 직접 언술은 그 고통의 본질이 무엇이었는지 짐작케 한다. 결혼하지 못하는 상황 자체보다 자신의 처지를 불쌍하게 여기는 주변의 시선이 노처녀에게는 더욱 견디기 어려웠다는 고백인 셈이다. 노처녀가 남들처럼 혼인한 여성의 처지를 갈망한 데는, 당시 여성에게는 결혼이라는 제도가 온전한 성인으로 사회에 정착할 수 있는 유일한 통로였던 현실 조건이 크게 작용했을 터이다.

그렇게 결혼을 하고 부를 이루어 안정을 찾게 된 여성들이 이웃을 돌보고 조화를 이루려는 꿈을 제시한 것도 현실에 대한 여성의 태도 면에서 흥미롭게 다가온다.

무정세월 절로 가니 시집온 지 십년이라
가산이 누만재라 이만하면 넉넉할까.
날마다 소를 잡혀 부모를 공경하며
능라금수 옷을 지어 철철이 갈아입고
떠는 사람 옷을 주고 주린 사람 밥을 주며
궁고빈족 못 사는 이 혼인장사 못 지내면

돈을 주고 쌀을 주어 아무쪼록 구제하고

가산의 허다 소용 일용이 만금이라.

– 〈김씨계녀사〉

애초에 김씨부인은 이웃에서 쌀을 꾸는 데 실패한 일을 계기로 직접 경제 활동에 뛰어들기로 결심한 후 치산에 전념하게 된다. 그렇게 분발하여 축적한 재물로 헐벗고 굶주린 이들을 구제하고 인간의 기본 예를 차릴 수 있도록 돕겠다는 소망을 위와 같이 내보이고 있는 것이다. 이로부터 항산(恒産)이 항심(恒心)의 조건으로서 작동할 수밖에 없다는 현실적 태도를 확인하게 된다.

사실 괴똥어미와 뺑덕어미, 그리고 덴동어미의 고난은 가정 혹은 사회 속에 정착할 수 없다는 데서 비롯한 것이었다. 이들 여성에게는 내적, 외적으로 새로운 사회에 귀속하거나 안착할 수 있는 장치가 없었던 탓이다. 그렇다면 이들 가운데 결혼 이후 시집살이와 부녀자로서의 삶에 부적응을 보여 온 괴똥어미와 뺑덕어미는 자신들의 고난을 어떻게 극복하려고 했던 것일까.

어와 애달을사 낸들 남만 못할쏜가.

마음을 널리 먹고 동네 인심 얻으리라

떡을 치고 밥을 지어 오는 사람 퍼주어서

이웃집 젊은 댁과 너도 좋다 나도 좋다.

쌀을 주고 돈을 바꾸고 돈을 주고 고기 사서

슬은 밥은 개를 주고 상한 고기 개를 주며

삼간 다락 팔간 대청 어물전이 되었구나.

사이사이 빚을 얻어 방물흥정 갖춰 하고

밤이면 밤참이며 낮이면 점심이라.

서방을 주자하니 걱정소리 괴롭도다.

바깥사랑 늙은 시부 꿈속에나 생각할까.
-〈김씨계녀사〉

엿장사야 떡장사야 아이핑계 다 부르고
물레앞에 선하품과 씨아 앞에 기지개라
이집 저집 이간질과 음담패설 일삼는다
모함잡고 똥먹이기
세간은 줄어가고 걱정은 늘어 간다.
치마는 짧아가고 허리통이 길어 간다.
축 없는 헌 짚신에 어린 자식 들쳐 업고
혼인장사 집집마다 음식추심 일을 삼고
아이싸움 어른쌈에 남의 죄에 매 맞히기
까닭 없이 성을 내고 이쁜 자식 두드리며
-〈용부가〉

시집오던 날로부터 이웃의 사설에 시달리던 괴똥어미는 시가와 그 주변에 정착하고자 애쓴다. 그녀가 인심을 얻기 위해 택한 방법은 물질적인 선심 공세였다. 계획도 이득도 없는 소비를 남편이나 시부모가 반길 리 없으니 그들에게 음식을 올리고 사랑받는 일 또한 기대할 수 없었다. 〈용부가〉에 반영된 뺑덕어미의 고민 또한 크게 다르지 않다. 괴똥어미의 경우 "어와 애달을사 낸들 남만 못할쏜가"라는 심정의 구체적 진술이 있지만 뺑덕어미와 관련해서는 처음부터 부정적 행위만 나열되고 있어 그 의도와 배경을 짐작하기 어렵다는 점에서 차이가 있다. 하지만 두 인물의 행위와 그를 향한 시선은 흡사하므로 그들의 행동과 결말에 대한 평가 또한 동질적인 것으로 볼 수 있다.[27] 재산

---

27 이 점과 관련하여 괴똥어미 유형의 이야기에 익숙한 향유층이 직접적이고 극단적인

마저 탕진한 후 외양도 감정도 추스르지 못하게 된 뺑덕어미의 모습은 연민마저 불러일으킨다. 이 여인들의 입장에서 본다면 세상 어디에 이만한 고난이 있을 것인가.

이처럼 가사 속에서 전형적 인물로 형상화된 부정적 여성 인물들의 모습은 특히 조선 후기 향촌 사회에서 신흥 부유층이 출현한 현실과도 관련된다. 이들은 급속히 획득한 경제력에 비해 이념적, 신분적 기반 및 자기 정체성을 확보하지 못한 계층의 고민을 대변하고 있는 셈이다. 후기 가사에 반영된 여성 인물의 고난과 고민의 실상으로부터 현실 속에서 얻고자 한 욕망의 실체 또한 선명히 부각된다.

가사와 나란히 소통·향유되었던 〈심청전〉 속 뺑덕어미의 정체가 유랑하는 서민일 수밖에 없었던 점도 이 점에서 관심을 끈다. 즉, 그녀는 심봉사의 재산을 노리고 의도적으로 접촉한 부정적 떠돌이형 인물로 설정되어 있는데, 이 또한 조선 후기 현실 조건에서 하층 여성의 몸으로 생계를 잇기 위해서는 불가피한 선택이었다는 것이다. 소설 또는 그와 밀접한 관계를 지닌 판소리 사설에서는 그녀의 추한 외모를 부각함으로써 등장인물의 부정적 형상을 그려 낸다.[28] 하지만 현실적인 눈으로 냉정히 판단하자면 거기에 묘사된바, 흐트러진 머리, 움푹한 눈,

---

인물형으로 편집하여 〈용부가〉의 뺑덕어미 유형을 생산해 냈다는 추론이 가능하다. 〈용부가〉가 실려 있는 가사집 『초당문답』의 의도적 편집자를 떠올려 보면 당시 가사 소통 환경에서 괴똥어미 유형→뺑덕어미 유형 인물로의 창조 과정은 충분히 가능성을 지닐 만하다. 두 인물 유형의 선후 관계에 관해서는 본고에서 언급한 바 있는데, 가사 작품의 실제로부터 더 타당한 방향을 확정할 수 있다.

28 "인물을 볼작시면 (…) 말총 같은 머리털이 하늘을 가리키고, 됫박 이마 횃 눈썹에 움푹 눈, 주먹 코요, 메주 볼, 송곳 턱에 써렛 니 드문드문, 입은 큰 궤 문 열어 논 듯하고, 혀는 짚신짝 같고, 어깨는 키를 거꾸로 세워 논 듯, 손길은 소댕을 엎어 논 듯, 허리는 짚동 같고, 배는 패문 북통만, 엉덩이는 부잣집 대문짝, 속옷을 입었기로 거기는 못 보아도 입을 보면 짐작하고, 수중 다리, 흑각 발톱, 신은 침척 자 가웃이라야 신는구나."(〈신재효본 심청가〉)

솥뚜껑 같은 손, 시커먼 발톱은 생계를 위해 닥치는 대로 일하며 떠돌던 하층 여성 인물의 현실적 삶을 증거하는 연민의 요건일 뿐 악인의 조건은 되지 못한다. 마찬가지로 가사 속의 괴똥어미와 뺑덕어미가 향촌 사회나 시댁에 정착하지 못해 불행한 결과를 맞이한 것 또한 능력과 재주가 모자란 탓이다. 그들은 계획적이고 치밀한 악한도 아니요, 의도적으로 규범을 거스르는 악인이라고도 할 수 없다. 소설이 등장인물의 창조를 통해 대립과 갈등을 드러내는 허구의 장르인 데 반해 가사는 현실 인물을 반영하면서 정서를 대변하는 역할을 한다.

마지막으로, 가사 속에 반영된 여성 인물의 태도로서 현실을 수용하는 자세나 세계관에 관해서도 재론할 여지가 있다. 〈덴동어미화전가〉의 주제를 논할 때 흔히 덴동어미가 보여 준 달관의 자세와 더불어 그녀의 운명론적 자세를 내세우곤 한다.

> 내 고생을 남 못 주고 남의 고생 안 하나니
> 제 고생을 제가 하지 내 고생을 뉘를 줄고
> 역역가지 생각하되 개가해서 잘 되는 이는
> 몇에 하나 아니 되네 부디부디 가지 말게.
> 개가 가서 고생보다 수절 고생 호강이니
> 수절고생 하는 사람 남이라도 귀히 보고
> 개가고생 하는 사람 남이라도 그르다네.
> – 〈덴동어미화전가〉

덴동어미가 자신의 인생 역정을 토로하게 된 이유는 열일곱에 상부(喪夫)한 청춘과부의 한탄과 개가 고민에 답하기 위해서였다. 덴동어미는 자신의 긴 사연 말미에 이어 이른바 운명론 혹은 분수론에 해당하는 태도를 드러내며 개가를 만류한다. 그런데 그녀의 사연 전체 맥락을 고려할 때 이 부분은 일반적인 운명론이나 분수론과는 성격을 달리

한다. 중세 사회의 신분제를 옹호하기 위해 태어날 때부터 갖게 된 신분을 벗어나지 않도록 하려는, 지배와 피지배의 관계를 지속시키기 위해 각자의 분수대로 살라고 주문하는 분수론[29]이 아니다. 이는 덴동어미의 체험과 경험에서 우러나온 운명론의 선언이며 지금 처지에서 자기 현실에 맞게 최선을 다하라는 일종의 책임론과 궤를 같이하는 성질의 것이다. 삶의 우연성에 의지해 개가를 생각하는 청춘과부를 향해 덴동어미는 무언가를 감추고 소극적으로 받아들일 것이 아니라 자기 앞에 놓인 생의 전부를 당당하고 주체적인 태도로 떠안아야 한다고 강조하고 있다. 덴동어미는 자기 삶의 굽이마다 스스로 길을 선택했고 그렇게 가게 된 길에서 만난 고통을 기꺼이 감내한 여성이다. 그 궤적을 운명론적 관점에 갇힌 패배론자의 것이라거나, 역사 속 민중의식의 한계로 폄하할 수 없는 것은 이 때문이다.

## 4. 마무리

지금까지 가사 작품 속에 반영된 여성 인물의 모습을 구체적으로 살피고, 그로부터 당대 여성들의 욕망을 점검해 왔다. 뺑덕어미와 괴똥어미에게서 구체화된 현실 모습에 비추어 볼 때 덴동어미나 김씨부인, 한림댁과 노처녀가 꾸었던 꿈은 당대 현실 속에서는 실현될 수 없었던 슬픈 꿈에 불과하다. 그것은 시대적 조건을 넘어서는 욕망이었지만 그다음 다가올 새 시대의 여성에게는 시대정신이 되어야 마땅한 욕망이기도 했다. 여성 인물을 내세운 가사 작품들의 생산과 소통은 그러한 슬픈 꿈에 관해 노래로서 치유의 구실을 담당하고 어쩔 수 없는 현실에

29 신재홍, 『고전소설의 착한 주인공들』, 태학사, 2012, 208쪽.

좌절하거나 포기당하지 않게 하는 힘으로 작용했다는 의의를 지닌다.

이제 조선 후기 서사적 요소를 지닌 가사 문학의 향유층이 여성 인물을 형상화하기 위해 사용한 형식상의 특징을 살피면서, 가사라는 전통적 시가 양식이 시대에 대응하는 양상을 논의하는 것으로 마무리하고자 한다.

여성 인물을 형상화한 가사 작품들에서는 다음과 같은 형식상의 특징이 나타난다.

첫째, 작품의 서두와 말미에 본문 내용과 구별되는 서술자의 논평 및 소개 부분이 제시된다. 대체로 서두는 '어와 사람들아~'로 시작되며 말미는 당부의 말로 끝나는데, 이는 가사의 교훈적 역할을 표면화하는 역할을 한다. 삼설기본 〈노처녀가〉처럼 소설적 도입부를 두는 경우에도 그 효과는 마찬가지다. 부정적 인물 형상이 본문에서 제시되는 작품에서 이 서두-결말 부분은 서술자가 작품 속 인물과 비판적 거리를 두어 경계의 성격을 지니게 하는 것이다. 이는 인물 중심의 새로운 작품을 훈계가사의 영역 안에서 제시하기 위한 장치일 뿐 '복선화음'의 제목을 내건 작품들의 예가 그러하듯이 교훈을 유일한 주제로 삼고 있다는 의미는 아니다. 더구나 이것이 여성 인물을 형상화한 가사 작품들이 널리 전파되는 이유는 아니다. 덴동어미의 사연이 화전가의 틀을 입고 있는 것도 유사한 방향에서 이해할 수 있다.

둘째, 인물 중심 가사들에서는 전기 가사에서는 볼 수 없는 희화화 또는 허구화의 방식을 자주 사용하고 있다. 괴똥어미와 뺑덕어미의 미숙하고 저열한 행동을, 서술자의 논평은 최소화한 채 행동 중심으로 나열하며 희화화하는 방식은, 현실에서 벌어지고 있는 모습을 있는 그대로 보이되, 희화화를 통해 향유자와 인물 사이에 거리를 확보함으로써 흥미와 자정력을 동시에 유도하는 효과를 거둔다. 이씨부인의 치부나 괴똥어미의 징치 부분처럼 과장되고 허구화한 것은 1인칭 자기 독백이라는 가사의 언술 방식에서는 상당히 멀어진 점이다. 치산의 현실성이라든지 인물의 사소한 악행을 감안할 때 이러한 허구화는 낭만적 결과라 할 수 있고, 이는 곧 이 작품들이 시대에 밀착하여 당대의 세태를 전하는 데 주안점을 둔 텍스트임을 반증하는 셈이다. 즉, 여성 인물 형상 가사들은 윤리보다 세태를 부각한 작품들인 것이다.

셋째, 인물들의 등장은 대체로 서사적 맥락이 결핍된 채 행동을 나열하는 방식으로 이루어지고 있다. 〈덴동어미화전가〉나 〈신가전〉은 비교적 서사적 연결을 갖추었지만 이 경우에도 사건이 항상 계기적으로 인과관계를 이루는 것은 아니며, 사건 혹은 장면들이 동일한 비중으로 처리되고 있지는 않다. 가사에서 서사의 결핍은 곧 가사 속 인물 형상의 목표가 인간에 대한 평가가 아니라 행동에 초점을 맞추고 경계와 변화를 요청하는 데 있음을 의미한다. 여성 인물 가사들은 이 시기 어느 때보다 공동체의 질서를 유지하는 데 여성의 역할이 중요하며, '말하기'보다 '보여 주기'가 필요했던 사회상을 반영하고 있다.

이상의 특징을 종합해 본다면 인물 중심 가사는 서사적 요소를 도입하면서도 소설과는 다른 성격을 지닌다. 인물 형상의 과정에서도 이 점은 분명히 확인된다.

> 古代 小說의 人物創造에 있어서 긍정적 가치와 부정적 가치는 서로 대립적인 것으로 나타난다. 美와 醜, 善과 惡, 富와 貧, 貴와 賤, 福과 禍 등은 엄격하게 對立되는 영역이다. 그러면서 긍정적 가치는 긍정적 가치끼리, 부정적 가치는 부정적 가치끼리 한데 결합해 나가는 양상을 보인다. '善-美-富-貴-福'이 하나의 결합체를 이루고, '惡-醜-貧-賤-禍'는 다른 하나의 결합체를 이룬다. 심청전에서 심청이 前者의 例라면 뺑덕어미는 後者의 例이다.[30]

30 정하영, 앞의 논문, 16-17쪽.

소설은 허구의 영역이기 때문에 대립적인 가치를 한 방향에서 구현하는 인물을 창조해야 한다. 후기 가사에서는 부분적으로 허구화한 대목이 있기는 하지만, 인물은 현실을 반영하고 있다. 전적으로 긍정적인 인물도 또 그 반대의 경우도 현실에서는 존재하기 어려운 법. 가사 속에서는 외모를 통한 성격 창조를 찾아보기 힘들며, 대립적인 가치들이 어느 한 방향에서 일관되게 드러나지도 않는다. 유사한 상황과 사건에 마주친 인물들의 적응과 부적응을 동시에 담아내기도 하며, 노동과 부에 대한 여성 인물의 반응에서 보았듯이 욕망과 경계의 양면성을 드러내기도 한다. 그것이 현실의 실상인 탓이다.

여성 인물은 그 자체로 악한도 악인의 형상도 아니다. 그렇게 여겨지는 경우가 있다면 작품마다 서술자의 주관적 판단이 개입하고 그 편집자적 논평에 기댄 결과일 따름이다.[31] 따라서 작품 속 여성 인물의 현실이나 서술자의 어조를 당대의 일반적 목소리로 대치함으로써 그 행동과 반응을 억압적이고 수동적인 것으로 간주하는 사실주의적 독법 또한 위험하다.

기왕의 연구 성과들에서 후기 가사를 장르론의 측면에서 어느 위치에 고정하려는 의도가 강했으며, 서사적 진술 방식과 구성을 분석하는 데 초점을 둔 점은 조정이 필요하다. 감동과 교훈을 준다는 문학적 효과는 동일하지만 소설과 가사는 그 효과를 성취하는 방식이 다르다. 향유자 입장에서 보면, 소설의 독자는 인물의 전형성을 전제하고 추종하거나 반면교사로 삼아 교훈을 얻는 반면, 가사의 독자는 작품 속 인물들의 현실다움을 이해하면서 공감하려 한다.

여성 인물을 형상화한 가사 작품들의 존재는 전통적 시가 양식이 고정화된 틀에 머무르지 않고 현실 사회가 요구하는 변화를 얼마나 내

31 임주탁, 「〈용부가〉에 나타난 인물 형상과 작가 의식」, 『조선후기 시가와 여성』, 월인, 2005, 470쪽.

부적으로 잘 수행했는가를 살피도록 한다. 시가사 전체의 틀에서 보더라도 이 시대에 여성 인물을 부각한 것 자체가 하나의 문제적 현상이라 할 수 있다. 이 중요한 문제에 관해서는 여성 인물을 형상화한 한시나 민요 등 다른 시가 갈래의 작품들을 함께 고찰함으로써 조선 후기 향촌 사회사의 온전한 이해를 도모할 수 있을 것이다.

제2부

# 근대전환기 시조 문학의 대응과 변모

# I 『大韓民報』 시조에 나타난 전환기 전통 시가의 대응

## 1. 서론

흔히 개화기라 일컬어져 온 20세기 초는 시조사에서 양식의 전환을 가장 크게 겪은 시기다. 전통적으로 일정한 향유층에 의해 구비·정착되었던 갈래인 시조는 신문, 잡지 매체에 얹혀 문자화됨으로써 다수 대중을 향해 직접적이고 공개적으로 전달되는 변환을 경험하게 되었다. 시조라는 문학 행위를 둘러싼 소통 과정의 변화는 획기적이라 할 만한 것이어서, 창작 편수로만 친다면 가히 "시조사에서 가장 집중적 창작 양상을 보여 주는"[1] 셈이다.

20세기 초에 생산된 시조 작품은 국문학 연구에서 그다지 매력적인 대상으로 부각되지 못했다. 신문학의 형성기라는 인식과 전통 단절론의 맥락 속에서 오랫동안 이 시기 전통 시가 장르는 시의성을 상실한 낡은 유산으로 여겨져 왔고, 근대 민족주의 문학 형성 논의에 힘입어 이른바 개화기의 전통 양식을 재인식하는 과정에서도 시조보다는 한시나 가사가 집중 조명되었다. 이러한 편향성은 작품이 수록된 실상

1 김영철, 『한국 개화기 시가 연구』, 새문사, 2004, 21쪽.

과도 관련이 있다. 1900년대 이후 창작된 한시, 가사, 시조 작품의 대다수는 신문이나 잡지 등에 발표되었는데, 한시의 경우 일찍부터 이들 매체에 발표 고정란이 설치되어 꾸준히 실렸으며, 가사 또한 여러 종의 신문과 잡지에 다수 발표되었다.[2] 반면 시조는 『大韓每日申報』와 『大韓民報』의 고정란에 발표된 작품이 대부분으로, 시기나 편수 면에서 뒤진다.[3] 개화기문학에 대한 초창기 연구자들이 '개화기가사'라는 용어로 개화기 시가를 통칭하던 장르 인식은 이런 점과 무관하지 않다고 생각된다.

개화기 시조에 대한 본격적 연구는 현대문학 연구자들에 의해 시작되었다. 그런 까닭에 연구의 지향을 "신문학(新文學) 형성 과정에서 시조의 변모 과정 및 재창조 가능성"을 타진해 보려는 데 두었다. 구체적으로 살피면, 개화기 시조의 저항성과 이념적 계몽성을 부각시키면서 주로 형식상의 변이 양상을 통해 '새로움'의 정체를 밝혀내고자 했다. 그 결과는 두 가지 정도로 요약된다. 하나는 종장 말구의 생략과 종장 전체의 4음절화 현상을 설명한 점이고, 다른 하나는 시조가 창곡(唱曲)에서 완전히 분리되면서 '노래 → 시(詩)'의 전환을 이루었다고 본 점이다. 그 논의 결과는, 개화기 시조가 시대정신을 담아내기는 했지만 구호적 리듬으로 대변한 정도여서 근대적 시 의식을 자각하는 데 도달

2 국문시가의 매체별, 창작 연대별 장르 분포는 김영철, 『한국 개화기 시가 연구』, 새문사, 2004, 60-78쪽 참조. 이에 따르면 1910년 이전 발표된 국문시가는 1,500여 수, 1910년 이후는 350여 수로, 특히 1908년부터 1910년 사이에 작품 수가 집중되어 있다. 가사는 1910년 이전까지 800여 수 이상 발표되었는데 『대한매일신보』에 실린 것이 640여 수로 압도적 편수를 차지하며, 나머지는 각각 10여 종의 신문과 잡지에 발표되었다.

3 시조는 이 두 신문 외에 『제국신문』에 13수가 실렸으며, 해외 발간 신문인 『신한민보』에 20수가 실렸다. 잡지에는 1910년 이전까지, 최남선의 『소년』지에 실린 12수를 제외하면 『대한유학생회학보』, 『대한학회월보』, 『대한흥학보』에 각각 5수 이내 작품이 발표된 것이 전부다.

하지는 못했으며,[4] 미적 구조의 퇴행적 붕괴를 가져와 문학적 시로서의 완전한 복귀에는 실패했다[5]는 것이다.

그 후 시조 창작 시점이 되는 1910년 전후를 포함한 시가사의 흐름을 검토할 수 있는 여건이 마련되자, 당대에 시조 장르가 노래와 시로 각기 분화되었던 점을 고찰하고 그 이질적 양상에 주목하는 성과가 제출되었다.[6]

매체를 기반으로 한 새로운 시조의 창작은 그 성격이 생산과 소통의 조건에 좌우될 수밖에 없었다. 따라서 잡지에 실린 시조와 신문에 실린 시조에 대한 평가 또한 확연히 달랐다. 잡지 수록 시조는 서정을 교술로 변질시킴으로써 피상적 애국주의의 단순한 주장을 설명하는 수단이 되고 말았던 반면, 신문 수록 시조는 전래의 틀에다 새로운 표현을 더하여 흥미와 긴장을 갖춘 시조 특유의 수법을 구사함으로써 근대적 각성을 탁월하게 나타냈다[7]고 한 것이다.

시조의 변모에 관한 이러한 찬사는 주로 『대한매일신보』 시조들에 주어진 바였다. 시종 적극적 항일노선을 택한 『대한매일신보』와 그 시조들이 시대정신을 담기에 가장 적합했고, 이 신문이 개화기 동안 가사를 포함해 1910년까지 발표된 전체 국문시가의 75%를 생산[8]한 매체

4 권영민, 「개화기 시조의 시적 형식에 대하여」, 『한국학보』 15, 일지사, 1979, 168쪽.

5 김영철, 「개화기 시조의 형태적 변이」, 『백영정병욱선생환갑기념논총』, 신구문화사, 1982, 1026쪽.

6 최동원, 「開化期時調攷」, 『고시조논고』, 삼영사, 1990.

7 조동일, 『한국문학통사(제4판)』 4, 지식산업사, 2005, 293쪽.

8 1910년까지 신문, 잡지에 발표된 국문시가는 1,500여 수이며, 이 중 『대한매일신보』에만 가사 640여 수, 시조 380여 수로 1,000수 이상이 실렸다고 한다. 김영철, 앞의 논문, 1986; 고은지, 「애국계몽기 시조의 창작 배경과 문학적 지향: 대한매일신보를 중심으로」, 고려대학교 석사학위논문, 1997, 14쪽, 37쪽에서 재인용; 박을수, 「開化時調研究: 『大韓民報』 所載 資料를 중심으로」, 『우리문학연구』 9, 우리문학회, 1992, 210쪽.

라는 점에서 이러한 관심의 집중은 당연하게 여겨지기도 한다. 하지만 국문시가 전체가 아니라 시조만의 생산과 소통 과정을 염두에 둔다면 『대한매일신보』 시조만을 중점적으로 고찰하는 것으로는 온전한 이해에 이르기 어렵다.

이제 근대계몽기[9]에 존재한 전통 시가 양식으로서 시조에 대한 고찰을 다각적이고 깊이 있게 진행해야 할 단계에 와 있다. 『시가요곡』(1901), 『대동풍아』(1908), 『악부(고대본)』 등 20세기 초에 간행된 가집들이 증명하듯이 이 시기 시조는 노래로서 여전히 대중적으로 향유되었으며, 다른 한편으로는 창곡과 분리된 채 주로 신문 매체에 얹혀 고유의 음악성을 언어로 재현하는 소통 방식을 갖추게 되었다. 그 결과 1906년 7월 『대한매일신보』에 〈혈죽가〉 3수가 발표된 후로 1910년까지 약 700여 수에 달하는 작품이 생산되었다.[10]

그런데 이처럼 방대한 작품 편수에 비해 연구사적 관심은 단선적이고 부분적인 데 그친 감이 있다. 시조가 처음으로 민족적 문제에 관여하면서 시적 도약을 이루고,[11] 전래의 틀에다 새로운 표현을 더한 특유의 수법으로 근대적 각성을 나타내어,[12] 급박한 현실에 대응해 간 일

---

9 이 시기는 개화기, 저항기, 애국계몽기, 근대계몽기 등으로 불려 왔다. 신문에 시조들이 연재 형식으로 등장한 시기는 1906년에서 1910년까지 계몽기에 한정되어 있고, 창작 시조들은 주로 계몽성과 민족주의에 바탕하고 있지만 『대한민보』 시조는 이에 한정되지 않은 영역까지 걸쳐 있으므로 '근대계몽기 시조'라는 학계의 최근 용어를 수용한다.

10 1910년 이후 『태서문예신보』가 나온 1918년까지 발표된 시조는 신문과 잡지를 합쳐 100여 수다. 『태서문예신보』 이후 근대적 양식으로서 자유시가 정착되었다고 판단해 공적 매체에 발표된 국문시가의 갈래 하한선을 여기까지로 잡는다. 『독립신문』 이후 이때까지 국문시가의 전체 분포를 살피면 시조와 가사 등 전통 갈래가, 창가나 신시 등 신흥 갈래보다 우세했으며 신문은 전통 장르를, 잡지는 신흥 장르를 더욱 많이 수록했음을 알 수 있다. 김영철, 앞의 책, 2004, 60-78쪽 참조.

11 고미숙, 「애국계몽기 시조의 제특질과 그 역사적 의의」, 『어문논집』 33, 고려대학교 국어국문학회, 1994.

12 조동일, 앞의 책.

종의 시가운동[13]으로까지 평가되었지만 계몽기 시조가 지닌 바로 그 주제적 선명성이야말로 문학성을 논하는 데는 장애 요소로 작용했기 때문이다. 게다가 "형식 면에서 창곡으로부터 완전히 분리되어 읽는 시로 거듭나야 했지만 구호적 리듬을 반복함으로써 미적 구조의 퇴행적 붕괴"에 이르렀다[14]는 초기 현대문학 연구자들에 의한 평가를 정면으로 넘어서지 못한 탓도 있다. 이상의 논의들은 근대계몽기 시조의 성격으로서 주로 『대한매일신보』 소재 작품의 경향성을 일반화해 온 결과이기도 하다.

이 글의 목적은, 『대한민보』에 수록된 시조들이 보여 주는바, 매체와 관련된 내용 변화 및 형식적 특성을 고찰함으로써 전환기에 전통시가 양식이 보인 변화와 그 의미를 좀 더 세밀하게 밝혀 보고자 하는 것이다. 『대한민보』에는 1909년부터 약 1년 동안(1909. 9. 15-1910. 8. 31) 총 274수[15]의 시조 작품이 실렸다. 저항성과 이념적 계몽성을 내세운 작품뿐만 아니라 일상성이나 시사성을 띤 내용, 애상적 서정성을 계승한 것까지 다양하게 포함하고 있어 매체 및 내용 특성 면에서 흥미롭고도 중요한 자료다.[16]

---

13 고은지, 앞의 논문.

14 김영철, 앞의 논문, 1982, 1026쪽 외.

15 『대한민보』 시조 작품 수는, 처음 학계에 소개될 때 영인본으로 간행되었던 자료(아세아문화사 刊, 1910. 3. 31 자까지만 영인되었음)에 의거해 155수로 한정되었다가 이후 원문 자료에 접근할 수 있게 되면서 대폭 증가했다. 박을수 편저, 『한국시조대사전(상·하)』(아세아문화사, 1992)에 270수가 소개되었고, 강명관·고미숙 편, 『근대계몽기 시가자료집』 ③(성균관대학교 대동문화연구원, 2000)은 여기에 간단한 주석을 붙여 연구에 도움을 준다. 고미숙(1994) 이외 몇몇 논의에서 작품 수를 287수로 언급한 곳도 있는데, 이번에 원자료와 대조해 본 결과 박을수(1992) 및 강명관 외(2000)의 자료집에서 누락된 4수(1910. 7. 8 〈조영웅〉, 7. 9 〈대하〉, 7. 10 〈적소성대〉 및 7. 22 〈◌◌(제목 판독 불가)〉)를 추가로 발견해 총 274수로 확정한다.

16 김승우, 「근대계몽기 『대한민보』 소재 시조의 위상」, 『한국문학이론과 비평』 33, 한국문학이론과 비평학회, 2006.

먼저, 『대한민보』 시조의 전반적인 양상과 특징을 살피면서 특히 주목하려는 부분은 다음 몇 가지다.

첫째, 신문 수록 시조로서의 특성을 드러내는 일이다. 시조사의 관점에서 볼 때 시조 작품이 신문이라는 발표 매체를 갖게 된 것은 획기적인 전환이다. 이는 시조의 소통 방식, 곧 창작과 향유 과정에 직접 관련되는 것이며, 시조 담당층을 창작자층으로 제한하게 만드는 결과를 가져왔다. 그러나 전통적 시조 관습을 고려할 때, 창작자가 보이지 않는 그 너머로 숨어 움직이는 수용자층을 어떻게든 의식할 수밖에 없었다고 생각된다. 이 점은 시조 양식의 선택은 물론 작품의 내용과 형식 변모에도 일정하게 작용했을 것인바, 그 구체적 양상을 추적하고 분석하는 일이 필요하다.

둘째, 가능한 한 전체 시조의 경향을 균형 있게 제시하는 일이다. 기왕의 논의에서 지적되어 온바 『대한민보』 시조들은 이념적 지향과 시적 형상화의 수준 면에서 편폭이 크다. 따라서 작품 몇몇을 특정해 제한적으로 해석하면 아주 다른 결론에 이를 수도 있다. 가장 특징적인 국면을 끌어내어 설명하되 반대되는 경향에 대해서도 언급하고 전체에서 차지하는 비중과 정도를 덧붙여, 상대적으로 가늠해 볼 수 있게 하는 일이 요구된다.

셋째, 형식 면의 고찰은 시조의 종장 구성 방식을 중심으로 특성을 검토해 보고자 한다. 개화기 시조의 가장 큰 특징이 종장의 형식 파괴에 있다는 점은 일찍부터 지적되어 왔지만 그것이 어느 부분에서 어떻게 얼마나 진행되었으며 그 효과는 무엇인지에 대해서 실증적으로 논한 경우는 드물다. 따라서 일간지에 실린 시조가 어떻게 내부적 형식 변모를 통해 새로운 시대의 양식으로서 대중성과 전파력을 꾀했는지를 작품 분석의 구체적 결과로 확인하려는 것이다.

넷째, 『대한민보』 시조의 특징을 해당 시기, 해당 매체의 성격 내면에서 살피는 것을 우선으로 삼는다. 『대한민보』 시조들을 분석한 결과를 바탕으로 의미를 확대하기 위해서는, 『대한매일신보』 시조들 및 잡지 수록 시조들과의 비교라든가, 시가사적으로 전후 양식들과의 연관도 필연적으로 요청된다. 하지만 여기서는 실증적 검토가 현재 미흡한 편인 『대한민보』 시조들에 대한 면밀한 고찰을 통해 이 시기의 국면을 자세히 밝히고 그 밖의 문제를 의의와 전망을 다룬 마지막 과제로 제기하고자 한다. 이러한 작업들은 서정성에 기반한 관습시로서의 시조 장르가 근대적 양식으로 전환을 꾀해 간 실상에 더욱 다가설 수 있게 해줄 것이다.

## 2. 자료의 실상

『대한민보』는 대한협회(大韓協會)의 기관지로서, 1909년 6월 2일 창간되어 1910년 8월 31일 자 호외(號外)를 마지막으로 폐간된 일간지다.[17] 시조가 실린 것은 1909년 9월 15일 자부터로, 신문 제1면에 「歌謠」란을 설정해 시조 작품만을 고정적으로 싣기 시작했다. 1면에는 시조 외에 한국 최초의 시사만화에 해당할 삽화, 소설, 한시, 보감 등 문예물이 배치된 점이 특징이다.[18] 「가요」란은 1910년 1월 5일부터 「靑丘新謠」란으로 이름을 바꾸기도 했으나, 폐간 때까지 꾸준하게 거의 매일 한 수

17 대한협회는 대한자강회(大韓自强會)를 이은 단체로, 사장은 오세창(吳世昌), 발행 겸 편집은 장효근(張孝根)이 맡았다. 이 밖에 후원인 심의성(沈宜性), 기자 이종린(李鍾麟) 등이 주요 인사였다.

18 다른 신문들이 사설이나 관보(官報), 외보(外報) 등을 1면에 배치하는 것이 일반적이었던 것에 견주어 『대한민보』의 이러한 지면 구성은 독특하다. 이는 창간호 사설에서 밝힌바 "我韓은 我韓의 民族으로써 維持發展"하기 위해 전통적인 민족 정서를 함양하는 것이 필요하다고 여긴 편집진의 의도가 반영되었다고 본다(정기철, 「『大韓民報』 所載 時調의 형식적 특성과 글쓰기 교육으로서의 含意」, 『시조학논총』 18, 한국시조학회, 2002, 132-133쪽).

씩 싣고 있어서, 월평균 수록 작품 수로 헤아린다면 『대한매일신보』보다 『대한민보』 편집진이 시조 수록에 더 지속적인 의욕을 보였다고 할 수 있다.[19]

『대한협회회보(大韓協會會報)』의 후신인 『대한민보』는 『대한협회회보』 때부터 한시를 계속 싣고 있었다.[20] 신문 발행 중간에 시조를 싣게 된 것은, 시조야말로 민족적이고 주체적인 공적 담론의 수용 양식으로 적합하다고 여겼던 까닭인 듯하다. 창가(唱歌) 등의 기독교적 요소나 서구적 근대 지향성은 『대한민보』 시조 담당층으로 추정되는 민족주의 계열 지도층에게 반감을 불러일으켰을 가능성이 있으며,[21] 바로 전해인 1908년 12월부터 고정 시조란을 선보인 『대한매일신보』 시조의 반향에도 힘입었을 것으로 생각된다.

『대한민보』 수록 시조의 성격 역시 친일 세력 비판, 계몽정신 고취 등의 내용을 선동적으로 구사함으로써 시대적 각성을 드러내는 것이 흔하다. 하지만 보편적 주장을 상투적 표현에 얹어 구호화하기보다는, 일간지 매체의 특성을 잘 살려 효과적으로 관심을 불러일으키려는 작품들이 종종 눈에 띈다. 수록일 전후에 일어난 주요한 사건을 반영해

---

19 고정란이 마련된 1909년 9월 이후 1910년 8월까지 약 1년간 『대한민보』에 실린 시조 작품은 월평균 23수 정도다. 『대한매일신보』는 1908년 12월부터 1910년 8월까지 1년 9개월간 월평균 18수의 시조를 실었다. 또 『대한매일신보』는 기사가 넘치는 날에는 시조 게재 공간인 「詞藻」란이 누락되기도 했고, 시조 대신 가사나 창가 등이 「사조」란에 실리는 경우도 있어, 한 달 내 실린 시조 작품이 10수 이내인 경우도 일곱 번이나 된다. 김승우, 앞의 논문, 192-193쪽. 두 신문의 월별 시조 수록 현황은 고은지, 앞의 논문, 10쪽 참조.

20 『대한민보』에 본격 문학 작품으로 고정란이 마련된 장르는 시조 외에 한시, 소설 등이다. 단평을 겸한 한시 작품이 「詞藻」란에 발간 초기부터 실렸으며, 소설 작품도 연재되었다. 이들은 모두 기자들이 쓴 것으로 여겨지는데, 소설의 경우 기자의 사정으로 싣지 못한다는 광고하에 종종 쉬는 경우가 있었지만, 시조는 한일병탄을 전후한 1910년 8월을 제외하고는 발간 호수마다 거의 빠짐없이 실렸다.

21 김재훈, 「『大韓民報』 수록 시조 연구」, 단국대학교 석사학위논문, 1993, 13-14쪽.

시조가 일종의 만평(漫評) 내지 시사단평(時事短評) 역할을 하게 한다든지, 절기의 변화나 시세의 추이를 포착하고 그것에 반응하는 작품 내용이 그것이다.

『대한민보』 시조는 다른 기사들의 경우와 마찬가지로, 시조에도 그날그날 제목을 붙여 두었는데, 이것들을 일별하는 것만으로도 당시 사회상이 얼마큼 짐작될 정도다.

1. 大團結 - 2. 誕英雄 - 3. 寶劍鳴 - 4. 修羅場 - 5. 貴自由 -
6. 蟋蟀鳴 - 7. 滄海椎 - 8. 萬波息笛 - 9. 自鳴鐘 - 10. 秋風蘇[22]

1909년 9월 15일 자부터 25일 자에 실린 시조 제목들이다. 첫 두 시조는 이천만의 합심동력을 호소하며, 한반도가 요충지에 있으니 날마다 영웅이 탄생할 것이라는 축원으로 시작한다. 어지러운 형세를 묘사한 3과 4에 이어 폭군 진시황(秦始皇)을 떨게 했던 장량(張良)의 철추(鐵椎)와 환란을 잠재우던 신라의 피리를 소망하기도 하고, 어느덧 다가든 찬 기운에 시간의 흐름을 실감하며 기운을 소생시키자는 다짐(6, 10)과 동포들의 애국심을 호소(9)하는 정황이 드러나 있다.

12. 仲秋月 - 13. 逐虎經 - 15. 秋天一雁 - 16. 新建築 -
17. 落成式 - 18. 秋燈閱史 - 20. 照妖鏡 - 21. 鷹犬[23]

한가위를 맞아 밝은 달을 바라보며 천하만국이 비치는 자유세계를 찾아가고 싶다는 소원을 빌고(12), "고레라야 말 듯거라"로 시작해

22 제목 앞의 번호는 시조가 처음 실린 1909년 9월 15일부터 휴간 일을 빼고 호수별로 전체 274수를 차례로 세어 매긴 것이다.

23 1909년 9월 28일부터 10월 9일 사이의 시조.

일성 벽력으로 위협하는 작품(13)은 그해의 실정을 반영하고 있다. 기러기에게 말 전하는 고시조의 수법을 빌려 만 리 해외의 임 소식을 묻는 15는 망명지 독립운동가들의 실상을, 낙성식 기사에 이어 삼천리를 터 삼고 이천만이 목수가 되어 일천 년 오랜 집을 일신건축(一新建築)하자는 호소를 담은 것(16, 17)도 신문 수록 시조이기에 가능한 시사적 작품이다. 난국을 타개할 영웅들의 위인전과 역사서가 유행하던 이때 푸른 등불 아래서 만국사(萬國史)를 열람하는 풍경(18), 음흉한 방법으로 동족을 해하면서 사익을 추구하던 세력을 매나 개에 비유(21)한 비판의식은, 매국노들의 실상을 숨을 곳 없이 밝혀내 줄 거울(20)을 요구하는 데까지 이른다.

25. 彈光陰 - 27.大韓國民 - 29. 千里馬 - 30. 晩節香 -
31. 登南山 - 33. 獨一無二 - 38. 金石可透[24]

날과 달이 쏜살처럼 지나가는 속에 국가사업의 위태한 형세(25)는 대한국(大韓國)의 관리나 주인은 둘도 없이 신성한 우리 단군자손임(27, 33)을 거듭 확인케 하며, 산도 물도 험하기만 한 갈 길 앞에 번개같이 내달릴 만한 천리마를 그리게도 한다(29). 남산에 올라 한양을 내려다보면서 호빈작주(呼賓作主)의 현실을 탄식(31)하다가도, 우수(愚叟)가 산을 옮기고 약한 아이가 바다를 메웠듯 뜻만 있다면 어려운 일은 없다(38)는 다부진 마음을 요청할 수 있던 것이 시조이기도 했다.

46. 決心 - 48. 魂兮魂兮 - 51. 生耶否耶 - 54. 斬魔劒 - 55. 知心青衣 -
58. 精神發揮 - 64. 調琴待月 - 68. 討逆 - 69. 人皆誅之[25]

---

24 1909년 10월 15일부터 31일 사이의 시조.

25 1909년 11월 11일부터 12월 9일 사이의 시조.

어느 때보다 시급해 보이는 단호하고도 직설적인 제목들이 암시하는바, 죽음을 각오하고 국가사업에 매진하기를 촉구하는 강력한 호소(46, 48, 51, 58)와, 천지가 어두운 틈을 타 출몰한 이매망량(魑魅魍魎)의 무리를 향한 직설적 어조의 위협(54, 68, 69)이 드러나고 있다. 이런 가운데 동자를 호명하면서 술을 데우고 거문고 줄을 고르라는 주문(55, 64)은 한 작품만 따로 읽는다면 대단히 생경하게 느껴질 수밖에 없다. 하지만 전후 작품을 연결해 본다면, 억지로 취한 술을 깨고서는 견딜 수 없는 상황에서 다시 차오를 달을 본받아 줄 고르며 회복을 꿈꾸려는 그 정경조차 치열한 기다림으로 해석될 만하다.

시조 발표란의 명칭이 「청구신요」로 바뀐 1910년 1월 5일(85번) 이후로 작품 전체 분위기는 정서의 비중 면에서 달라지는 양상을 보인다. 이전 작품들의 주된 정조가 자부심을 바탕으로 한 국가회복의 열망과 친일 세력에 대한 직설적 비판에 있었던 반면, 이후 작품들에서는 어지러운 정세에 대한 개탄이 비유적으로 발화되며, 대중을 힘차게 일깨우는 직접적이고 선동적인 목소리는 줄어든다. 고답적인 제재와 온건한 어휘의 선택이 두드러지고, 다소 관념적이거나 비현실적 내용들까지 등장하는 등 『대한매일신보』 시조의 성격과는 확실히 차별화하고 있는 것이다.

이런 변화의 이유는 어디에 있는가. 또 『대한민보』 시조가 애국, 계몽 및 사회비판이라는 초기 경향으로부터 내용과 주제를 확대해 나간 사실을 어떻게 해석할 것인가. 시종일관 애국과 단결, 비판과 저항의 성격을 견지했던 『대한매일신보』 시조들과 비교해 『대한민보』 시조의 이러한 변모는 부정적인 것으로 지적된 바 있다. 또 『대한민보』 지도부가 후기로 오면서 뚜렷한 실천 방향을 설정하지 못한 채 내부의 알력까지 겹치면서 미적 파탄에 이른 것이라고 그 이유를 진단하기도 했다.[26]

하지만 당시 급변하는 정세 속에서 이들 시조가 산출되었고, 특히 한일병탄을 목전에 둔 시기적 정황까지 염두에 둔다면 시사성을 띤 신문 시조가 한결같은 어조로 일관된 주제를 호소한다는 것이 오히려 작위적 행위로 여겨지기도 한다. 더구나 『대한민보』가 시사물보다 문예물을 전면에 내세웠다는 사실, 시조만을 위한 공간을 마련해 시조를 거르지 않고 수록하고자 애썼던 점으로 미루어 볼 때 신문의 비판의식 표현의 도구로 시조를 활용한 것이 아니라 시조 자체를 존중하면서[27] 그 효용을 확신하고 있었다고 판단된다. 즉, 「청구신요」 이후의 변화는 상층부의 위기감이나 비판적 긴장의 결여에서 오는 이념적 한계에서 비롯한다기보다는, 시조 생산의 담당자가 장르 인식을 재고해 서정의 표출, 비유적 형상미 등 고유한 공감 요소를 다양화함으로써 시대적으로 대응해 간 결과라고 보는 것이 온당하다.

작품의 제목과 내용을 따라가면서 이 점을 구체화해 보기로 하자.

> 91. 春消息 - 92. 靑丘春 - 97. 大夢 - 99. 陽春有脚 -
> 100. 大和風 - 102. 江船 - 105. 風入松 - 107. 啄木鳥 -
> 120. 慨世 - 127. 感君恩 - 128. 昇平氣像[28]

봄소식에 취해 술과 잠을 불러들이다가(91, 92) 창박의 분분한 눈바람을 목격하게 되는 장면(97, 105)은 이즈음 자주 등장하는 풍경이다. 당면한 정황은 높은 파도를 헤쳐 가는 뱃길에(102), 사익(私益)에 어두워 매국을 도모하는 세력은 탁목조(啄木鳥)에(107) 비유되고 있다. 작품 이해에 인명, 지명 및 시구 등 전고의 필요성이 높아지고, 우리말은 어미, 조사 정도뿐인 말 그대로의 '한자주위국자부속(漢字主位國字附屬)' 작품

26 고미숙, 앞의 논문, 97-100쪽.
27 김승우, 앞의 논문, 192-193쪽.
28 1910년 1월 12일부터 2월 26일 사이의 시조.

이 출현한 점[29]도 주목된다. 봄밤을 매개로 하여 현실을 자족하며 성덕(聖德)을 찬양하는 작품(127, 128)은 이전의 경향을 무색케 하리만치 비현실적이다.

194. 浴佛日 - 195. 望雨 - 196. 悶旱 - 203. 禱雨 - 205. 憫旱 - 207. 祈雨 - 208. 喜雨 - 214. 扇 - 244. 納凉 - 247. 悶雨[30]

이 시기 일간지 수록 시조로서 사실적인 성과를 이룬 점이 있다면 위 작품들처럼 계절의 변화에 민감하게 반응한 부분이다. 초파일을 맞아 다른 이들처럼 부처님께 나아가서는 돈도 목숨도 아닌 지식을 소원하는 모습(194), 긴 가뭄을 견디며 한 점 구름 움직임에도 민감하고(195, 203, 205), 타들어 가는 논밭 곡식에 눈길을 주며 함께 태우는 마음(207), 마침내 내린 비 앞에 관민농자(官民農者)가 하나가 된 광경(208)은 실감 있게 자연스러운 공감을 유도하는 힘을 지닌다. 절기가 지나, 혹독한 더위 속에 부채와 그늘을 찾더니(214, 244), 하늘만 올려다보며 갤 날만을 기다리는 장마철 바람(247)은 비를 빌던 때(207)로부터 불과 한 달 보름 남짓이니, 예나 지금이나 반복되는 자연 속 일상을 이들 작품을 통해 그렇게 호흡할 수 있었던 셈이다.

257. 畏老 - 258. 暗초 - 261. 歸田園 - 262.病人 - 265.七夕 - 266. 勸學 - 268. 祝聖 - 271. 秋感 - 272. 衛生 - 273. 同樂太平 - 274. 搗衣[31]

---

29 〈123. 痛罵〉(1910. 2. 20). "祝願人間生子人ᄒᆞ노니, 誓勿生賣國奴ᄒᆞ라 ▲ 且將寄語賣國奴ᄒᆞ노니, 勿復生如爾子ᄒᆞ라 ▲ 痛矣乎 雖以天地生生之好德으로 爾種은, 不遺"

30 1910년 5월 17일부터 7월 21일 사이의 시조.

31 1910년 8월 2일부터 8월 31일 사이의 시조.

『대한민보』 시조의 마지막에 해당하는 작품들이다. 짧은 기간이지만 신문에 수록된 작품의 성향은 무척 다양하다. 적막한 공간 속에서 홀로 못내 이룬 옛일에 대한 아쉬움과 서글픔을 되새기는 정조(257, 261, 262, 271)가 주된 가운데, 인명 참사를 낸 현실 파선(破船) 사건도 다루고(258), 생도들에게 권면하는 내용(266)도 등장한다. 272는 폐간이 가까울 무렵 한일병탄을 전후로 일주일쯤 시조가 실리지 못하다가 다시 등장한 작품인데, 시조의 서정성으로 유인하기에는 생경하기만 한 위생 구호를 조악한 수준으로 늘어놓았다. 성인(聖人)이 다시 났다고 축원하고(268), 고답적 언사를 되풀이하면서 용(龍)과 봉(鳳)을 더불어 동락태평(同樂太平)을 노래하는(273) 것은, 초기 시조의 분위기에서나 당시 현실적 상황에서나 한참 동떨어져 있어 파탄을 설명하기조차 어렵다. 마지막 수(274)는 한밤 귀뚜라미 소리에 놀라 급히 다듬이질하는 여인을 나무라는데, 시적 형상화의 정도로 보아 그 이상 깊은 뜻이 숨어 있다고는 생각되지 않는다.

이상에서 살핀바, 『대한민보』 시조는 전반기와 후반기의 작품이 일관된 성격을 지닌다고 할 수는 없으나, 그럼에도 불구하고 일간지에 실린 시조로서의 특징을 유지한 점은 있다. 다음 장에서는 구체적으로 작품을 통해 그러한 『대한민보』 시조가 보이는 특성을 몇 가지로 나누어 살펴보기로 한다.

## 3. 매체 변화와 내용 특성

『대한민보』 수록 시조들의 성격은 작품 전체를 대상으로 한 내용, 형식면의 요소 정리를 통해 일차적으로 추출할 수 있다. 하지만 앞 장에서 대상 자료의 개괄적 양상은 이미 제시한 단계이므로 본 장에서는 달리 접근하고자 한다. 근대계몽기 전후의 시조 작품들과 비교할 때 특히 신문 시조의 경향으로 내세울 수 있는 소재나 제재의 특징 및 『대한민보』 시조에서만 두드러지는 문체와 표현 특징을 항목화하여 다루었다.[32] 『대한매일신보』와 달리 독자 투고에 의한 작품이 없고 작가 표기도 되지 않아 대체로 편집진이 주가 된 작가층을 상정할 수는 있으나, 작가층의 특수성을 감안해 『대한민보』 시조의 특성을 찾아가기보다는 날마다 반응을 민감하게 감지할 수밖에 없던 저편의 신문 독자, 곧 수용자층의 의식을 부각할 수 있는 쪽으로 세 항목을 잡았다.

### 1) 시사성(時事性)의 반영과 현실적 소재로의 접근

『대한민보』 시조에서는 강한 시사성을 견지함으로써 수용자층의 반응을 유도하거나 그에 공감하는 역할을 할 수 있었던 점이 우선 주목된다. 현실적 문제들에 직결된 의식을 지님으로써 일상의 사물과 경험이 작품 속으로 들어오게 된 점 또한 새로운 시대 인식과 접점을 발견할 만한 부분이다. 먼저, 시조가 창작 전후의 사건과 연결되어 일종의 시평 구실을 하고 있는 예를 들어 본다.

> 靑天白日下에, 魍魎이 亂動ᄒᆞ고 ▲
> 輦轂大道上에, 凶逆橫行이라 ▲
> 엇지타, 五百年 聖朝法綱이, 이 地境에
> – 〈73. 無法天地〉 (1909. 12. 16)[33]

---

32 특별히 고시조에서 현대시조로의 전이 과정에서 양식 전환의 중요한 표지가 되는 율격 관련 논의는 한층 복잡하고도 세부적인 분석과 의미 부여를 요하는 작업이므로 여기서는 제외하고, 본고 4장에서 본격적으로 다룬다.

33 본문 인용 작품은 강명관·고미숙 편, 『근대계몽기 시가자료집』 ③(성균관대학교 대동문화연구원, 2000)에 수록된 자료를 일차적으로 사용했으며, 관련 기사 확인 등 필요한 경우 영인본 『대한민보』(아세아문화사, 1985)를 참조했다. 원자료에는 시조 각

이 작품이 발표되기 전날인 12월 15일 「社論」에는 〈告我商民同胞〉[34]라는 글이 실렸고, 12월 9일에도 〈內閣諸公은 是可忍乎〉라는 논설이 실렸다. 그 내용은 일진회(一進會)의 합병성명서와 상소문에 대한 강한 비판과 울분을 토로한 것이어서 이 시조를 짓게 된 충분한 배경이 되었다고 본다.

돈아 너는 어이, 愛國志士 몰나보고 ▲
權勢家의 奴隷되야, 助桀爲虐 ᄒᆞ단 말가 ▲
아마도, 오날날 요 貌樣은 네 탓인 듯
– 〈60. 責錢神〉 (1909. 11. 28)

人蔘鹿茸이 좃타해도, 잘못 쓰면 傷命ᄒᆞ고 ▲
大黃芒硝가 毒ᄒᆞ야도, 바로 쓰면 得效로셰 ▲
至今에, 華陀扁鵲 어대 가고, 庸醫덜만
– 〈134. 庸醫〉 (1910. 3. 5)

두 시조 역시 창작의 동기가 신문 기사 속에서 뚜렷이 포착되고 있다. 60과 관련해서는 며칠 전인 11월 24일 자 「彙報」란에 실린 〈●賞金巨額〉 기사가 눈에 띈다. "內閣에셔 政府各大臣의 年終賞與金支給ᄒᆞᆯ件을 議擬中인데 總相은 一千五百圓 其下各大臣은 一千圓式 支給ᄒᆞᆫ

---

행을 ▲를 써서 구분해, 대부분 초·중장의 각 구와 종장의 각 음보를 ' , ' 부호로써 구분해 놓았는데, 강명관·고미숙 편저(2000) 자료에는 이를 반영했다. 다만 1910년 4월 이후(작품 156부터 해당됨)는 영인되지 않아 박을수 편저, 『한국시조대사전(상·하)』(아세아문화사, 1992)에 실린 자료를 사용했기 때문에 강명관 등의 자료에도 행 구분만 했을 뿐, ' , ' 부호는 표기되지 못했다.

34 "嗚呼라 凶彼一進會가 凶悖ᄒᆞᆫ 所謂聲明書와 上疏文을 肆然發布ᄒᆞ야 我檀箕聖裔의 四千年金甌와 我皇韓五百年丕基를 打滅ᄒᆞ야(후략)"

다더라"는 것이 그것이다. 134는 명의(名醫)를 갈구할 만한 사건이 벌어지고서 탄식처럼 나온 것이겠는데, 마침 같은 날 「地方雜事」란에는 〈●洪原怪病〉이라는 제목으로 지방에서 날아든 안타까운 소식이 들어 있다.[35]

전래의 틀에다 그 시대의 내용을 더하여 노래를 만들어 내는 것은 '시조(時調)' 본래의 사명인데, 위 시조들에서는 당면한 관심사를 시조다운 표현에 싣고, 시간적 현재를 나타내는 지시어를 넣어 받아들이는 이가 자기의 문제로 인식하도록 했다.

이 밖에도 당시 세간의 이목을 집중시킬 만한 사건을 창작의 동기로 끌어들이거나 그에 관여하려는 듯한 인상을 주는 작품들은 종종 발견된다.[36]

한편 전환기에 처하여 변화하고 있는 현실 인식을 드러낸다든지, 새로운 경험과 사물에의 발견을 읊은 작품도 여러 편이다.

> 三角山을 바라보니, 솟발갓치 괴여 잇다 ▲
> 彷佛홀사 東亞形勢, 오날 時機 엇더혼가 ▲
> 알괘라, 우리 同文同種人들, 西勢東漸
> – 〈11. 三角山〉(1909. 9. 26)

---

35 "咸鏡南道洪原郡 來信을 據혼즉 該地方에 近日怪病猩紅熱이 大熾ᄒᆞ야 三百餘戶大村에 男女死者가 七十餘名인데 該病을 初罹ᄒᆞ면 手足이 熱紅ᄒᆞ다가 一二日間에 身體가 全墨ᄒᆞ야 卽死ᄒᆞᄂᆞᆫ故로 該地警察署에셔 奔走豫防中이라더라"

36 예를 들면 다음과 같은 작품들이다.
〈192. 하레星〉(1910. 5. 14) "하레혜星 무러 보자 네가 丁寧 오랴ᄂᆞ냐 ▲ 이 世上이 다 써가도 나ᄂᆞᆫ 홀노 歡迎일다 ▲ 千古에 弱肉强食ᄒᆞ든 恨을 ᄒᆞᆫ번 풀어"
〈258. 暗초〉(1910. 8. 3) "暗초에 부듸ᄉᆞ친 배 건져 맬 길 바이 읍다 ▲ 物貨損失 만컨마ᄂᆞᆫ 人命참死 可憐ᄒᆞ다 ▲ 問노니 그 罪責 누가 擔當 艦長인가"

驚蟄 지낸, 昆虫들이, 日煖風和, 때를 만나 ▲
기여 든다, 나라 든다, 마음대로, 잘 써든다 ▲
其中에, 傷人害物 져 蛇蝎은, 살녀 무삼
- 〈144. 毒滅〉(1910. 3. 17)

風窓은 冷冷ᄒᆞ고, 雨簷은 蕭蕭ᄒᆞᆫ데 ▲
孤燈一點 짝을 지어, 泰西史 朗讀ᄒᆞ니 ▲
아마도 瑪志利 葛蘇士ᄂᆞᆫ, 千古에 大丈夫ㄴ가
- 〈34. 秋雨孤燈〉(1909. 10. 27)

11과 144는 주변의 자연 현상들을 관찰하는 데에 시국 인식을 개입시켜 작품으로 형상화한 경우다. 11은 삼각산의 우뚝 솟은 형세를 두고 동아시아 3국의 관계를 떠올리고 같은 문명권을 이루며 같은 종족의식을 지녀야만 할 이유를 서세동점(西勢東漸)의 급박한 상황 속에서 찾았다. 144는 기회를 틈타 다른 무리에 섞여 나라의 재산과 동족의 고통을 아랑곳하지 않는 친일 세력의 출현을, 봄을 맞은 곤충들의 움직임에 견주어 간파했다. 34에서는 비 내리는 가을밤, 여럿이 둘러앉아 서양 각국의 역사를 낭독하고 경청하는 풍경이 그려지는 작품이다. 이탈리아, 헝가리의 영웅을 인상 깊게 새기는 모습도 신국가의 건설을 눈앞의 과제로 둔 그들에게 그만큼 절실했기 때문일 것이다.[37]

人生의 貴重홈이, 自由밧게 어대 잇나 ▲
自由 업시 사난 것은, 사난 날이 죽난 時니 ▲

37 두 영웅은 이탈리아 건국 3걸의 한 사람인 마치니와 헝가리 애국자로, 그 무렵 이들의 위인전이 간행되었다.

비노라, 大慈大悲하신, 하나님쎄

– 〈5. 貴自由〉(1909. 9. 19)

獨立樹를 심어쩌니 二千萬丈 봄이 들어▲

文明花가 爛漫ᄒᆞ니 自由果를 매질셰라▲

祗今에 四千餘年 구든 쑤리 暴風인들

– 〈156. 獨立樹〉(1910. 4. 1)

문노라 문명아 무엇이 문명인고▲

비단 帽子 놉흔 車에 東西奔走 文明일셰▲

두어라 懸鶉百結 이 내 몸은 그 文明 실혀

– 〈212. 文明〉(1910. 6. 10)

자유, 독립, 문명 등은 시대의 변화 속에서 불가피하게 받아들여야만 했던 관념들이다. 그 매혹적인 이끌림은 지식인의 의식과 생활을 붙잡아 둘 정도로 강렬한 것이었지만, 개인의 서정 속으로 용해될 만큼 실체감 있게 다가오지는 못했던 것 같다.

『대한민보』 시조에는 자유를 제재로 삼은 작품이 여러 편 보이는데, 대체로 구체적 형상화에는 이르지 못하고 있다. 5는 자유가 무엇이며 왜 추구하는가 설명하지 않고 맹목적인 추종 의지만을 담았다. 전통적으로 부처님이 차지했어야 할 '대자대비(大慈大悲)'의 권능이 하나님에게로 옮겨 간 것이 그렇듯이, 자유의 추구도 다만 하나의 코드가 되어 버린 느낌이다. 156의 비유는 적절한 것이지만, 일상의 것으로 실감나게 다가오지는 않는다. 212에서 보듯, 만약 동시대인에게 그 나무의 꽃에 해당할 문명이라는 것이 과연 무엇이냐고 묻는다면 "비단 帽子 놉흔 車에 東西奔走"하는, 허세에 불과하다고 여기고 있기 때문이다.

壁上에, 걸닌 鍾은, 自由活動, 機輪으로 ▲
分抄 모와, 時刻되고, 時刻 모와, 晝夜로다 ▲
우리도, 須臾不息 進步ᄒᆞ야, 使鳴國家
– 〈154. 自鳴鐘〉(1910. 3. 30)

飛行車 잡아 타고, 東西大洲 굽어 보니 ▲
文明發達 假장이오, 道德觀念 掃地로다 ▲
차랄히, 이 世上 謝絶ᄒᆞ고, 天國視察
– 〈14. 飛行視察〉(1909. 10. 1)

秘苑에 夏日長ᄒᆞᆫ데 動植物을 觀覽ᄒᆞ니 ▲
池臺鳥獸 四時花草 與民共樂 氣像이라 ▲
엇지타 鐵網中에 져 猛虎ᄂᆞᆫ 臥失自由
– 〈206. 秘苑〉(1910. 5. 31)

154에서는, 20세기 초입 지식인의 눈에 자명종은 마치 시간이라는 추상적 개념을 차곡차곡 모았다가 길게 붙여 쓸 수도 있게 할 만한 신기한 기계로 비친다. 그것은 자유 활동을 보장해 주는 것이기도 해서, 나라를 위해 쓸 시간을 갖지 못한 것은 시계를 갖지 못했기 때문이라는 역설이 이쯤 되면 가능할 수 있었겠다.[38] 새처럼 하늘을 날며 자유로이 세상을 내려다보는 것은 황홀한 상상의 영역이었다. 비행기가 등장해 상상이 현실로 되자, 한눈에 들어온 세상은 '차라리' 사절하고 싶은 혼돈의 공간이라는 인식이 14에 드러나 있다. 206은 여름 한낮 비원

38 같은 소재를 다룬 작품이 더 있다. 〈9. 自鳴鐘〉(1909. 9. 24) "床 우에 노인 坐鐘, 가ᄂᆞᆫ 소래 忽忽ᄒᆞ다 ▲ 한 點 두 點 날이 새니, 人生事業 얼마인가 ▲ 알니라, 神聖ᄒᆞᆫ 우리 同胞네덜, 國家報答"

을 배경으로 하고 있다. 동식물의 관람장으로 변한 비원에서의 풍경도, 낯설지만 유쾌한 것은 아니다. 창창한 햇볕 아래 나들이에서 철망 속의 호랑이가 실의에 찬 모습으로 시적 자아의 눈에 들어온 것이 우연한 일만은 아니었을 것이다.

## 2) 고시조의 활용과 전통적 소재의 변용

신문을 매체로 한 시조는 그 창작과 향유 과정이 철저히 분리된, 이전과 전혀 이질적인 소통 구조를 상정한 것이었다. 대중의 반응을 재흡수해 창작의 원천으로 삼을 만한 구조가 얼마큼 갖추어져 있었는가는 추적할 길이 없다. 작자 표기나 내용으로 판단컨대, 『대한민보』의 경우 마지막까지 독자 투고에 의한 창작 사례는 없었던 것 같다. 이처럼 낯선 소통 환경을 염두에 둘 때 창작자와 수용자 사이에 손쉽게 공유할 만한 이해의 영역을 마련하는 방식은 무엇이었을까. 널리 회자되어 온 고시조를 적극 활용하는 것이 그 하나였을 것이다. 전래된 문구에다 새로운 표현을 보태어 흥미롭고 긴장되게 하는 것은 시조 특유의 수법이기도 한데, 애국계몽기처럼 의식과 소통 양면에서 강력한 변화를 만날 때 그 모색은 어떤 결과를 가져왔던 것일까.

계몽기 시조에서 고시조를 활용했다는 점은 몇 차례 지적된 바 있는데, 단순히 현상을 지적하는 데 그치거나 기존 시상과 표현을 답습한 정도로 해석의 방향이 본고의 입장과는 차이를 보인다. 시조 작법 면에서 전통 시조를 활용하거나 변용한 경우 그 경향과 정도를 세분화해 고찰할 때, 첫째, 원 시조를 그대로 가져와 의식 면의 공명을 유도하는 경우, 둘째, 고시조의 한 행 또는 일부 어구를 빌려 와 적극적 변용을 거치는 경우, 셋째, '술', '백발' 등 전통적인 소재만을 빌려 올 뿐 구체적 내용과 시상 전개는 당대 인식을 구체화하고 있는 경우 등으로 구분이 가능하다.

먼저 원 시조를 그대로 가져온 경우다.

空山이 寂寞ᄒᆞᆫ대 홀로 우ᄂᆞᆫ 저 杜鵑아 ▲
蜀國의 興亡事가 네게 무삼 關係완대 ▲
至今에 聲聲啼血 슬피 우러 남의 애를
– 〈167. 杜鵑〉[39](1910. 4. 14)

天地도 檀箕ㅅ적 天地 日月도 檀箕ㅅ적 日月 ▲
天地日月이 古今에 檀箕로대 ▲
엇지타 山河와 人事ᄂᆞᆫ 날노 달나
– 〈230. 傷心〉[40](1910. 7. 1)

위의 두 시조는 주로 종장의 일부 어휘만 시대 인식에 맞도록 교체했을 뿐 원 시조를 그대로 가져왔다. 이것을 창작 시조란에 제목을 달아 올릴 수 있었던 것은 정황의 유사성이 그만큼 인정되었던 까닭이다. 촉국의 흥망사를 피 끓여 울어 대는 두견과, 의구한 자연과 대조적으로 공간과 사람은 하루가 다르게 변해만 간다는 설정은 달리 표현해 낼 여지가 없다.

菊花야 너ᄂᆞᆫ 어이, 桃李春風 다 보내고 ▲
落木寒天 홀로 피여, 晩節香을 자랑나냐 ▲

---

39 이 시조와 같은 고시조는 다음 작품이다. #작품번호는 심재완 편저, 『역대시조전서』(세종문화사, 1972)의 것이다.
#263. "空山이 寂寞ᄒᆞᆫ되 슬피 우ᄂᆞᆫ 져 杜鵑아/ 蜀國興亡이 어제 오날 아니여든/ 至今에 피나게 울어 ᄂᆞᆷ의 의를 ᄭᅳᆫᄂᆞ니"

40 #2800. "天地도 唐虞ᄶᅧᆨ 天地 日月도 唐虞ᄶᅧᆨ 日月/ 天地日月이 古今에 唐虞ㅣ로다/ 엇더타 世上人事ᄂᆞᆫ 나놀이 달나 가ᄂᆞᆫ고"

우리도, 山林處士 同情키로, 너를 사랑

– 〈30. 晩節香〉[41](1909. 10. 22)

우러셔 나는 눈물 우흐로 솟지 말고▲

九曲肝腸 깁흔 속에 졈졈이 흘너드러▲

타는 듯이 胸中憂國熱을 눅여 볼가

– 〈225. 英雄淚〉[42](1910. 6. 25)

지사(志士)와 충신(忠臣)의 심정을 담은 고시조는 애국계몽기의 지사들에게 충분히 공명을 얻을 만한 것이었다. 뒤늦게 피어 오래도록 고유한 향을 이어 가는 국화의 그윽한 속성과, 외부로 감정을 드러내지 않고 내부로 침잠해 섣부른 결과를 자초하지 않으려는 의지적 표현은, 변용된 시조에서도 서정과 의식이 잘 조화를 이룬다. 행동과 실천을 요구받던 계몽적 지식인들이 착목한 이러한 서정의 세계가 무기력이나 나약함으로 해석될 수는 없다. 그에게 서정은 곧 힘이며 의지의 뿌리였다.

다음으로, 고시조의 한 행 또는 일부 어구를 빌려 오거나, 흔히 사용되는 소재를 활용한 경우다. 이들 시조들은 앞선 경우보다는 훨씬 적극적 변용을 이룩한다. 부분적 유사성 때문에 고시조의 관습적 분위기를 형성할 만하지만, 곧잘 주제 혹은 상황적 변주로써 예상을 뒤집곤 한다.

다음 시조를 보자.

---

41 #312. "菊花야 너는 어니 三月東風 다 보니고/ 落木寒天에 네 홀노 픠엿는다/ 아마도 傲霜高節은 너뿐인가 ᄒᆞ노라"

42 #2178. "우러셔 나는 눈물 우흐로 솟지 말고/ 九回肝腸에 속으로 흘너드러/ 님 글여 다ᄐᆞ는 肝腸을 눅여 볼ㄱ가 ᄒᆞ노라"

草당에 깁히 든 잠 鶴의 소래 놀나 깨여 ▲
東窓을 열쩌리니 滿山風雪 紛紛ᄒᆞ다 ▲
童子야 壁上琴 줄 골나라 숨은 英雄
– 〈105. 風入松〉 (1910. 1. 28)

草堂에 깁히 든 좀을 새 소릐에 놀나 씨니
梅花雨 긴 가지의 夕陽이 거의로다
아희야 낙딕 닉여라 고기잡이 져무럿다
– #2924

위의 것은 『대한민보』의 시조이고 아래 것은 관련 고시조다. 두 시에서 첫 행의 상황 설정은 유사하지만 중장에서 직면한 현실은 전혀 달라진다. 가지를 비추며 느지막이 저물어 가는 석양의 평화로운 정경과, 온 산이 눈바람에 갇혀 한 걸음 발을 내디딜 수도 없는 막막한 상황은 완전 대조를 이룬다. 고기잡이에 늦을까 재촉하는 고시조의 화자와, 낚싯대 대신 거문고 줄을 고르면서 미래를 대비해야 하는 105의 화자 사이에는 그만큼이나 먼 거리가 있다. 105만을 감상할 때는 자칫 풍류적 은둔처럼 해석될 수 있지만, 고시조와 대비해 보면 그런 여지는 완전히 제거될 수밖에 없다.

마지막으로, 전통 소재만을 가져와 전혀 다른 주제로 변모하는 경우다.

九秋가 느져 가니, 志士劒懷 難定이라 ▲
黃花開盡 更無花 ㄴ데, 아니 醉코 무엇ᄒᆞ리 ▲
童子야, 天下知己 다 불너라, 痛飮一哭ᄒᆞ게
– 〈43. 痛飮一哭〉 (1909. 11. 7)

술아, 네 그르니라, 네 일홈이, 忘憂物로 ▲

醉裏眉 찬, 萬國愁는, 넨들, 어이, 消却ᄒᆞ리 ▲

진실노, 國憂를 이질찐대 一日百盃

– 〈130. 忘憂物〉(1910. 3. 1)

두 시조 모두 '술'을 소재로 삼았다. 『대한민보』 시조에 술 노래가 자주 등장하는 것은 사실이다. 그 대부분에서 술은 취흥과 탐닉을 이끄는 수단이 아니다. 지사의 뜻을 이루기 어려운 현실 앞에 통곡하며 마시는 잔이요, 온갖 나라 근심을 사그라지게 할 도리가 없기에 고민하도록 하는 물건이다. 나라에 대한 근심을 잊게 한다면 하루 백 잔이라도 받겠다는 비장한 언사는 43처럼 통곡에 다름 아니다. 물론 술을 읊은 시조 가운데, 단순한 취흥으로의 도피와 탐닉으로 보이거나[43] 완전히 방향성을 잃고 표류하는 것으로 보이는 작품이 있지만 전체 경향으로 볼 때 중심이라고 하기는 어렵다.

歲月은 如流ᄒᆞ고, 靑春은, 不再來라 ▲

國家事를, 다 못하야 빈邊霜雪, 무삼 일고 ▲

白髮아, 네 짐작ᄒᆞ야, 志士頭上에는

– 〈143. 白髮歎〉(1910. 3. 16)

백발을 탄식하는 내용 또한 인생무상을 주제로 삼는 시조에서 자주 등장하는 것 가운데 하나다. 첫 행의 인식은 보편적 심상에 닿아 있으나, 시간의 급박함을 절감하는 위치에 선 우국지사에게 백발의 의미

---

43 〈161. 問酒家〉 같은 작품이 이에 해당한다.
"淸明時節 雨紛紛ᄒᆞᆫ데 寒食東風 陽樹斜라 ▲ 夕陽ᄎᆞ笛 牛背上에, 兩兩歸來 這 牧童아 ▲ 問노라, 壓酒晩客店 어대매뇨, 杏花深處"

는 다르게 다가온다. 탄식할 것은 세월의 덧없음이 아니라 시간 없음 자체인 것이다. 마침내 백발에게 사정하는 제3행의 설정은 그래서 처연한 웃음을 자아내게 한다.[44]

### 3) 공감 유도의 표현과 문체의 다양성

계몽기의 시대 의식을 바탕으로 하면서도 그 속에 처한 개인의 내면적 깊이를 잘 형상화한 작품들도 신문 수록 시조의 수용자층을 견인하는 데 기여한다. 신문을 발표 매체로 삼고 있더라도 문학 양식으로 선택되었다면 선동적 구호나 이념의 표백만으로 독자층의 기대를 만족시키기는 어렵지 않았을까. 그런 점에서 『대한민보』 시조의 서정성은 긍정적으로 조명될 필요가 있다.

萬樹에 雨初歇ᄒᆞ니 涼風 쏘차 우ᄂᆞᆫ 매암 ▲
汚穢中에 脫穀ᄒᆞ고 地上仙이 되얏구나 ▲
하물며 거한 곳이 놉고 놉기로 소래 멀니
– 〈249. 蟬〉(1910. 7. 23)

임 그려 싸인 懷抱 가삼 속에 病이 맷쳐 ▲
울자ᄒᆞ니 남이 웃고 말하자니 내 ㅣ 괴롭도다 ▲
차라리 吟風咏月 閑談說話로 그럭저럭
– 〈254. 懷人〉(1910. 7. 29)

44 같은 소재, 유사한 설정의 작품으로 다음과 같은 것이 있다.
〈201. 白髮〉 "白髮아 無情ᄒᆞ다 너도 世間 公道로셔 ▲ 高堂明鏡 衰ᄒᆞᆫ 얼골 千莖雪이 흔날닌다 ▲ 슬푸다 萬古志士 未盡恨이 일로 좃차"

만나거든 離別 말고 離別커던 생각 말자▲
만날 때에 구든 言約 一朝離別 되단말가▲
丁寧코 오날날 이 離別이 他日相思
– 〈269. 送別〉(1910. 8. 16)

249에서 비 온 뒤 높은 나뭇가지에 앉아 울고 있는 매미는 시인의 정신적 이미저리에 해당한다. 길고 오랜 고통의 순간을 견디고 신선처럼 오른 매미에게 투사해 시인은 스스로 처한 낮은 곳 현실과의 대면을 잠시 거둔다. 바람을 타고 멀리 날아갈 매미 울음소리에 목을 빼는 순간은 현실 속이면서 현실 밖에 있다.

254와 269는 겉으로 보면 통속적인 남녀 이별의 심정을 감상적으로 토로하고 있는 것 같다. 두 시조의 목소리가 좀 더 달리 다가오는 것은 254의 제2행과 269의 제3행 때문이다. 오로지 상대의 반응과 스스로의 내면적 고통에 사로잡혀 있어야 할 그 절박한 순간에, 울음조차 남을 의식해야 하는 것은 어떤 상황일까. 또 제1행에서 이별을 바라진 않았지만 이별한다면 다신 생각 않겠노라고 거듭 다짐하던 269의 화자는 왜 오늘의 이별로 인해 훗날 상사(相思)에 사로잡히리라는 것을 예감하는 것일까.

이 시조들은 『대한민보』 폐간 직전에 발표되었다. 복잡하게 진행되어 오던 신문사 내부 갈등이 첨예화되고 이후의 실천 방향을 설정하지 못한 채 흩어지게 된 내부인의 목소리가 그곳에 있다. 조직의 변질과 붕괴 과정이 개인의 이념적 긴장을 와해시키고 무력화하는 정황이 배경이라면 이 목소리 또한 생생한 이 시기 계몽가들의 현실 노래가 아닌가. 만약 이 서정시의 시적 형상화가 긍정할 만한 수준이라면, 이들은 그 자체로 문학사에 존재할 가치를 갖는다. 개화기 시가가 '어떤' 것이어야 하는가(혹은 우리가 '무엇'만을 연구해야 하는가)를 전제하지 않고 이 시대와 조우할 때 그 소용돌이의 시기는 훨씬 복잡하고 절박한 목소리를 우리에게 남긴다.

『대한민보』의 시조에서 수용자와의 친화를 염두에 두고 공감을 끌어내고자 하는 표현 방식들은 다음 작품들 속에서 찾을 수 있다.

秋天이 漠漠훈데, 홀로 가는 져 기럭아 ▲
萬里海外 임 계신 곳, 이 내 消息 傳ᄒᆞ여라 ▲
至今에, 日暮道更遠ᄒᆞ니, 어셔 向程
– 〈15. 秋天一雁〉(1909. 10. 2)

太白山아 말 무러보자, 古今歷史 네 알리라 ▲
檀祖以來 四千年에, 半島主人 그 누군가 ▲
아마도, 獨一無二훈, 神聖韓族
– 〈33. 獨一無二〉(1909. 10. 26)

朝鮮魂아 잘 잇난냐, 四千年 널 길넛지 ▲
匹夫의 먹은 마음, 天子라도 못 앗거던 ▲
하믈며, 二千萬 굿은 精神, 누가 敢히
– 〈48. 魂兮魂兮〉(1909. 11. 13)

15는 종래 흔히 사설시조에서 임 계신 곳에 가서 자신의 소식을 전해 달라고 기러기에게 부탁하는 모티프를 변용했다.[45] 복잡한 심정을 번다하게 나열하는 대신 할 말만 간결하게 내세워 분위기를 달리한

45 #405. "기러기 외기러기 너 가는 길히로다/ 漢陽城臺에 가셔 저근덧 머무러 웨웨쳐 부듸 훈 말 傳ᄒᆞ여 쥬렴/ 우리도 밧비 가는 길히니 傳홀동 말동 ᄒᆞ여라"
#2893. "靑天에 뗏는 기러기 훈 雙 漢陽城臺에 잠간 들러 쉬여 갈다/ 이리로셔 져리로 갈 제 내 消息 들어다가 님의게 傳ᄒᆞ고 져리로셔 이리로 올 제 님의 消息 드러 내손듸 부듸 들러 傳ᄒᆞ여 주렴/ 우리도 님 보라 밧비 가는 길히니 傳홀동 말동 ᄒᆞ여라"

점이 인정된다. 형식의 변모와 분위기의 문제보다 더욱 중요한 것은 그 대상이 해외 만 리에 나가 있는 임이라는 사실이다. 시간은 지나고 회복의 기운은 멀기만 한 국내의 정황을 나라 밖 지사에게 알리고 싶은 심정은 누구에게나 공감할 만한 것이다. 그러므로 여기서 기러기는 개인적 서정의 상관물이 아닌 집단 감정의 전달자가 되고, 이 시조는 복수의 목소리를 지니게 되는 것이다.

33은 한반도의 주인은 한민족이라는 너무나 명백한 사실을 훼손당한 어처구니없는 현실 앞에서 다른 대상에게 호소하듯 묻는 기법을 사용했다. 태백산은 불변의 상징물이기에 불변의 사실을 증명할 만한 존재가 된 것이다. '~아 물어보자'라는 말 건네기 방식은, 답답한 심정을 풀고 사실을 확인하며 공감이 필요한 자리에 적절한 표현 기법이다. 『대한민보』 시조에서 이 표현은 특징적이라 할 만큼 자주 등장하는데, 대상도 산, 술, 송백(松柏), 철추(鐵椎) 등으로 다양하다. 33이 정의와 불변의 고정물을 향한 문답이라면 48의 대상은 잡히지 않는 관념적 실체인 조선혼이다. 이 대상은 고정된 것이 아니라 움직이는 것이며, 나를 확인해 주는 대상이 아니라 우리가 길러야 할 무엇이다. 사천 년 동안 이천만이 고이 길러 왔다는 것이 훼손이 불가한 이유가 된다. 확인보다는 다짐 쪽에 가까운 전언은 시조로 태어남으로써 보다 유연하게 전달될 수 있었다.

한편 『대한민보』 시조의 문체 또한 시조 수용자층, 넓게는 신문 독자층과 관련하여 논의해 볼 만하다. 이 시조들의 문체는 국한문체(國漢文體)가 대부분이라 할 것이지만, 실제 표기된 것을 보면 완전히 한문이 위주가 된 것에서부터, 국문과 한문이 비슷하게 나타나는 경우 통사적 구조까지 순국문체에 가까운 국문표기체에 이르기까지 차이가 크다.

祝願人間生子人ᄒᆞ노니, 誓勿生賣國奴ᄒᆞ라▲
且將寄語賣國奴ᄒᆞ노니, 勿復生如爾子ᄒᆞ라▲

痛矣乎 雖以天地生生之好德으로 爾種은, 不遺

–〈123. 痛罵〉(1910. 2. 20)

내가 남을 陰害ᄒᆞ면 남도 나를 그와 갓치▲
外面으로 和好ᄒᆞ나 靈臺에ᄂᆞᆫ 難欺로다▲
엇지타 假장平和로 勸人信

–〈178. 勸人信〉(1910. 4. 27)

세상ᄉᆞ 생각ᄒᆞ면 죽어 모름 뎨일이나▲
동포 환란 여젼홀 쌜 나 죽은들 소용 잇나▲
암케나 흥망간에 우리ᄂᆞᆫ 갓치 고락

–〈180. 갓치 고락〉(1910. 4. 29)

나 젼에 나 업거니 나 후에 나 잇슬가▲
하나쁜 이 내 몸이 쳔년 살며 만년 사나▲
진실노 쳔만년 못 살진대 流芳百世

–〈183. 流芳百世〉(1910. 5. 3)

실제 시조 작품을 보면, 178처럼 주요 개념어를 한문으로 쓰고 나머지는 국문으로 표기하며 고어 투의 문어체를 사용한 것이 가장 많다. 『대한매일신보』와 달리 『대한민보』 시조들에서 순국문으로 된 제목이 거의 발견되지 않는다는 점에서도 짐작할 수 있듯, 180과 183의 경우처럼 우리말 통사 구조를 갖추고 순국문을 활용한 예는 아주 드물다. 이처럼 『대한민보』 시조의 특징적인 한주국종체(漢主國從體)에 대해 언급한 선행 논의에서는 그 이유를 순국문체보다 더 많은 정보 전달이 가능한 점에서만 찾았는데,[46] 이 문제는 더 깊은 고찰이 필요하다.

당시 통용되고 있던 우리글의 문체는 순한문(純漢文), 국문현토식

국한문(國文懸吐式國漢文), 훈독식국한문(訓讀式國漢文), 순국문(純國文)으로 나뉘어 있었고, 글의 성격에 따라 독자를 고려하여 선택적으로 사용되었다. 특히 언어의 상대적 자립성을 강조했던 개화기 지식인들의 글, 개화사상과 관련한 글에는 한자가 주이고 국자는 부속되는 국문현토식국한문이 채택되었던 것이 일반적이었다.[47] 전래 국문가집들에서는 으레 국한문체를 썼으며, 개화기에는 국한문체의 효용성을 한자 지식층조차 표방했으니[48] 신문 시조가 그것을 인식한 것은 당연한 결과다. 문제는 이른바 국한문체라고 통용되는 이 문체가 시조들에서 보듯이 작품마다 한자 사용 정도에서 상당한 차이를 보인다는 점이다. 문체의 선택은 시조 수용자층과 직결되는 것으로서, 소통의 가능성을 결정하는 중요한 요인이다. 요컨대 전고의 사용 정도, 한자 비중이 서로 다른 것을 근거로 하면 『대한민보』 시조가 예상했던 수용자층은 어느 정도 한자 지식을 갖춘 계층이었으며 적어도 이를 매개로 한 계층이라고 볼 수 있다.[49]

이상에서 살핀바 『대한민보』 시조가 신문 시조로서의 특성을 지니면서 내용 면에서 수용자층과 공감할 수 있는 방식을 모색해 나간 양상을 고찰했다. 이러한 모색의 과정은 급변하는 외부와 내부의 환경을

---

46 김재훈, 앞의 논문, 23-25쪽.

47 이병근, 「兪吉濬의 어문사용과 『西遊見聞』」, 『진단학보』 89, 진단학회, 2000, 312-315쪽.

48 임형택, 「근대계몽기 국한문체의 발전과 한문의 위상」, 『한국문학사의 논리와 체계』, 창작과비평사, 2002, 401-405쪽.

49 문체 문제를 통해, 같은 시기 『만세보』에 실린 일련의 고시조(1906. 8. 18~1907. 1. 1까지 총 111수 수록)가 누구를 대상으로, 어떤 목적을 위해 활용되었는지 생각해 보는 것도 시조의 유통과 관련해 의미가 있다. 이 신문은 주지하듯이 이인직의 신소설 〈혈의 누〉를 연재하면서 국문에 한문을 얹은 훈독식국한문을 써서 국문만 알면 이해가 가능하도록 배려하고 있다. 그런 점에서 보면 고시조의 연재도 그들을 위한 일종의 교양물로서 활용할 의도를 지녔던 것으로 이해할 수 있지 않나 한다.

조율하면서 대중을 설득하는 방법이었다. 이제 이러한 결과가 이들 시조가 지닌 형식상의 특성과는 어떻게 연결되는지 살필 차례다. 다음 장에서는 이 시기 시조들에 관한 기왕의 논의에서 특히 관심의 초점이 되어 온 종장의 형식 문제를 집중적으로 세밀하게 파고들어 밝힘으로써 그러한 의문에 답하고자 한다.

## 4. 종장의 형식 변화와 기능

『대한민보』는 대부분의 기사와 논설을 2면 이하에 싣고 1면에는 삽화, 소설, 한시, 시조 등 각종 문예물을 배치하고 있어 지면 구성에서 여타 일간지들과 다른 성격을 띤다. 가사를 비롯한 다른 국문시가는 싣지 않고, 시조만을 수록하기 위한 「歌謠」란을 마련해 매호 거의 빠짐없이 작품을 싣고 있는 점에서 시조 작품들에 대한 특별한 배려를 엿볼 수 있다.[50] 이 같은 『대한민보』의 특성은 수록 시조들의 성격에도 영향을 주었을 것인데, 『대한민보』에 시조가 실린 형식을 보자.

(가) ☯ 獨一無二

太白山아말무러보자,古今歷史네알리라▲

檀祖以來四千年에,半島主人그누군가▲

아마도,獨一無二혼,神聖韓族

– 1909. 10. 26

---

50 정기철, 앞의 논문. 『대한매일신보』 시조가 실린 「詞藻」란은 한시를 게재해 오던 난으로, 본격적으로 시조를 싣기 시작한 후에도 시조 대신 가사나 창가를 싣기도 하고 기사가 넘치는 경우 「사조」란 자체가 누락되는 호도 있어서 월별 수록 작품 수는 『대한민보』보다 훨씬 적다. 『대한민보』의 지면 구성 및 『대한매일신보』와 대비한 시조 게재 면의 특성은 김승우, 앞의 논문, 192-193쪽에 자세하다.

(나) ☯ 風入松

草당에깁히든잠鶴의소래놀나깨여 ▲

東窓을열쩌리니滿山風雪紛紛ᄒᆞ다 ▲

童子야壁上琴줄골나라숨은英雄

- 1910. 1. 28

(다) ☯ 祈雨

볏흔불갓치쬐고짬은비오듯ᄒᆞᆫ다 ▲

山田水田다말오고五穀百穀싹이탄다 ▲

비나니上天은數千里의大雨를쥬사萬民蘇生

- 1910. 6. 1

제목 아래 작품을 배열하되 삼 장 구분과 각 장 내 음보 구분을 ▲ 및 구두점을 써서 했다. 초, 중장의 형식은 고시조 일반과 다를 바가 없지만 종장은 작품에 따라 일반 평시조와 많이 달라졌다. 모두 종장 말음보가 생략된 형태로, (가)는 3·5·4의 시조 일반의 음수율을 보이며 (나)는 3·7(8)·4로 분절되는 확장형으로 신문 수록 시조 작품 중 가장 많은 비율을 차지한다. (다)의 종장은 음보의 추가 변형을 보이는데, 생략된 말음보를 제외하고도 종장 전체가 5음보 혹은 6음보로 이루어진 형으로 신문 수록 작품 중 소수지만 특징적 유형이다.

일반적으로 지적되어 온 계몽기 시조 작품들의 형식적 특징은 다음과 같다. i)내용을 함축한 제목 명기, ii)삼 장 구분 및 각 장 내 음보 표시를 위한 문장 부호 사용, iii)종장 둘째 음보의 음절 수 변화와 이로 인한 종장 전체 음수율의 변화, iv)종장의 마지막 음보 생략 등이다. iii)을 부연 설명하면, 둘째 음보가 원래의 5~7음절 대신 축소 또는 확장해 4음절 내지 그의 중첩 형태로 나타나고 이것이 첫 음보의 4음절화까지 유도함으로써 결국 종장 전체가 4음4보격으로 변형되는 사례를 일컫는다. 『대한민보』 시조들을 일별할 때 위 i)과 ii)에 해당하는 전반적 특성은 공통적이다. 문제는 형태 변화의 핵심인 종장의 구체적 모습을 살피는 일이다.

종장의 부분적 특성 혹은 전체 구성 방식에 대하여 절을 달리해 살펴보기로 하자. 작품 분석은, 전체 274수 중 사설시조 10수 및 본문의 일부 혹은 전체가 삭제된 2수를 제외하고 262수를 대상으로 했다.

### 1) 종장 첫 음보의 성격: 관습적 표현 사용과 3음절어 유지

시조 종장의 제1음보가 작품 전체에서 시상의 전환을 이루는 중요한 구실을 담당함은 널리 알려진 사실이다. 그것이 감탄적 어사를 동반한 것이든, 의미론적 차원에서만 이루어지는 것이든 제1음보의 율격 특징이 작품 내적 전환을 가능하게 하면서 효과적이도록 하는 음성 구조로 작용[51]함은 분명하다. 『대한민보』 소재 시조들 역시 종장 제1음보에서 대체로 3음절어[52]인 감탄적 어사와 비감탄적 어사가 비슷한 정도로 실현되고 있다.

또 고시조에서와 같은 관습적 표현들도 자주 활용되는데, 다만 그 빈도 면에서는 계몽기 시조의 특징적인 점이 드러난다. 일반적인 평시조의 종결 유형을 보면 '아마도'가 압도적으로 많고, '두어라'와 '우리도'가 그다음을 차지하며, '엇더타'·'아희야', 그리고 '지금에'·'진실로' 순[53]이다. 반면, 『대한민보』 평시조에서는 '지금에'(34수), '아마도'(30수)

51 김흥규, 「평시조 종장의 律格·統辭的 定型과 그 기능」, 『욕망과 형식의 詩學』, 태학사, 1999, 71쪽.

52 3음절어가 아닌 경우는 '아묘죠록', '抑何心情으로', '우리 聖上', '비나이다', '타는 듯이', '어긔어차' 등 6수뿐이다.

53 이는 『역대시조전서』(심재완 편저, 1972)의 시조 3,335수를 분석한 논의에서 밝힌 것이다. 이에 따르면 100회 이상 실현된 관습적 표현은 '아마도' 450회, '두어라' 195회,

가 특별히 많은 수를 차지하고,[54] '원컨대'(18수), '우리도'(16수), '두어라'(16수)도 흔하며, '엇지타'(13수), '진실로'(13수) 등이 그다음이다. 계몽기 신문 시조들이 애국, 계몽, 비판과 저항 등을 주제로 하면서 시사성을 반영한 점은 지적되어 온 바로, '지금에'라는 표현의 증가 현상은 당대 문제에 대한 이 같은 관심의 결과로 이해된다.

그런데 시조 종결에서 화자는 자신의 발화를 통해 어떤 태도를 드러내며, 이는 특히 종장 첫 음보의 공식적 표현과 결합된 통사 구조 내에서 구체적으로 드러난다.[55] 『대한민보』 시조는 『대한매일신보』의 경우와 달리, 모든 작품을 신문 집필진이 창작의 주체, 곧 시적 화자가 되어 일반 대중을 상대로 발화한 것으로 추정된다. 따라서 『대한민보』 시조의 종장 제1음보의 유형을 통해 신문 시조의 생산 의도를 읽어 낼 수 있을 것이다.

시조 종결에서 가장 많이 등장하는 공식적 표현인 '아마도'는 『대한민보』 시조에서도 흔히 보인다. 독립된 부사로서 '아마도'는 추측, 단정의 회피라는 성격을 지니지만, 시조에서는 이하 발화의 명제를 주관적 태도로 드러내는 구실을 한다. 즉, '진실로'가 이끄는 종장의 발화 성격과 유사한 성격을 지니는 것이다.

> 돈아 너는 어이, 愛國志士 몰나보고▲
> 權勢家의 奴隷되야, 助桀爲虐 ᄒᆞ단 말가▲
> 아마도, 오날날 요 貌樣은 네 탓인 듯
> –〈靑錢神〉(1909. 11. 28)

---

'우리도' 176회, '엇더타' 155회, '아희야' 150회, '지금에' 130회, '진실로' 123회, '어즈버' 100회 등이다. 최재남, 「시조 종결의 발화상황과 화자의 태도」, 『고전문학연구』 4, 한국고전문학회, 1988.

54 전체 작품에서 차지하는 비중은 각각 12.97%, 11.45%다.

55 최재남(1988)은 시조 종결의 발화 상황에 따른 화자의 태도를 '정감적 태도', '환기적 태도', '평가적 태도', '선언적 태도'의 네 유형으로 나누어 설명했다.

술아, 네 그르니라, 네 일홈이, 忘憂物로 ▲
醉裏眉 찬, 萬國愁는, 넨들, 어이, 消却ᄒᆞ리 ▲
진실노, 國憂를 이질찐대 一日百盃
– 〈忘憂物〉 (1910. 3. 1)

돈과 술을 소재로 위태롭고 부조리한 당대의 정황에 대해 발화한 작품들이다. 여기서 호명을 통한 불러들이기는 상황을 환기시키는 역할을 할 뿐 화자를 향해 실제로 묻거나 문제를 해결하기 위한 장치는 아니다. 종장에서 드러난바, 현 사태는 그 원인이 돈 때문이라는 진단(〈責錢神〉)과, 무엇으로도 근심을 떨칠 수 없는 상황이라는 판단(〈忘憂物〉)이 전제되어 있는 것이다. 결국 '아마도'는 '진실로'와 마찬가지로 화자의 주관적이고 선언적인 태도를 드러내는 표현이라 할 수 있다.

『대한민보』 시조에서 화자의 선언적 태도를 드러내는 관습적 표현으로 주목할 만한 것은 '지금에'이다.

長空에 걸린 달아 만고인물 네 알이라
英雄은 그 누구며 豪傑은 누구누구
암아도 第一人物은 張子房인가 ᄒᆞ노라
– 李鼎輔

江山아 무러 보자 萬古事를 네 알니라 ▲
烈士忠臣 메ㅅ메ㅅ치며 奸奴賊子 누구누구 ▲
至今에 賣國江山 뎌 凶魁는 너도 初見
– 〈大罵〉 (1910. 1. 16)

앞의 시조는 이정보(1693-1766)의 작품으로, 『대한민보』의 〈대매(大罵)〉는 이 고시조를 변용했다. 〈대매〉의 종장 역시 원 시조처럼 화자의 단정적 확신을 드러내지만, 제1음보의 '아마도'라는 표현은 '지금에'로 바뀌었다. 동일한 화자 태도에 기반하고 있지만 시간적 현재를 나타내는 표현을 활용해 받아들이는 이가 자기의 문제로 인식하도록 한 것이다.

人蔘鹿茸이 죳타해도, 잘못 쓰면 傷命ᄒᆞ고 ▲
大黃芒硝가 毒ᄒᆞ야도, 바로 쓰면 得效로세 ▲
至今에, 華陀扁鵲 어대 가고, 庸醫덜만
– 〈庸醫〉 (1910. 3. 5)

이 작품 역시 담화의 진리치에 대한 판단에 중점을 두고 있다. 사람을 이롭게 하는 약재의 쓰임에 관한 지적 판단을 당면한 사건과 결부시키는 경우[56]라면, 종장 첫머리의 '지금에'라는 표현은 청자(독자)인 대중 일반을 시사적 관심 속으로 끌어들이는 동시에, 화자의 주관적 선언을 전파하는 데 유용하게 작용했을 법하다. 이 때문에 『대한민보』 시조들에서 '지금에'라는 공식적 표현은 평시조 일반의 경우보다 훨씬 많이 선택된 것으로 보인다. 전래의 틀에다 자기 시대의 내용을 더하여 노래를 만들어 내는 것이 '시조(時調)' 본래의 사명이니, 신문 시조는 종래의 관습적 표현을 활용해 당면한 관심사를 공론화하는 데 성공한 셈이다.

한편, 1910년 1월 5일부터 시조 발표란의 명칭이 「가요」에서 「청구신요」로 바뀌면서 작품들의 주된 정서도 변화를 보인다. 이전 시조

56 같은 날 「地方雜事」란에 실린 다음 기사가 시조 창작의 동기로 작용했으리라 추측된다. 〈●洪原怪病〉 "咸鏡南道洪原郡 來信을 據ᄒᆞᆫ즉 該地方에 近日怪病猩紅熱이 大熾ᄒᆞ야 三百餘戶大村에 男女死者가 七十餘名인데 該病을 初罹ᄒᆞ면 手足이 熱紅ᄒᆞ다가 一二日間에 身體가 全墨ᄒᆞ야 卽死ᄒᆞᄂᆞᆫ故로 該地警察署에서 奔走豫防中이라더라."

들이 대부분 국가회복 열망, 친일 세력에 대한 비판과 저항 내용을 직설적으로 드러냈다면, 이후 작품들은 상대적으로 비유적 발화나 관망적 자세를 자주 표출하고 있는 것이다. 이 점은 종장 제1음보의 관습적 표현이 다양화하면서 화자의 태도가 바뀌고 있는 데서도 확인된다.

> 문노라 문명아 무엇이 문명인고▲
> 비단 帽子 놉흔 車에 東奔西走 文明일셰▲
> 두어라 懸鶉百結 이 내 몸은 그 文明 실혀
> –〈文明〉(1910. 6. 10)

화자는 '문명'이라는 담화 지칭(지시)에 중점을 두면서도, 그 실체에 대해서는 종장 '두어라' 이후에서 부정적 자세를 드러낸다. '두어라'는 일반적으로 초·중장의 지시에 대한 긍정을 전제로 하면서 화자의 평가적 태도를 드러내는 대표적인 표현인데,[57] 〈문명(文明)〉에서는 종장에서 주관적 자세를 드러내되 초·중장의 지칭을 승인하지 않는 새로운 지향을 보여 준다.

> 壁上에, 걸닌 鍾은, 自由活動, 機輪으로▲
> 分抄 모와, 時刻되고, 時刻 모와, 晝夜로다▲
> 우리도, 須臾不息 進步ᄒᆞ야, 使鳴國家
> –〈自鳴鐘〉(1910. 3. 30)

> 秘苑에 夏日長ᄒᆞᆫ데 動植物을 觀覽ᄒᆞ니▲
> 池臺鳥獸 四時花草 與民共樂 氣像이라▲

57 윤선도의 〈오우가〉 서수(序首)가 그 예다. "내버디 몃치나ᄒᆞ니 水石과 松竹이라/ 東山의 ᄃᆞᆯ 오르니 긔 더옥 반갑고야/ 두어라 이 다ᄉᆞᆺ밧긔 또 더ᄒᆞ야 머엇ᄒᆞ리"

엇지타 鐵網中에 져 猛虎는 臥失自由

– 〈秘苑〉(1910. 5. 31)

〈자명종(自鳴鐘)〉은 '우리도'라는 관습적 표현을 써서 가상적 청자를 화자의 발화 쪽으로 불러들이는 환기적 태도를 취하고 있다. 화자가 자명종을 소재로 하여 애국불식(愛國不息)이라는 공동의 관심사를 비유적으로 발화하면서 '우리도'를 통해 청자와 연계함으로써 동반적 환기를 가져올 수 있는 것이다. '우리도' 표현은 '두어라'와 더불어 「청구신요」 이후 시조들에서 활용 빈도가 세 배 이상 증가했다.

〈비원(秘苑)〉의 화자는 관람장으로 변해 버린 비원에서 철망 속에 갇힌 호랑이를 자신과 동일시하고 있다. '엇지타' 이하는 이러한 화자의 내면적 탄식과 연결되고 있는데, 이처럼 정감적 태도를 드러내는 유형 또한 1910년 이후 후반부 작품으로 가면서 대폭 증가했다.

이상 종장 제1음보의 유형 분석 결과 『대한민보』 시조의 시적 화자는 선언적 태도를 중시하며 이를 일관되게 견지하고 있지만, 후반부로 갈수록 평가적 태도 및 환기적 태도와 정감적 태도가 상대적으로 강하게 드러남을 알 수 있다. 또 고시조 일반에서 쓰인 3음절의 관습적 표현을 그대로 활용하고 있어 『대한매일신보』 시조들의 특징으로 지적된바, 첫 음보의 4음절 확장이라는 경향성은 발견되지 않는다.

### 2) 종장 제2음보의 확장과 음보 첨가

계몽기 시조의 형식적 특징을 논할 때 두드러진 점은 종장 제2음보의 변형이다. 종장 제2음보가 4음절 또는 그 중첩 형태로 변화한다는 것이다. 또 이러한 단일한 경직화 현상을 전제로 한 채 연구자들은 계몽기 시조의 종장 형식을 두고 부정적인 평가를 내려 왔다. 곧 종장의 변화 양상은 당대의 경직된 사회의식이 고유의 시 의식보다 우세하게 작동하여 나타난 기능화 현상이며, 그 같은 변형은 시 양식의 제약을 가져와 미적 형태를 잠식하는 결과에 이르렀다고 본 것이다.[58]

최근 권순회 교수는 근대계몽기 시조들의 형태적 변형과 그 미학적 효과를 논의할 필요를 역설하면서 종장 제2음보의 확장으로 인한 율격 실현 양상을 정밀하게 탐색했다.[59] 그는 『대한매일신보』와 『대한민보』 수록 시조들의 종장 첫째 음보와 둘째 음보 뒤에 찍힌 구두점이 가창보다는 율독을 위한 의미 단위의 구분에 가깝다[60]고 보고, 이 지표에 근거해 시조 종장 둘째 음보의 음량 통계를 제시했다.[61]

| | 대한매일신보 | 대한민보* | 남훈태평가 |
|---|---|---|---|
| 4음절 | 14수(4.42%) | 4수(1.57%) | 5수(3.47%) |
| 5음절 | 34수(10.73%) | 31수(12.2%) | 50수(34.72%) |
| 6음절 | 43수(13.56%) | 33수(12.99%) | 53수(36.81%) |
| 7음절 | 74수(23.34%) | 66수(25.98%) | 28수(19.45%) |
| 8음절 | 136수(42.90%) | 103수(40.55%) | 4수(2.78%) |
| 9음절 | 14수(4.42%) | 13수(5.19%) | 3수(2.08%) |
| 10음절 | 2수(0.63%) | 4수(1.57%) | 1수(0.69%) |
| 총 | 317수 | 254수 | 144수 |

58 김영철, 앞의 책, 2004, 298-299쪽.

59 권순회, 「근대계몽기 시조의 율격적 변주 양상: 『대한매일신보』, 『대한민보』 소재 시조의 종장을 대상으로」, 『청람어문교육』 46, 청람어문교육학회, 2012.

60 예로 든 작품의 종장은 다음과 같다. "同胞들아, 貳千萬人 合心하면, 누가 감히"(「小成大」, 『대한매일신보』, 1909. 7. 22), "至今에, 乙支文德 楊萬春이, 日日誕生"(「誕英雄」, 『대한민보』, 1909. 9. 16).

61 두 신문에 수록된 작품 중 평시조의 종장을 대상으로, 11음절 이상인 것은 완전한 파격으로 보아 제외한 수치다. 권순회, 앞의 논문, 551쪽. 다만 권순회 교수는 『대한민보』 수록 시조의 경우 248수를 대상으로 하여 통계를 냈는데, 본고에서는 앞서 제시한바 『대한민보』의 평시조 작품 262수 가운데 종장 제2음보가 11음절 이상인 작품 8수(11음절 4수, 12음절 3수, 14음절 1수)를 제외하고 254수를 대상으로 작품 수와 비율을 재조정했음을 밝힌다.

계몽기 시조들의 종장 특징을 밝히기 위해 당대까지 대중적 기반을 확보하고 있던 시조창 가집 『남훈태평가』 시조들과 비교한 결과 『대한매일신보』와 『대한민보』 소재 시조들의 종장 제2음보의 음량이 전반적으로 늘어났으며 특정 음절 수의 비중이 고시조에 비해 현저히 증가했음을 확인할 수 있다. 『남훈태평가』 평시조들의 제2음보는 5음절에서 6음절 비율이 70%에 달하는 반면, 신문 소재 시조는 7음절과 8음절이 66%에 이르는 압도적 비율을 차지해 뚜렷한 대비를 이루는 것이다.[62] 이러한 현상으로부터 그는 ① 제2음보가 율격적 최대치인 8음절 정형으로 실현된 결과 제1음보와 호흡의 비대칭이 극대화되며, 그 긴장으로 주제를 집약한 3음보의 결어를 보다 강조하는 운율적 효과가 발생하고, ② 제4음보를 생략한 형태적 불안정성에서 오는 의미 공백을 보상하기 위해 제2음보 내의 내적 휴지가 음보말 휴지로 전환하면서 독립음보화하는 경향을 보이며, ③ 2음보 반행이 대칭을 이루는 완전한 4음4보격으로 율독되는 양상까지 나타난다고 진단했다. 『대한민보』 소재 시조들의 종장만을 집중적으로 검토할 때도 이와 동일한 평가를 내릴 수 있을 것인가.

일반적으로 종장 제2음보의 기준 음절 수가 다른 음보에 비해 큰 것은 두 개의 음보가 내적 휴지로 연결되어 있는 축약 형태이기 때문[63]으로 본다. 계몽기 시조들의 경우 내적 휴지에 의한 결속력이 느슨한 것이 쉽게 눈에 띈다. 『대한민보』 시조들에서도 마찬가지다.

① 엇지타 <u>**山河와 人事ᄂᆞᆫ**</u> 날노 달나

– 〈傷心〉 (1910. 7. 1)

---

62 권순회, 위의 논문, 552-553쪽.

63 조동일, 「시조의 율격과 변형 규칙」, 『한국시가의 전통과 율격』, 한길사, 1982, 67-87쪽.

② 아마도 **<u>오늘날 이 風雨ᄂᆞᆫ</u>** 客雨인가

– 〈雨〉 (1910. 7. 7)

③ 아마도, **<u>달면 삼키고 쓰면 빗ᄂᆞᆫ 것은</u>**, 天生自由

– 〈啞子自由〉 (1909. 12. 17)

이상 세 작품의 종장 제2음보는 시조의 일반적인 음보 길이 이내에서 실현될 수 있는 것을 의도적으로 확장한 경우라 하겠다. 즉, "山河人事ᄂᆞᆫ", "오늘 이 風雨ᄂᆞᆫ"으로 의미 변형 없이 바꿀 수 있고, 마지막 작품도 전체 시어 사용을 고려할 때 "甘呑苦吐ᄂᆞᆫ"으로 원래 고사를 살려 표현해도 전혀 무리가 없다. 앞의 표에서 제2음보 6음절 이상인 경우의 상당수가 이에 해당한다.

평시조의 일반적 정형 규칙에서 '첫 음보-둘째 음보' 사이 '소음보-과음보'의 불균형한 구조는 거기에 시적 긴장이 모이도록 하는 효과를 발휘한다.[64] 『대한민보』 소재 시조들에서도 제2음보의 의도적 확장으로 제1음보와 사이에 비대칭 관계가 커지고 이것이 그 뒤에 오는 제3음보를 실제보다 강조하는 운율적 효과를 낳는다. 그러나 이렇게 되는 이유가 계몽기 시조들에서 제3음보 위치에 주제를 집약한 종결어를 배치하기 때문이라는 설명은 ①~③에서 보듯이 타당하지 않다. 제3음보가 4자 한자어로서 단호한 어조의 시적 종결을 이루는 경우는 『대한매일신보』 작품보다 훨씬 적다. 운율적 효과가 의미상의 강조로 직접 연결되지는 않는다는 것이다.

그런데 제2음보가 확장되는 현상은 종장 내 다른 음보들과의 관계에 어떤 변화를 가져오는가. 먼저 『대한매일신보』 소재 시조의 종장들을 보자.

---

64 김흥규, 앞의 논문, 1999, 72-73쪽.

④ 진실노, 學徒의더責任은, 爲國思想.

– 〈學生指南〉 (1908. 12. 9)

⑤ 아마도, 그병고칠神效方法, 國民教育.

– 〈醫國訣〉 (1908. 12. 24)

원문의 구두점에 의해 형태상 3·8(7)·4로 구분되어 있지만 실제로는 자연스럽게 4·4(또는 3·4)의 형태로 율독된다.[65] 제2음보가 두 개의 음보로 존재하는 현상은 종장 내부의 관계를 흐트러지게 한다. 실질적인 둘째와 셋째 음보의 위치에 4음이 연달아 실현되면서 [제1음보+제2′ 음보//(제2″음보)+제3음보]로 제2음보가 두 개의 음보가 되는 분절이 가능해진다. 계몽기 시조가 종장 말음보를 생략한 형식을 택했음에도, 결국 종장은 3음보가 아니라 4음보로 복귀하게 되는 것이다.

권순회 교수도 이 같은 율독 가능성을 염두에 두고 종장을 분절했다.

⑥ 同胞여-/ 二千萬人// 한 몸 되여/ 爲國獻忠///

– 『대한매일신보』, 〈順天命〉 (1909. 3. 10)[66]

장음 자질까지 고려해 분절한다면 이처럼 형태적으로 4음4보격이 되어 제2음보 뒤에 중간 휴지를 설정하는 것이 자연스럽다. 이 경우 제1, 제3음보의 첫음절에 율동 강세가 실현되어야 한다는 4보격의 운율적 표징[67]이 문제로 남는데, 이 역시 "이천만인 한 몸 되여"와 "한 몸

65 권영민, 앞의 논문, 164쪽.

66 원래 신문에 수록된 형식은 "同胞여, 二千萬人 한 몸 되여, 爲國獻忠"이다.

67 성기옥, 『한국 시가율격의 이론』, 새문사, 1986, 203쪽. 예를 들면 "우리도-/ 그치지마라// 만고상청/ 호리라", "재-너머/ 사래긴밭을// 언제갈려/ 하나니" 등과 같이 나타난다.

되여 위국헌충"이 통사적으로 모두 가능하므로 "이천만인 한 몸 되어" 사이의 내적 휴지를 분할하려는 힘이 발생해 제2음보 내의 내적 휴지가 음보말 휴지로 전환[68]되는 것으로 보았다.

이렇게 제2음보가 독립음보화하여 제2음보 내부의 결속이 느슨해지는 것이 일반화할 경우 형태상으로 두 개 음보화하는 데 그치지 않고 의미상으로도 분절되는 경우까지 발생한다.

⑦ 烈士의, 굿은 節槪 것만 보고, 어이 알니.

– 『대한매일신보』, 〈難知〉 (1909. 12. 3)

⑧ 아마도, 쓰러진 집, 支撑키는, 志士 밧게

– 『대한민보』, 〈憂世〉 (1910. 2. 19)

⑦은 제2′음보와 제2″음보가 각각 제1음보와 제3음보와 결합하여 2음보 반행의 대칭적 균형을 이루고 있다. 이렇게 되면 "烈士의-/ 굿은 節槪// 것만 보고/ 어이 알니///"와 같이 보다 완전한 형태의 4음4보격을 실현하게 되어, 종장 말음보의 생략으로 인한 율격적 공백은 물론 의미 공백 또한 사라지게 되는 것이다.

반면, ⑧은 원문에서 구두점을 써서 음보 구분을 해놓았음에도 불구하고 의미상 '쓰러진 집 支撑키는'을 분리해 "아마도-/쓰러진 집//"과 "支撑키는/志士 밧게///"로 분절할 수 없다. 『대한민보』 시조들에서는 ⑦과 같이 2음보 반행을 중첩한 종장 형태가 거의 보이지 않으며, ⑧도 겉으로 4음4보격을 실현한 것처럼 보이지만 말미의 음보 생략으로 인한 의미상의 결여는 그대로 남게 된다.[69]

---

68 권순회, 앞의 논문, 558–559쪽.

69 다음 사례를 통해 『대한민보』 시조 종장의 이 같은 특성을 확인할 수 있다.
"차랄히,이世上謝絶ᄒᆞ고,天國視察

이상에서 살핀바 『대한민보』 소재 시조들에서는 제2음보의 확장과 의도적 2음보화 현상에도 불구하고 이들이 종장 내 다른 음보들과의 관계에 직접적인 영향을 끼치지 않음을 확인할 수 있다.

### 3) 종장 구성 방식 특성: 어순도치와 종결부의 성격

계몽기 신문 시조들의 종장 구성 방식에서 어순의 도치가 종종 보이는 점도 특징적이다. 일상 어법에서와 같이 시에서 어순의 파괴는 강조 효과를 위해 흔히 사용되며, 도치 기법은 신문 시조들에서 독자로 하여금 주의를 환기하고 관심을 유발[70]하는 기능을 한다고 지적되어 왔다.

『대한민보』 시조 종장들에서 볼 수 있는 어순도치 현상도 이러한 기능과 관련이 있다.

⑨ 鑑ᄒᆞ라, 波埃印越의, 져 전철을

– 〈靑年〉 (1910. 3. 20)

⑩ 불너라 우리 農夫 移앙歌 太平調로

– 〈移앙〉 (1910. 6. 21)

⑪ 童子야, 天下知己 다 불너라, 痛飮一哭ᄒᆞ게

– 〈痛飮一哭〉 (1909. 11. 7)

⑫ 至今에, 그 말 잡아타고, 그곳 가셰

– 〈千里馬〉 (1909. 10. 20)

---

차랄히-/이-世上謝絶ᄒᆞ고//天國視察/ ----///" – 〈飛行視察〉(1909. 10. 1)
"至今에,華陀扁鵲어대가고,庸醫덜만
至今에-/華陀扁鵲어대가고//庸醫덜만/----/// – 〈庸醫〉(1910. 3. 5)
"우리도,山林處士同情키로,너를사랑
우리도-/山林處士同情키로//너를사랑/----///" – 〈晩節香〉(1909. 10. 22)

70 고은지, 앞의 논문, 56쪽.

⑨는 말미에 와야 할 술어가 제1음보 위치로 도치된 형태이며, ⑩은 제2음보가 두 개 음보로 확대되어 전체 4음보를 이루게 된 것 외에 ⑨와 동일한 도치 구조다. ⑪과 ⑫의 경우 도치된 어순을 바로잡아 "童子야 痛飮一哭하게 天下知己 다 불너라", "그 말 잡아타고 至今에 그곳 가세"로 놓아 보면 생략 부분 없이 의미상 완결됨을 알 수 있다. 이렇게 의미상으로 빈 곳이 없는 종장을 부분적으로 뒤틀어 놓음으로써 일차적으로는 관심을 환기하는 효과를 얻고 궁극적으로는 제1음보에 위치한 시어를 강조하게 되는 셈이다.

『대한매일신보』 시조 종장의 어순도치 현상은 기능적 성격을 강화하고 있다.

⑬ 決斷코, 一身關係ᄂᆞᆫ ᄂᆡ 몰나라, 國事밧게.

－〈國事밧게〉(1910. 1. 19)

⑭ 바라노라, 同胞들아 躊躇 말고, 나가기를.

－〈毋躊躇〉(1909. 12. 4)

⑮ 못 變ᄒᆞ리, 壹片丹心 ᄆᆡ친 마음, 爲國雪恥.

－〈雪恥心〉(1909. 5. 2)

⑯ 알니로다, 이 世上에 살랴며ᄂᆞᆫ, 冒險前進.

－〈求生法〉(1909. 7. 10)

⑬은 국사를 위해 헌신하겠다는 단호한 의지를 강조하고자 어순을 바꾸어 배치했다. 이는 단순한 강조 이상의 효과를 낳는다. 종결부를 제목과 동일한 주제어로 맺게 함으로써 "決斷코 國事밧게 一身關係ᄂᆞᆫ ᄂᆡ 몰나라"라는 정상 어순에서는 발견할 수 없는 단호하고 결의에 찬 구호적 기능을 발휘하게 하는 것이다. 『대한매일신보』 소재 시조들의 저항과 비판, 이념적 계몽성은 이러한 종장 구성 방식에 의해 효과적으로 달성될 수 있었다. 이 같은 종결부의 특성 때문에 고시조의 '하

노라', '이러라' 식의 유장하고 완만한 종결어미가 탈락[71]하고, 종결부와 짝을 이루는 제1음보 또한 관습적 감탄어사가 아닌 실제적인 유의어사가 자리 잡게 된다.

그 결과 ⑭⑮⑯처럼 4·4·4·4조의 마치 계몽가사와 같은 율격적 느낌을 주는 작품들까지 나타난다. 제1음보가 강한 의지를 담은 4음절로 확대되고 제2음보의 결합력이 약화되면서 호흡의 긴장이 사라진 4음4보격 정형이 실현된 작품은 『대한매일신보』 시조에서 상당수 발견된다. 계몽성과 교술성을 강조하는 이들 작품은 완결된 미의식을 추구하기보다 당면한 현실 문제를 직접 환기하고 호소하는 기능을 강화하고 있다.[72]

『대한민보』 소재 시조에서는 종장 제1음보의 4음절화 경향이 발견되지 않는다. 종장 제4음보의 생략에도 불구하고 제1음보는 3음절어 관습적 표현을 대부분 사용하면서 고유의 양식성을 의식하고 있다. 4음4보격의 율격적 정형성을 실현해 기능화하는 사례는 발견되지 않는다. 제1음보가 3음절이 아닌 종장 형식에서 이 점은 분명해진다.

⑰ 아모죠록, 늙ᄭᅩ 病 들기 前에, 國家事業

– 〈國家事業〉(1909. 11. 14)

⑱ 타ᄂᆞᆫ 듯이 胸中憂國熱을 눅여 볼가

– 〈英雄淚〉(1910. 6. 25)

⑲ 어긔어차, 沙工아 닷쥴 감고, ᄇᆡ 져어라, 地球東傾

– 〈江船〉(1910. 1. 25)[73]

---

71 종장 말음보의 생략 현상에 대해서는 연구 초창기부터 "悠長하고 완만한 느낌이 아니라 단호하고 힘찬 결의를 실감하게 하는 효과"를 거두기 위한 것으로 "전통적 定型詩를 가지고 저항의 노래를 담기 위해 形態面에서까지도 적극적인 배려"를 한 것으로 평가된 바 있다. 정한모, 『한국현대시문학사』, 일지사, 1974, 150쪽.

72 권순회, 앞의 논문, 562-563쪽.

제1음보의 4음절 확장이 종결부의 주제어와 관련되었다고 여겨지는 것은 ⑰뿐이다. 하지만 이 경우에도 확장된 제2음보는 4(3)/4조의 정형성과 거리가 멀며, 종결부에 주제어를 배치하고서도 '하리라'라는 말음보 생략의 여운은 확실히 감지된다. ⑱의 제2음보는 6음절을 유지하고 있으며 ⑲는 제2음보로 볼 때 오히려 4음절어의 '어긔어차'가 추가된 것처럼 느껴진다. 어느 경우나 말음보 생략에 의한 형태상, 의미상 공백은 여전하다.

계몽기 시조가 계몽가사와 유사한 형태를 띠면서 기능화하는 현상은 계몽성과 교술성의 차원에서 설명되어 왔다. 『대한민보』 시조 가운데서도 유사한 성격을 보이는 작품들이 있지만, 이들이 『대한매일신보』 소재의 시조들처럼 완전히 가사체화하지는 않았다는 사실은 시사하는 바가 크다.

壁上에, 걸닌 鍾은, 自由活動, 機輪으로 ▲
分抄 모와, 時刻되고, 時刻 모와, 晝夜로다 ▲
우리도, 須臾不息 進步ᄒᆞ야, 使鳴國家
-〈自鳴鐘〉(1910. 3. 30)

삼쳔리, 터를 닥가, 이쳔만간, 집셰울 제 ▲
문명복리, 주초놋코 자유독립, 문을 내여 ▲
원컨ᄃᆡ, 일가형제 만당빈객, 화락차평
-〈大廈〉(1910. 7. 9)

73 나머지 3수의 작품 제목과 종장은 다음과 같다.
"비나이다 迷津寶伐 □니져어 極樂世界" -〈供佛〉(1910. 8. 5)
"抑何心情으로, 當時賢流를, 모다 殘害" -〈抑何心情〉(1910. 3. 11)
"우리 聖上 乾元節에 獻壽萬歲" -〈獻壽〉(1910. 3. 25)

사석간에, 셰류수야, 네 흐르ᄂᆞᆫ 줄, 그 뉘 알리 ▲
시내모와, 내-가되고, 내-가모혀 강해로다 ▲
우리도, 오날날 ᄒᆞ올사업 져와갓치
– 〈積小成大〉 (1910. 7. 10)

계도적 성격을 지닌 이 시조들에서 초장·중장의 율격적 정형성은 강하게 의식되지 않고 있으며 종장 말음보의 생략에서 오는 의미상 공백 또한 남아 있다. 물론 전반적으로 계몽기 시조는 가창적 양식에서 벗어나 대중 독자를 의식한 시적 양식으로 옮아가고 있었다고 보아야 하겠지만, 계몽기 시조의 기능화, 계몽가사화 현상에도 불구하고 시조로서의 양식적 속성을 유지하는 또 다른 경향이 있었음을 『대한민보』 시조 종장을 통해 발견할 수 있다.

## 5. 마무리

20세기 초에 『대한민보』를 통해 발표된 시조는 양식 내부의 변화를 모색함으로써 소통 과정의 획기적 변화를 감당하고자 했다. 이는 급변하는 외부와 내부의 환경을 조율하면서 대중을 설득하는 방법인 동시에 창작층 스스로 전통적인 문학 양식을 발전적으로 정착시킴으로써 새로운 사명을 수행하고자 한 시대적 대응의 과정이기도 했다.

대중성의 기반을 확보하기 위한 노력은 여러 곳에서 감지된다. 당시 폭넓은 기반을 확보하고 있던 시조창의 형식을 빌려 작품을 창작한 점, 잘 알려진 한시나 고시조뿐만 아니라 당대 작품까지도 차용, 변용한 작품을 생산[74]한 점이 그것이다. 또 일간지에 신는 작품으로서의 특

74 1910. 7. 8 자의 〈조영웅(弔英雄)〉("시셰가,조영웅이오,영웅이,역능조시어날▲영웅의

징을 살려, 고시조에서는 볼 수 없었던 시사성을 견지한 작품이나 일상적 사건에 대한 평론적 성격을 지닌 작품[75] 또한 현실 참여적 성격을 지니면서 독자 일반을 향해 친숙하게 다가가려는 노력을 보여 준다. 이는 조선 후기 이른바 생활시의 경우보다 훨씬 즉각적이고 광범위한 전파력을 갖는 것이었다. 이러한 시사성과 현실 인식은 곧 신문 수록 시조의 담당층이 공유했던 시대 의식으로 작용해 시조가 계속 창작될 만한 근거가 되었다.

새로운 발표 매체의 등장과 문학적 기능의 변화는, 신문학 양식의 창출과 더불어 전통적인 문학 양식의 변모를 필연적으로 요청하게 했다. 신문에 발표되는 시조는 노래로서의 격식에 구애되거나 가집 수록의 체재를 따를 필요가 없었다. 신문 편집인들로 추정되는 시조 창작 담당층은 시조 양식이 본래 지닌 시적 형상화의 기법을 활용하면서 여기에 자기 시대의 문제를 얹어 발전적 창조를 이룩할 수 있다고 여겼다. 당시 대중적 기반이 확고했던 시조창 형식은 그러한 가능성을 구체화할 수 있는 안정적인 바탕이었다. 신문에 발표되는 시조가 가장 절박한 자기 시대의 문제를 '노래하고' 있다는 사실만으로도 수용자층의 호응은 충분히 컸으리라. 이렇게 하여 시조는 그것을 대하는 사람 누구에게나 공동체적 의지를 북돋우고 기운을 한데 모을 수 있는 기반을 마련했던 것이다.

그런데 이 단계에서 곧바로 시조가 전 계층을 아우른 민족적 양식으로 자리 잡을 수 있었다고 보기는 어렵다. 앞서 3장의 문체 문제에서 제기한바, 더 까다롭고 복잡한 시조 밖의 과제들이 놓여 있었던 것

---

사업,다못하고때못만나,죽은영웅▲지금에,영웅앗겨,눈물지니그도영웅")은 안중근이 이토 히로부미(伊藤博文)를 저격하기 전에 지은 〈장부가(丈夫歌)〉에서 영향을 받은 작품이라고 한다. 김승우, 앞의 논문, 203-204쪽.

75 일진회의 동태나 시국 사건을 다룬 작품들, 헬리 혜성의 출현, 콜레라의 폐해, 가뭄 걱정을 소재로 한 작품 등이 여기에 해당한다.

이다. 신문 수록 시조의 대중성을 유지시키는 것은 이들 각각의 장애를 하나씩 해결하면서 나아가야 하는 과정이었다.

신문을 발표 매체로 삼으면서 시조는, 동시에 그리고 널리 전파될 수 있는 장점을 얻었지만 한편으로 받아들이는 쪽의 반응은 확인하기 어려운 단점도 감수해야 했다. 다시 말해 전통적 향유 관습의 관점에서 평가한다면, 신문 매체를 통한 시조 생산은 그 창작과 향유 과정이 철저히 분리된, 전혀 이질적인 소통 구조를 상정한 것이었다. 대중의 반응을 곧 창작의 원천으로 삼을 만한 안정된 소통 환경을 유지하기 위해 신문 수록 시조의 창작 담당층은 그들대로의 장치를 마련해야만 했다. 고시조의 의미 변용과 부분적 차용, 문체의 확장과 표현의 다양화 등이 바로 그것이다.

『대한민보』보다 먼저 시조를 싣기 시작한 『대한매일신보』의 시조 작품들[76]과 서로 소재나 시상을 차용한 점 또한 두 신문의 교류와 함께 계몽기 시조 창작 과정의 한 단면을 보여 주는 사례로서 중시할 만하다.[77] 『대한매일신보』에 발표된 시조에서 소재, 어구, 시상을 차용한 작품들이 『대한민보』에 수록되고, 그 역방향의 차용도 이루어지고 있었던 점은 흥미로운 현상이다. 두 신문에 공통으로 관계한 인사들의 성향이나 각 일간지의 전반적 특성을 바탕으로, 『대한매일신보』에서 『대한민보』로 변용된 작품들과 그 반대 방향의 작품들이 보이는 성향을 분석한다면 각 매체 시조 작품들의 경향성을 추출하는 근거로 작용할 수 있을 것이다.[78]

---

76 『대한매일신보』에는 1908년 11월 29일 자부터 시조 작품이 본격적으로 수록되기 시작했다.

77 김승우, 앞의 논문, 202-210쪽.

78 『대한민보』 시조 가운데 『대한매일신보』 시조들과 제목, 소재나 모티프, 부분적 차용 등 상호 관련성을 발견할 수 있는 작품은 40여 수다. 이들 중 『대한민보』에 먼저 실린 후 『대한매일신보』로 차용된 경우는 16수로, 그 반대 경우보다 더 적은 편이다. 두

한편 현실의 문제와 곧 대면해야만 했던 신문 수록 시조들이 시대의 요구와 공동체의 호소로 일관함으로써 시대적 임무를 완수할 수 있었던 것은 아니다. 시조가 현실 속으로 들어온 점은 시조의 대중화에 기여한 점이 분명 있지만, 본래의 서정성을 저버림으로써만 그것이 효과적으로 이루어지는 것은 아니다. 계몽기의 시대 의식을 바탕으로 삼고 그 속에 처한 개인의 내면적 깊이를 시조답게 형상화한 서정적 작품은 여전히 높이 평가될 만한 가치를 지닌다. 신문 수록 시조의 수용자층이 문학 양식으로서의 시조에 기대하는 것도 여기에까지 미치고 있었다고 생각된다.

『대한민보』 소재 시조들은 그것이 발표된 난의 명칭에서 보나 형식적 특징을 통해서 보나 시조의 갈래 특성을 여전히 노래로 인식하고 있었다.[79] 실제로 잡지 수록 시조들이 곡조명을 함께 표기하고 있고, 신문 『만세보』에 일종의 가집 성격을 띤 「해동영언」이 실리기도 했다. 1910년까지 시조는 곡조와 밀접한 존재로서 음악에 의존한 갈래였던 것이다. 이처럼 노래로서의 성격이 강했던 시조를 신문 매체로 불러들이면서 특유의 음악성을 언어로 재현하기 위한 형식적 시도는 어떤 것이었던가.

작품마다 제목을 달고, 삼 장 구분과 음보 표지를 위한 부호를 사용한 점은 외적 고려 사항이다. 내부적으로는 종장의 변화가 가장 크게 나타났는데, 『대한민보』 소재 시조의 형식 특성은 종장 제1음보의 성격과 제2음보의 변화, 구성 방식 면에서 자기 시대에 대응해 가는 모습으로 나타난다.

---

신문에 실린 작품 내용을 살피면, 전자의 경우가 작품 수용 면에서 더 직접적인 반면, 그 반대 경우는 작품의 변개가 상대적으로 큰 것으로 생각된다.

79 문학적 갈래로서 시조 용어를 사용한 것은 1914년 「현상문예모집」에 실린 〈詩調〉를 통해 확인되며, 1926년 최남선의 〈조선민족문학으로서의 時調〉가 쓰인 이후 갈래 용어로서 정착된 것으로 본다.

제1음보는 3음절 관습적 표현이 주류를 이룬다. 시조 종결의 발화 상황이 화자의 태도를 결정한다는 관점에서 보면, '지금에', '우리도' 등 청자를 끌어들이는 환기적 태도가 '아마도', '진실로' 등 화자의 계도적 의도를 드러내는 선언적 태도와 더불어 중심을 이룬다는 점은 주목할 만하다. 화자 자신이나 지칭 자체에 중심을 두는 시조의 고유한 정감적 태도, 평가적 태도가 상대적으로 약화된 반면, 담화의 진리치를 판단하고 더 많은 일반 대중을 끌어들이는 태도를 계몽기 시조가 중시했다고 판단된다. 『대한민보』 시조는 3음절 관습적 표현을 통해 이것을 구현함으로써 외적으로 시조 고유의 정형과 관습을 유지하면서, 화자의 태도나 발화 내용 등 내적인 것을 자기 시대에 걸맞게 변용했다. 종장 첫 구 3음절 파괴로 인한 4음절화가 개화기 시조의 종장 형식 파괴의 주요 현상이며, 이는 제2음보 이하의 4음절화와 연계되어 시조의 형태미를 떨어뜨리고 형태적 퇴보를 가져왔다는 평가[80]는 『대한민보』 시조를 고려하지 않은 것이다.

제2음보는 고시조에 비해 전반적으로 음절 수가 증가하면서 의도적으로 확장되는 경향을 보인다. 이렇게 됨으로써 종장 첫 음보와 둘째 음보 사이의 비대칭에서 야기되는 시조 일반의 시적 긴장은 한층 완화되었다. 하지만 제2음보의 성격 변화가 곧바로 시조 양식의 파괴까지 연결되지는 않는다는 점을 『대한민보』 시조들은 보여 준다. 『대한민보』 소재 시조는 흔히 『대한매일신보』 소재 시조들에 비해 비판성과 저항성, 이념적 계몽성이 약화했다는 부정적 평가를 받는데, 형식 면에서 『대한민보』 소재 시조들은 시조다운 모색과 양식성을 갖추고 있었다. 『대한매일신보』 소재 시조들이 교술성과 이념성을 일관되게 견지한 점에서 계몽기 시조로서 내용 면의 강점을 지녔다면, 『대한민보』 소

80 김영철, 앞의 논문, 1982, 1026쪽.

재 작품들은 노래로서의 시조를 의식하고 고유의 양식성을 유지하면서 시조의 내적 문법에 보다 충실하려고 노력한 형식 면의 우세를 보인다고 해야 할 것이다.

종장 구성 방식에서 어순 도치에 의한 의미 완결이라는 신문 시조의 특성은 허사적 어미를 생략함으로써 함축과 여운의 효과를 창출한 노래로서의 시조창 향유 방식을 신문 시조가 그대로 수용하지는 않았던 결과라 하겠다. 1910년 신문 폐간 이후 나온 잡가집이나 가집에 『대한민보』에 발표되었던 일부 시조가 수록된 예[81]가 발견되지만, 신문 시조들이 전대(前代)와 마찬가지로 시조창을 전제로 창작되었다거나 그 자체로 노래로서 소통된 것으로 해석하기는 어렵다. 다만, 1920년대까지 활발히 향유되던 시조창의 대중적 기반을 충분히 활용하고, 수용자층을 의식하면서 이만한 지속성을 보인 것만으로도 전통적 양식으로서의 성공적 변화는 거두었다고 평가할 만하다.

계몽기 가사는 짧은 시간에 폭발적으로 생산되면서 계몽과 저항의 시대적 사명을 충분히 다했으나 곧 사라지고 말았다. 계몽기 시조는 그 편수나 대중의 호응 면에서 가사에 못 미쳤으나 그 후로도 살아남았다. 특히 『대한민보』 시조는 『대한매일신보』 시조와 달리 내용뿐만 아니라 형식 면에서도 또 다른 모색을 보여 주었다. 대중성과 현실성을 확보해야 하는 신문 수록 시조로서 고시조의 의미 변용과 부분적 차용, 문체의 확장과 표현의 다양화를 시도하는 한편으로 계몽기 현실에 처한 개인의 내면적 깊이를 시조답게 형상화하려는 노력 또한 보여 준 데서 『대한민보』 시조들만의 내용상 특징을 발견할 수 있었던 것처럼, 『대한민보』 소재 시조의 형식적 특성은 종장 제1음보의 성격과 제2음보의 변화, 구성 방식 면에서 계몽기 시가다운 대응 양상을 보이면서도

81 잡가집 『無雙新舊雜歌』(1915)에 7수, 가람본 『가곡원류』에 〈가필쥬딕〉라 하여 12수가 실려 있다. 고은지, 앞의 논문, 64쪽 참조.

시조의 내적 문법에 보다 충실하고자 한 것으로 해석된다. 자기 시대의 급박한 시대정신을 담아내려고 시도하면서도 갈래의 전통을 의식해 계몽기 가사와는 다른 길을 걸었으며, 『대한매일신보』 시조들보다 더욱 시조 고유의 양식성을 고민해 왔다는 점에서 『대한민보』 소재 시조 작품의 시도와 존재 의의는 충분히 인정된다.

『대한민보』 시조의 생산기는 고소설과 한문소설이 함께 유통되고, 신문에도 가사, 한시, 신소설이 동시에 발표되었던 신구 문학의 접점 시기에 해당한다. 따라서 그 시기의 실상을 밝히고 영향 관계를 논하는 것도 문학사의 이전과 이후 양쪽에서의 견인이 함께 필요하다. 또 하나의 양식을 설명하는 일도 특정 작가나 발표 매체를 다룸으로써 어느 정도 완전한 수준에 이르기 어렵다. 그만큼 시대의 요구와 양식들의 반향이 다기하게 표출된 시기였던 셈이다.

21세기에 진입한 우리는 고전문학과 현대문학을 아울러 진정한 의미에서 하나의 문학사를 이룩해야 한다는 연구사적 과제를 안고 있다. 20세기 초 근대전환기의 전통 시가 양식이 각기 다른 시도와 변신을 거치면서 시대적으로 적응해 간 양상은 이 과제를 풀어 갈 긴요한 부분이다. 그러자면 고전문학 연구자들과 현대문학 연구자들이 한자리에서 논하고 이 시기에 대한 국어학 쪽의 관심도 당연히 불러들여야 하리라 본다. 전환기란 언제나 적극적 참여와 행동을 위한 문학 양식을 요청하기 마련이지만, 그 내부의 구체적 갈래들은 각기 독자적인 결을 이루며 어문학사의 무늬를 이룬다는 사실을 우리는 알고 있기 때문이다.

최근 이루어지고 있는 통합적 시각의 시가 연구는 이런 점에서 시의적절하고 고무적인 시도들이다. 단절적으로 이해되어 온 한국근대시사의 과정에 내재적 연속성이 존재하고 있음을 전제하고 서구 시와 달리 텍스트 창작 원리로서가 아닌 공동체의 리듬 의식으로서 '율(律)'의 개념을 상정하려는 논의[82]나, 19세기 이전으로부터 1920년대에 이르는 시조에 관한 담론을 정립하고자 한 시도[83]가 그것이다. 이러한 시도들에 힘입어 문학의 영역을 확장하고 바로잡으며 하나로 연결하는 새로운 연구의 도약 단계로 나아갈 수 있으리라 생각한다.

신문에 수록된 근대계몽기 창작 시조들이 문학사에서 그 기능을 충실히 수행한 점은 분명하다. 또 노래로서의 장점을 활용하면서 시로 거듭날 수밖에 없는 운명을 지녔던 까닭에 그 어느 쪽의 기준에서 이들 시조의 완전성을 논하는 것은 불합리하다. 그보다는 이 작품들이 우리에게 던지는, 시조라는 하나의 문학적 양식 내부의 문제를 벗어난 물음들에 귀 기울이는 자세가 긴요하지 않을까. 곧 우리에게 근대적 전환이란 무엇인가. 격변기에 처해 과연 노래/시는 어떤 힘을 갖는가. 그 속에 담긴 우리다운 것은 무엇인가. 분명한 것은 이 시기 시조 작품들의 치열한 모색을 자양분 삼아 1920년대 이후 시조는 육당의 포부와 노산의 감각과 가람의 깊이를 모두 키워 낼 수 있었다는 사실이다.

82 박슬기, 「한국 근대시의 형성과 율(律)의 이념」, 서울대학교 박사학위논문, 2011.

83 배은희, 「근대 시조담론 형성과정 연구: 19세기 후반에서 20세기 초반 시조 인식 변모를 중심으로」, 인천대학교 박사학위논문, 2012.

# II 『萬歲報』 소재 「海東永言」의 성격과 시조비평의 의의

## 1. 서론

『萬歲報』는 1906년 6월 17일 창간되어 이듬해 6월 29일 종간되기까지 만 일 년 동안 발행된 일간지다. 일찍이 『한성주보』의 발간에 참여한 바 있고 이후 3·1운동 때 민족 대표 33인의 한 사람으로 독립 선언서에 서명하게 되는 오세창(1864~1953)이 사장을 맡았으며, 총무 겸 주필로 있던 이인직(1862~1916)이 〈혈의 누〉와 〈귀의 성〉을 연재해 널리 알려졌다.[1]

---

1 이 신문은 천도교의 재정적 지원을 바탕으로 간행되어 여러모로 천도교와 관련이 깊다. 동학을 근대적인 종교로 개편하면서 천도교라는 교명을 사용한 손병희(1861~1922)가 1906년 일본에서 오세창과 함께 귀국해 국민계몽과 교세 확장을 위해 『만세보』를 간행하기로 결정하고 인쇄소로 보문관(普文舘)을 설치했다. 초기에는 일진회와 전략적 제휴 관계를 맺고 있었으나 1906년 9월 이후 일진회와 결별하여 친일적이라는 의혹을 불식시키고자 했다. 하지만 『대한매일신보』의 적극적이고 일관된 일진회 내지 일본에 대한 비판 인식과 비교한다면 『만세보』는 반일적인 기사를 거의 신지 않는 등 소극적이었으며, 국민계몽 입장에서 지식 계발과 풍속 개량에 관심을 집중했다. 특정 종교의 기관지나 종교 신문의 성격에 국한되었던 다른 종교 관련 매체들과 달리 당대 일간 시사 신문으로서의 역할을 담당했다. 『만세보』의 간행 배경 및 운영 등에 관해서는 최기영, 「舊韓末 《萬歲報》에 관한 一考察」, 『한국사연구』 61·62, 한국사연구회, 1988, 참조.

특이한 것은 『만세보』 발간 초기부터 중반 이후까지 100여 수가 넘는 고시조가 매일 수록되었다는 점이다. 20세기 초에도 시조는 가집 『시가요곡』(1901), 『대동풍아』(1908), 『악부(고대본)』 등이 증명하듯이 여전히 활발히 향유되던 장르였다. 또 1906년 7월 『대한매일신보』에 실린 〈혈죽가〉를 시작으로 『제국신문』, 『대한매일신보』, 『대한민보』 등 일간지와, 잡지 『소년』, 『태극학보』, 『대한홍학보』 등에 근대계몽기의 성격을 반영한 작품들이 다수 게재되고 있어 그 창작 또한 왕성했다고 할 수 있다. 그런 속에서도 이처럼 근대 매체를 통해 고시조 작품을 수개월에 걸쳐 지속적으로 수록한 경우는 다른 사례를 찾기 어렵다.

역사적 격변기에 처하여 문학사 역시 전환기의 모색과 극복이라는 과제를 안고 있던 때, 시조를 비롯한 전통 양식들이 새로운 시가 양식들과 경쟁, 갈등하면서 수용되고 변용되어 가는 과정은 관심의 대상이 되어 왔다. 최근에는 구체적인 작품 이해를 통한 내용과 형식 면의 변화뿐 아니라 신양식의 발생에 내재한 원리로서 전통 양식의 지속 측면을 고구하는 데까지 연구가 진전되었다.[2] 그런데 이들 연구가 대상으로 삼은 작품들은 익숙하고 안정적인 전통 형식을 빌려다가 분출하는 역동적 내용을 담고자 했던 창작물이었다. 반면 『만세보』의 경우는 일간 신문에서 고시조 작품만을 선별해 수록하고 있어 특별한 시도로 읽힌다. 「해동영언」이라는 별도의 고정란을 마련하고, 악조와 악곡을 붙여 그에 따라 구분해 실었으며, 작품마다 해설적 또는 시사적 비평을 달아 놓았다는 점에서 뚜렷한 목적의식까지 감지된다.

본고에서는, 창작 시조의 최대 생산기라 할 수 있는 1906~1910년의 근대계몽기에, 당대 대표적 대중 매체인 신문에 수록된 고시조 및 시조비평인 「해동영언」에 주목하고, 그 성격과 의의를 추적해 보고자

---

2 박슬기, 「한국 근대시의 형성과 율(律)의 이념」, 서울대학교 박사학위논문, 2011.

한다. 이를 통해 근대문학 성립기에 전통 문학 양식이 어떻게 변화하고 변용되면서 시대적으로 대응해 갔는가를 살피는 하나의 구체적 과정으로서 의미를 드러낼 수 있을 것으로 기대한다.

## 2. 자료의 실상

『만세보』는 창간 당시의 염가 보급 정책에 힘입어 창간 1개월이 지나 발간 부수가 2천 부를 넘었다. 천도교 신도는 물론 일반 대중을 독자층으로 확보하고자 정치·경제·문학·종교·상사(商事)·농사 외에 기타 사회 잡사(雜事) 등을 다루어 일반 시사 신문으로서의 자격과 입장을 천명했다.[3] 그때까지 발간되던 신문들이 대체로 타블로이드 판형에 6단제를 행해 오던 것과는 달리, 배대판(倍大版, 33.5×48.5㎝)에 7단제를 처음으로 사용하여 크기와 내용을 풍부하게 했다. 국한문 혼용체를 사용하면서도 한자 우측에 국문 소활자로 음독 또는 훈독을 달아 국문만을 아는 계층도 읽을 수 있도록 하여,[4] 부녀자에서 지식인에 이르는 전 국민을 독자층으로 삼았음을 짐작할 수 있다.

고시조 작품은 1쪽 하단에 「小說 〈血의 淚〉」가 실린 다음 마지막 단 좌측에 「海東永言」이라는 표제 아래 실려 있다. 1906년 7월 31일 자(제30호)부터 1907년 1월 1일 자(제156호)까지 총 128수가 대체로 매호 한 수씩 거의 거르지 않고 수록되어,[5] 창작물을 게재한 여타 신문의 경

---

3 최기영, 앞의 논문, 324-325쪽, 331쪽.

4 『만세보』 1906. 6. 17 자 「국문독자구락부」의 기사를 예로 들면 아래와 같다.
"文明(문명)ᄒᆞᆫ 國(나라)에 文明(문명)ᄒᆞᆫ 人(ᄉᆞ람)은 飯一時(밥ᄒᆞᆫ신)ᄅᆞᆯ 空(굼)고ᄂᆞᆫ 出入(츌립)ᄒᆞ되 新文(셰문)을 未讀(못보)면 門(문)에 出(나)지 아니ᄒᆞᆫ다 ᄒᆞ니 何(엇지)ᄒᆞᆫ 事(일)이오"

5 예외적인 경우로는 처음 수록한 제30호에 2수가 실렸고, 제32호(1906. 8. 3)에는 맹사성의 〈강호사시가〉 4수를 모두 실었으며, 제51호(1906. 8. 24)에도 2수를 실은 것

우보다 편집진이 시조 수록에 높은 열의를 지녔음을 보여 준다.[6] 처음 수록분부터 제47호(1906. 8. 19)까지 19수는 〈태종·숙종 어제가〉, 〈백골단심가〉, 〈귀거래가〉, 〈농암가〉, 〈남명가〉, 〈도산곡〉, 〈퇴계가〉, 〈화담가〉 등 모두 임금 또는 사대부 작품으로서, 노래 내용 및 작가의 호로써 제목을 삼고 그 아래 작품을 수록했다. 이후 제48호부터는 초중대엽 '오놀이오놀이쇼셔…'를 시작으로 악조와 악곡을 먼저 내세우고 작가, 작품, 시조평 순으로 일관된 형식을 따르고 있다. 작가에 관한 정보는 다양하게 제시되는데, 호나 벼슬에 관한 부가적인 정보를 붙이는 경우[7]도 있고, 드물게 창작의 정황을 부기[8]하기도 한다.

이상 작품을 수록한 방식을 살핀바, 처음에는 널리 알려진 명사들의 작품을 중심으로 신분과 시대순에 따라 소개하는 형식을 보이다가, 이후 일반적인 가집 형태를 의식해 음악적 표지를 내세우고 점차 본격적인 연재물로서의 기획 의도를 갖추게 되었을 것으로 추정된다. 그 결과 마치 한 편의 가집에 버금가는 정연한 체제와 곡목을 완비할 수 있게 된 셈이다.

음악적 표지를 근거로 1906. 8. 21(제48호) 자 이후 작품들의 악곡과 해당 작품 수를 배열해 보면 다음과 같다.[9]

---

이다. 「해동영언」을 처음 본격적으로 다룬 이상원 교수는 애초 논의에서 총작품 수를 111수라고 보고 성격 분석을 시도했다가, 이후 저서(『조선후기 가집 연구』, 고려대학교 민족문화연구원, 2015)에 동일 논문을 재수록하면서 오류를 바로잡았다. 이하 해당 논문을 인용할 때는 이 저서를 따른다.

6 창작 시조를 실은 대표적인 신문인 『대한매일신보』에는 월평균 18수, 『대한민보』에는 월평균 23수가 발표되었다.

7 제32호 〈강호사시가〉 "맹사성의 호는 동포이며 벼슬은 좌의정에 이르렀다(孟思誠號 ᄂ東浦官至左相)" 등이다.

8 제54호(1906. 8. 28) 〈靑石嶺지나거야…〉 작품 "孝宗御製(丙子赴燕時)"와 같은 예가 있다.

9 음악적 표지 구분 이전 19수(제30~제47호)의 작품 제목은 다음과 같다.
태종어제가-숙종어제가(이상 30호)-백골단심가(31호)-강호춘주가-강호하풍가-

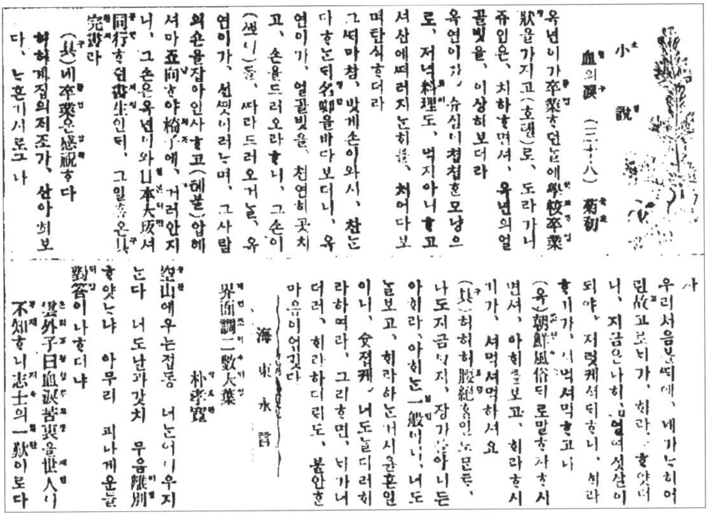

小說

血의淚 (二十八) 菊初

옥년이가卒業ᄒᆞ던날에學校卒業
狀을가지고(호텔)로、도라가니
쥬인은、치하ᄒᆞ면셔、옥년의얼
골빗을、이상히보더라
옥연이가、슈심이쳡쳡ᄒᆞᆫ모낭으
로、저녁料理도、먹지아니ᄒᆞ고
셔산에ᄯᅥ러지ᄂᆞᆫ히만、쳐어다보
며탄식ᄒᆞ더라
그ᄯᅢ마참、밧게손이와시、찰ᄂᆞᆫ
다ᄒᆞᄂᆞᆫ뒤名啣을바다보더니、옥
연이가、얼골빗을、천연히곳치
고、손을드러오라ᄒᆞ니、그손이
(쎈ᄂᆡ)ᄯᅩ、ᄯᅡ라드러오거ᄂᆞᆯ、옥
연이가、션ᄯᅳᆺ이러나며、그사람
의손을잡아인사ᄒᆞ고(헤붙)압헤
셔마쥬向ᄒᆞ야椅子에、거러안지
니、그손은옥년이와山本大佐셔
同行ᄒᆞ던書生인ᄃᆡ、그일홈은(구
完潛라
(具)네卒業은感祝ᄒᆞ다
허허계집의재조가、살아희보
다、ᄂᆞᆫ흔기시로그나
우리셔음보ᄯᅢ에、네가ᄂᆞ히어
린故로ᄂᆡ가、히라、ᄒᆞ얏더
니、지금은나히、열여섯살이
되야、저렷케셔되ᄒᆞ니、셔라
ᄒᆞ기가、서먹셔먹ᄒᆞ고나
(옥)朝鮮風俗되로말ᄒᆞ자ᄒᆞ시
면셔、아히로보고、히라ᄒᆞ시
기가、서먹셔먹하셔요
(具)허허허腰絶ᄒᆞᆯ인문ᄃᆞᆨ、
나도지금ᄭᅵ지、장가ᄅᆞᆯ아니든
아히라、아히ᄂᆞᆫ一般이니、너도
ᄂᆞᆯ보고、히라하ᄂᆞᆫ게시옵혼인
이니、숏겁케、너도ᄂᆞᆯ다려히
라하여라、그리ᄒᆞ면、ᄂᆡ가너
더러、히라하더라도、불안ᄒᆞᆫ
마음이업깃다

海東永言

界面調二數大葉 朴孝寬

空山에우ᄂᆞᆫ접동 너ᄂᆞᆫ어이우지
ᄂᆞᆫ다 너도날과갓치 무음離別
ᄒᆞ얏ᄂᆞ냐 아무리 피나게운들
對答이나ᄒᆞ더냐
雲外子曰血淚者哭음世人이
不知ᄒᆞ니志士의一獄이로다

『만세보』 제73호, 1906. 09. 21. 1면

초중대엽(1수)

우조 초중대엽(1수)

계면조 이중대엽(1수)

우조 삼중대엽(1수) — 계면조 삼중대엽(1수)

우조 초삭대엽(2수) — 계면조 초삭대엽(2수)

우조 이삭대엽(8수) — 계면조 이삭대엽(14수)

우조 중거(4수) — 계면조 중거(7수)

우조 평거(3수) — 계면조 평거(6수)

우조 두거(4수) — 계면조 두거(15수)

---

강호추어가-강호동설가(이상 4수는 〈강호사시가〉 각 수에 제목을 붙인 것임. 모두 32호)-귀거래가(33호)-농암가(35호)-농암초도일가(38호)-남명가(39호)-회재가(40호)-도산곡(41호)-퇴계가(42호)-퇴계가(43호)-도산곡(44호)-도산곡(45호)-도산곡(46호, 이상 41~46호까지 6수는 모두 이황의 〈도산십이곡〉 일부로 전후육곡의 순서와 관계없이 수록함)-화담가(47호).

우조 삭대엽(1수)

우조 삼삭대엽(3수)

소용(2수)

반얼삭대엽(2수)

만횡(3수)

농가(8수)

우조락(5수) — 계면락(6수)

얼락(2수)

편락(2수)

편삭대엽(5수)

작품 배열 순서를 살피면, 우조와 계면조의 악조 교체가 나타나고 초중대엽부터 편삭대엽까지의 악곡별 분류 원칙이 지켜지고 있어 전체적으로 조선 후기 가집과 상통하는 면이 있다.[10] 다만 19세기 가집들은 악조를 우선 배치하고 그 아래에 악곡을 배치하는 것이 일반적인 반면, 「해동영언」은 악곡 하나하나마다 우조-계면조로 짝을 지어 교차 배열하는 방식을 취했다. 또 동일 악곡 내에서 작품 배열은 작가가 속한 신분과 시대순으로 기준을 삼고 있어 19세기 가집보다 오히려 18세기 가집과 유사하다. 이런 점을 들어, 「해동영언」이 당대 가곡 연창의 실질을 반영한 것이기보다는 독서물로 감상하기 위한 문학적 텍스트이며, 이 문학주의에 따라 음악성을 거세하고 전면적 독서물화함으로써 20세기 가집의 특성을 명료하게 보여 주었다고 평가된 바 있다.[11]

10 이상원, 앞의 책, 369-374쪽. 이상원은 '계면조 초중대엽'과 '우조 이중대엽' 및 '계면조 삼삭대엽'이 빠진 것은 의문점이 있지만 중대엽 작품이 소수였던 당대 상황의 반영, 그리고 편집 및 인쇄 과정상의 실수로 보았으며, '우조 삭대엽'의 존재에 대해서는 출처를 알 수 없는 극히 예외적인 경우로 평가했다.

11 이상원, 위의 책, 375-380쪽.

그런데 이 지점에서 의문점들이 꼬리를 문다. 과연 20세기에 들어서면서 시조 장르는 19세기의 화려한 음악적 변주를 정점으로 가집 편찬에서 독서물로의 전환을 유일한 길로 택할 수밖에 없었던 것일까. 대중의 마음을 움직이는 데 긴요한, 저절로 읊고 부를 수 있는 민족적 양식의 선택에서 한순간 노래로서의 틀을 버리고 문학적 양식으로 자리 잡는 것이 가능한가. 그리고 그 선택은 충분히 효과적일 것인가. 창작물도 아닌, 신문 매체에 얹힌 「해동영언」은 고시조 가집으로서의 체계를 통해 그러한 순간적 변환을 실현해 준 결과물인가.

이 물음들에 답하기 위해 우선 「해동영언」에 수록된 작품들의 성격을 고찰함으로써 편찬자의 의도와 시조에 대한 인식에 다가서보자.

## 3. 「해동영언」 수록 시조의 전반적 성격

「해동영언」에 수록된 총 128수의 시조 작품 가운데 유명씨 작은 59명 작가의 작품 80수다. 작가 표기가 없는 작품은 48수로, 주로 소용(騷聳) 이하 작품들에 집중되어 있다.[12] 제목을 붙인 처음 19수의 경우 두 임금의 작품을 앞세우고 이하 사대부 작품은 시대순으로 싣고 있다. 동일한 악조·악곡 내에 속하는 작품인 경우에도 나름의 순서를 지키고 있는 듯하다. 계면조 이삭대엽에 속한 14수의 경우 원천석-정도전-하위지-유응부-이황-정철-신흠-장만-박효관-이정신-안민영-계랑-무명씨 작품 2수인데, 사대부-중인가객-기녀-무명씨 순으로 신분을 먼저

12 우조 삭대엽까지 93수 중 무명씨는 14수에 불과하며, 소용 이하 35수에서는 1수만 제외하고 모두 무명씨 작품이다. 예외인 1수는 우암 송시열 작이라 되어 있는 〈존서리술이되야…〉인데, 이 작품은 다른 가집에서는 모두 작가를 밝히지 않은 데다 내용도 주흥(酒興)에 관한 것이어서 「해동영언」에서 유독 우암의 작으로 본 이유를 알 수 없다.

고려한 후 같은 신분 내에서는 이른 시기의 작가 작품부터 실었다. 작품 편수로 보면 이황의 작품이 8수로 단연 많고, 연시조인 맹사성 〈강호사시가〉 4수 외에, 이현보와 박효관, 안민영의 작품이 3수씩이며, 효종과 조식, 황진이, 원천석, 이항복 등 5인의 작품이 2수씩 실렸다. 작가 표기는 대체로 신빙성이 높다. 유명씨 작가는 사대부 이상의 신분이 대부분이고, 가객 6인[13]과 기녀 4인[14]이 포함된다.

사설시조는 23수로 전체 수록 시조에서 차지하는 비율이 19세기 이전 가집에 비하면 다소 적지만, 악곡의 구성이나 작품 주제의 다양성 면에서는 부족하다고 볼 수 없다. 또 소용(騷聳)에 속하는 두 작품은 모두 중여음이 등장하는 부분에서 '오오우오오우우우오오'나 '아아아아아아하아아'와 같은 실제 음을 반영하고 있다.[15]

이처럼 작가의 성격이나 사설시조의 비율, 작품 연행의 실제를 반영한 사실 등으로 미루어 볼 때 「해동영언」의 편집자는 신문을 발표 매체로 삼으면서도 고시조가 노래로서 불리는 가집으로서의 성격을 견지하고자 한 것이 아닐까 생각된다. 이러한 추정은 시조 작품을 수록한 형식을 살피는 데서 좀 더 확실해진다.

●海東永言

티 둉 어 졔 가
太宗御製歌

만 수 산
▲이런들엇더하며 저런들엇더하며 萬壽山드렁츩이 얼거진들엇더하리

빅 년
우리도이ᄀᆞᆺ치얼거저 百年ᄭᅡ지누릴이라

운 외 자 왈 은 은 봄 우뢰소리 빅 칩
雲外子曰隱隱ᄒᆞᆫ春雷聲은百蟄을놀닛도다

---

13 앞서 든 박효관, 안민영 외에 이정신, 송종원, 김유기, 김삼현 등이다.

14 2수가 실린 진이 외에 계랑, 매화, 송이 등이다.

15 두 작품은 각각 〈져건너羅浮山눈속에…〉와 〈아마도太平헐손…〉으로, 중여음 부분의 실제 목청음이 나타나는 이본은 모두 가곡원류계 이본들이다. 심재완 편저, 『역대시조전서』, 세종문화사, 1972, 916-917쪽 #2543 참조.

肅宗御製歌

秋水ᄂᆞᆫ天一色이오 龍舸ᄂᆞᆫ泛中流라 簫鼓一聲에 解萬古之愁兮로다

우리도萬民다리고 同樂太平하리라

雲外子曰南風이薰ᄒᆞᆷ이여우리도舜인군百姓일세

– 1906. 7. 31 (제30호)

白骨丹心歌

鄭夢周 (麗末忠臣)

이몸이쥭어쥭어 一百番곤쳐쥭어 白骨이塵土되여넉시라도잇고읍고

님向ᄒᆞᆫ 一片丹心이야가실줄이잇슬랴

雲外子曰江山은變ᄒᆞ야도忠魂은消치아니ᄒᆞ리로다

– 1906. 8. 1 (제31호)

위는 「해동영언」에 처음 수록된 세 작품의 형식이다. 제목 아래 작가(정보)를 밝힌 후, 작품은 띄어쓰기만으로 연속해서 제시했으며, 줄을 바꾸어 '운외자왈(雲外子曰)'로 시작되는 비평을 달았다. 비평은 대체로 한 줄 이내 문장을 써서 짤막한 편이나 4자 평어의 한시비평과 유사한 형태이거나 때로는 몇 줄에 달하는 긴 비평도 있다. 같은 시기 『대한매일신보』, 『대한민보』의 창작 시조들이 주제를 함축한 제목을 달고 부호나 쉼표에 의한 삼 장 구분과 각 장 내 음보 구분을 시도했던 것과는 여러 면에서 다르다.[16]

그런데 첫날 수록한 두 작품의 형식이 둘째 날부터 달라지고 있다. 〈이런들엇더하며…〉와 〈秋水는天一色이오…〉가 의미상 분절이 이루어지는 총 6개 구로 나뉘어 수록된 반면, 〈이몸이쥭어쥭어…〉는 모두 5개

16 이 점에 대해서는 본서의 제2부 I. 「『大韓民報』 시조에 나타난 전환기 전통 시가의 대응」, 159-160쪽 참조.

부분으로 구성되도록 띄어쓰기를 시도한 것이다. 이 구분은 물론 가곡의 실제 연창 방식을 따른 것이다. 이하 작품들도 대체로 5장 가곡창 양식을 의식한 형식을 보인다.

요컨대 처음 고시조를 『만세보』에 실으면서 편집자는 그 성격을 활자화된 노랫말로서 소개하는 정도로 여겼으나, 곧 그것이 노래로서 인식될 수 있는 형식을 취해 일관된 기준 아래 수록한 것이다. 노래 내용 혹은 작가 이름으로 제목을 붙인 처음 19곡의 선정과 수록 과정에서도 이미 노래로서의 형식을 철저히 지키고 있을 뿐 아니라, 음악적 표지를 작품 수록의 기준으로 삼은 이후 작품들의 배치 속에서 이러한 기획자 내지 편집자의 의식이 뚜렷하게 감지된다.

음악적 표지를 제시한 첫 작품은 1906. 8. 21(제48호) 자에 실린 다음 작품이다.

初中大葉
오ᄂᆞᆯ이오ᄂᆞᆯ이쇼셔 每日에오ᄂᆞᆯ이쇼셔
졈그디도새지도마르시고
새나마 晝夜長常에 오ᄂᆞᆯ이쇼셔[17]
　雲外子曰南薰之吾현인가行雲兮流水로다

널리 알려진 대로 '오날이…'류는, 만대엽 곡조에 얹어 부르던 가장 앞선 시기의 노랫말 자료로서 1572년 『금합자보』의 것이 있고,[18] 1610년 『양금신보』에는 중대엽으로 바뀌어 '속칭심방곡'이라 불린 작

17 이후 작품 예시는 보기 쉽도록 3장 형식으로 제시한다.
18 『금합자보』, 평조 만대엽의 악보에 첨기된 노랫말은 다음과 같다.
"오ᄂᆞ리 오ᄂᆞ리나 ᄆᆡ일에 오ᄂᆞ리나/ 졈므디도 새디도 오ᄂᆞ리 새리나/ ᄆᆡ일댱상의 오ᄂᆞ리오쇼셔"

품이다. 노랫말과 악곡을 아우른 명칭이라 여겨지는 이 〈심방곡〉은 18세기 이후 편찬된 가집들에서 대부분 첫머리에 수록되었다. 이후 초중대엽, 이중대엽과 같은 좀 더 빠른 곡조로 변화되었다가, 삭대엽으로 넘어가는 단계에서 그 노랫말은 더 이상 쓰이지 않게 되어 19세기 이후 가집들에서는 나타나지 않는다. 이 과정에서 본래 지니고 있던 '기원의 노래'라는 성격이 약화되는 반면에 '잔치의 노래', '환희의 노래'라는 성격은 더욱 강화됨으로써 '취락(醉樂)의 노래'가 되고 말았는데, 18세기 초엽의 가객 김성기(金聖器)나 김유기(金裕器)가 이 〈심방곡〉과 관련하여 남긴 기록들에서 보듯, 이 노래가 시조의 원조 또는 원형이라는 인식하에서 전승되고 있었던 것이다.[19]

이처럼 19세기 이후 가집들에서 자취를 감춘 노래를 「해동영언」이 곡조를 부여한 첫 작품[20]으로 삼았다는 사실은 어떻게 해석할 수 있는가. 이것은 단순히 18세기 가집의 성격을 추수한 것으로만 판단할 수 없다. 악곡의 배열을 비롯한 음악적 특성 면에서 19세기 가집과 친연성을 갖는 「해동영언」이, 굳이 첫 곡인 초중대엽 작품만을 18세기 가집에서 가져왔다고 하기는 어렵기 때문이다. 그보다는 「해동영언」의 편집자가 시조에 대하여 당대의 대중성이나 유행성과 별개로 전통 유산으로서 보존해야 할 가치와 의미를 특별히 상정하고 있었던 것으로 여겨진다. 다시 말하면, 무엇을 시조의 원형으로 삼아야 하는가를 분명히 의식하고 있었던 셈이다.

또 「해동영언」 속에서 실제 노래로서 연행된 정황을 짐작할 수 있는 부분도 발견된다.

---

19 권두환, 1993, 「時調의 發生과 起源」, 『관악어문연구』 18, 서울대학교 국어국문학과, 28-44쪽.

20 「해동영언」의 노랫말은 『주씨본 해동가요』와 정확히 일치한다. 악곡 또한 『진본 청구영언』을 비롯한 18세기 많은 가집에서 이중대엽 아래 두었으나 『주씨본 해동가요』는 초중대엽 곡으로 분류하고 있어 정확히 들어맞는다.

七年之旱과九年之水에도 人心이淳厚터니
時和歲豊ᄒᆞ고國泰民安ᄒᆞ되 人情은險涉千層浪이오 世事ᄂᆞᆫ危登百尺竿이로다
古今에 人心이不同함을못ᄂᆡ슬허ᄒᆞ노라
雲外子曰曲終無語只可一歎
– 1906. 11. 27 (제128호)

만횡(蔓橫) 악곡에 속한 이 노래는 가곡원류 계열 가집들에 두루 수록된 작품이다.[21] 노랫말에서 인정과 세상일의 위급함을 드러내고 있어 「해동영언」 수록 당시의 현실 정황과 부합했다고 하겠는데, 시조 비평에서 "곡을 마치고 말없이 다만 탄식할 뿐"이라고 하여 노래의 정서를 바로 이었다. 곡을 마친다는 표현을 근거로 할 때 신문에 얹힌 이 작품은 독서물로 읽힌 것이 아니라 노래로 듣는 방식으로 향유되었음을 알 수 있다.

이것은 1900년대에 시조가 여전히 노래로서 향유되고 있었고 그것이 존재하는 형태와 기반 또한 문학적 형식이 아니라 곡조에 있었다는 주장[22]과 부합한다. 곡조에 기반한 시조 소통의 사례는 「해동영언」을 전후해 나온 가집들을 통해서도 구체적으로 확인되는 바다. 「해동영언」에서 초중대엽 다음 곡은 우조 초중대엽(羽調初中大葉)으로, 여기 속한 작품은 정충신(鄭忠信)의 작인 〈黃河水맑다더니 聖人이나시도다…〉인데, 이 노래는 비슷한 시기에 나온 연활자본 가집 『대동풍아』(1908)와 『가곡선』(1913)에도 동일 악곡 아래 수록되었다. 바로 다음 계

21 심재완(1972), #3030 참조. 이 노래가 실린 이본은 14종인데 『주씨본 해동가요』 외 1종을 제외하고 나머지는 모두 가곡원류계 가집들이며 악곡 또한 대부분 '만횡'에 속해 있다.

22 배은희, 「근대 시조의 표현 양태 변모과정 연구: 구술성과 문자성을 중심으로」, 『한국시가연구』 36, 한국시가학회, 2014, 239-240쪽.

면조 이중대엽(界面調二中大葉)의 〈碧海竭流後에 모릐뫼혀셤이되야…〉 역시 위의 두 가집에 동일 곡조로 올라 있으며, 이하 우조(羽調) 및 계면조 삼중대엽(界面調三中大葉) 노래들도 마찬가지다.[23] 특히 『가곡선』의 경우는 위 중대엽곡들의 동일 악곡에 속하는 노래들 가운데 처음 올라 있는 것들이 모두 「해동영언」과 일치해 두 가집의 밀접한 연관성을 짐작하게 한다.

이상에서 살핀바, 「해동영언」은 노래로서의 성격을 유지하고 있는 텍스트로서 이후 간행된 가집과 연관성을 가지며 그에 영향을 끼쳤다고 볼 수 있다. 이렇듯 「해동영언」의 존재는 20세기 초에 음악적 성격의 시조 소통이 여러 방면에서 이루어졌음을 알 수 있는 구체적 증거다. 하지만 가집의 체제와 형식을 따라 각 곡조의 대표 작품들을 싣고 시조의 원형을 보존하려는 의식을 드러내고 있음에도 불구하고 「해동영언」은 시조의 음악적 성격 내에서 의의를 찾기는 어렵다. 다시 말해 「해동영언」은 이 시기 시조 음악 전문인을 위한 가집이라기보다는 일반인을 대상으로 한 고시조 계승 및 전파의 성격을 지닌 자료로 평가해야 한다는 것이다. 실제로 일간지에 수록된 「해동영언」을 전문 창자들이 활용했을 가능성은 적다. 다만 전통 시가 양식으로서 시조 담당층은 근대전환기에 들어서 『대한매일신보』 등에 창작 시조를 다수 발표하는 한편으로, 『만세보』나 여타 잡지 등에 고시조를 엄선해 수록하는 방식으로 당대적 변용을 모색해 갔던 것이다.

여기서 국민계몽 입장에서 지식 계발과 풍속 개량으로 창간의 변을 삼은 『만세보』가 고시조 작품들을 수록한 이유는 무엇이었는지 궁금해진다. 이 의문은 나아가 근대계몽기 지식인들이 시조라는 전통 양식을 새삼 선택한 까닭을 묻는 데까지 연결된다. 독자들의 반응과 발

---

23 우조 삼중대엽 아래에는 조식의 〈三冬에베옷닙고 巖穴에눈비마쟈…〉 작품이, 계면조 삼중대엽 아래는 이황의 〈淸凉山六六峰을 아나니나와白鷗…〉가 올라 있다.

행 부수의 압박을 의식하지 않을 수 없는 신문 매체에 고시조를 지속적으로 수록하는 것 자체가 이미 파격적이고 예외적인 일이라 할 것이다. 『대한매일신보』와 『대한민보』 소재 창작 시조들과 달리 문명 개화의 시어와 의식을 곧바로 반영해 대중의 공감을 유도할 수도 없고, 시사성을 반영해 현실에 참여할 수도 없었던 고시조를 왜 택했던가. 개화기 급박하고 절실한 사회적 분위기에 비추어 볼 때 전통 그 자체의 고수를 이유라고 할 수는 없을 터이다. 그러면 이 같은 전통 양식의 수용을 충분히 활용 가치를 지닌 수단으로 인식했다는 것인가.

이에 대한 답을 찾으려면 시조, 가사와 함께 신문 잡지 매체를 통해 활발히 받아들여지고 변화를 겪은 한시의 경우와 비교 고찰하는 것이 도움이 된다.

1900년대 들어와 역사적 전환기를 맞이하면서 신채호의 '동국시계혁명(東國詩界革命)' 주장에서 나타난바, 문학 양식으로서 한시의 한계는 노정되어 있었다.[24] 그럼에도 불구하고 한시는 끊임없는 자기 혁신을 거치며 『대한매일신보』를 비롯한 신문과 잡지 등을 매체로 삼아 많은 작품을 생산해 냈다. 이처럼 근대계몽기의 매체가 한시를 선택한 것을 두고, 한시가 당시의 특수한 역사적 상황으로 말미암아 민족 계몽에 복무한다는 한계를 지니면서도 민족적 성격을 높이기 위한 다양한 형식을 통하여 새로운 내용을 담을 수 있었기 때문으로 평가[25]하기도 하고, 한시가 지닌 전달의 효과를 활용하는 한편으로 지식인을 대상으로 하는 신문의 보급 내지 판매 전략으로 지적 요소가 강한 한시를 활용

24 "東國詩가 何오 ᄒᆞ면 東國語, 東國文, 東國音으로 製ᄒᆞᆫ 者가 是오, 東國詩界革命家가 誰오 ᄒᆞ면 東國詩中에 新手眼을 放하는 者가 是라 할지어늘(이하 생략)" 『대한매일신보』, 〈天喜堂詩話〉, 1909. 11. 20 자. 임형택, 「'東國詩界革命'과 그 의의」, 『백영정병욱선생환갑기념논총』, 신구문화사, 1982, 1086쪽 참조.

25 이희목, 「애국계몽기의 한시」, 『애국계몽기 한시 자료집』, 성균관대학교 대동문화연구원, 2005.

했다[26]는 지적도 있었다.

한시 작품의 창작과 함께 주목할 부분은 시대를 향한 발언으로서 한시평의 전통을 활용해 왔다는 점이다. 1906년부터 1910년까지 이른바 '통감부 시대', 우리 애국 지식인들이 '자주개화사상'을 바탕으로 근대적인 민족의식을 형성해 갔던 애국계몽기에 『대한매일신보』에 나타난 일부 한시평을 비롯해 『대한자강회월보』나 『대한협회회보』를 비롯한 잡지에서 200여 칙(則)이 훨씬 넘는 한시비평이 나타났다. 이러한 한시비평은 비평가의 익명성, 비평의 풍자성, 비평의 계도성이라는 특성을 드러내며 이를 통해 '민족자주사상'을 고취하는 데 기여했다.[27]

이들 한시평과 더불어 고찰한다면 당대 지식인들이 시조나 한시 등 전통 양식에 대해 어떤 인식을 지니고 있었는지 보다 포괄적으로 접근해 추적할 가능성이 열린다. 「해동영언」의 시조비평은 그런 면에서 매우 드문 소중한 자료라 하겠다. 다음 장에서 시조비평의 특성을 구체적으로 점검해 보자.

## 4.「해동영언」 시조비평의 특성

국문시가 비평의 전통은 향가에서 고려가요, 시조나 가사에 이르기까지 줄기차게 명맥을 이어 왔으나 가장 주목할 만한 것은 시조비평이며, 한시비평의 다양성이 나타날 소지가 많은 것이 시조비평이기도 하다.[28] 앞서 소개한바, 신채호의 〈천희당시화(天喜堂詩話)〉의 국문시 옹호

26 진재교, 「근대전환기와 한시의 대응」, 『한국시가연구』 24, 한국시가학회, 2008.

27 이규호, 「舊韓末 漢詩批評과 '民族主義思想'」, 『한국고전시학론』, 새문사, 1985a.

28 이규호, 「古時調批評과 '詩歌一道思想'」, 『한국고전시학론』, 새문사, 1985b, 211-214쪽.

론도 시조비평에 해당한다.[29] 이 국시운동은 비록 중국 양계초에 의해 주도된 '중국시계혁명'의 수용이지만 조선 후기 가곡집의 서, 발에 나타난 '가곡예찬론'과 맞닿아 있는 것이기도 하다.

> 우리나라의 歌譜는 옛날 周나라의 風雅와 漢나라의 樂府와 같은 類이다. 名臣, 巨儒, 詩人 墨客들이 왕왕이 읊었다. (…) 사람의 귀를 즐겁게 하고 사람의 마음을 온화하게 하니 그 역시 風敎의 큰 관건이다.[30]

> 微婉한 것은 警戒를 함축하고 激昂한 것은 사람을 감동시키니, 족히 한 시대의 성쇠와 풍속의 미덕을 징험함이 있다. 가히 詩家와 더불어 안팎으로 나란하여 서로 없어지지 아니할 것이다. (…) 또한 족히 風化의 一助가 되겠다.[31]

가곡의 효용이 교화에 있다는 것, 곧 한시와 대등한 효용을 지닌다는 의식은 한시비평의 양식을 끌어다 시조비평을 행하는 것을 자연스럽게 했다. 조선 후기 수많은 가집의 서발에 보이는바, 4자 혹은 8자 품평어로 이루어진 직서적 방법이나, 모종의 사물을 빌려다 비유적으로 평하는 방법들 또한 시조비평의 전사(前史)를 이룬다.[32]

1900년대 이후 근대계몽기 시가비평은 매체 수록 한시들에 부기된 한시비평이 주가 되는데,[33] 「해동영언」에 보이는 시조비평은 이러한 한시비평과 상당히 밀접하게 연결된다. 1900년대의 유일한 시조비

29 박미영, 『한국 시가론과 시조관』, 박이정, 2006.

30 「海東永言 後序」. "我國歌譜 昔周之風雅漢樂府類也 名臣巨儒詩人墨客 往往吟咏焉 (…) 悅人耳和人心 其亦風敎之一大關也"

31 「靑丘永言 序」. "微婉則含警 激昂則動人 有足以懲一代之衰盛 驗風俗之美惡 可與詩家 表裏竝行而不相無矣 (…) 亦足爲風化之一助矣"

32 이규호, 앞의 논문, 1985b, 220-233쪽.

33 이희목, 앞의 책.

평으로서 「해동영언」의 비평을 한시비평과 비교하면서 당대 시평의 역할과 의미를 추출해 보자.

「해동영언」 전체 128수에 빠짐없이 부기된 시조비평은 그 방식과 수준, 지향이 매우 다양하여 성격을 단정 짓기 어려운 면이 있다. 형식 면에서 보면, 한시비평 양식에 준해 '청절유절(淸絶幽絶)' 넉 자만으로 비평한 예가 있는가 하면,[34] 일반적인 시평의 서너 배 이상에 달하는 비평도 있고,[35] 한시비평 문구를 가져온 경우에서부터 거의 한글시평에 가까운 것도 있다. 내용 면에서는 작품 내용을 충실히 반영해 해설하고 보충하는 비평이 중심이면서도 원래 내용을 현실과 연계해 변용하거나 시의성을 지니도록 비평한 경우도 상당수다. 또 작품 창작의 정황이나 연행 현장의 분위기를 짐작케 하는 비평도 존재한다.

이상의 다양한 성격을 염두에 두고 여기서는 「해동영언」을 수록한 매체의 성격을 고려하고, 일반인을 위한 가집 성격을 지니고 있었다는 앞 절의 평가를 전제하면서, 「해동영언」의 시조비평에서 가장 주목할 만한 특성이라 여겨지는 항목부터 차례로 살펴보고자 한다.

첫째, 「해동영언」 시조비평에서 가장 먼저 주목할 만한 성격은 대상 시조의 작품 내용을 당대 현실과 연계해 해석하면서 주제까지 변용하는, 시의성을 지닌 비평이다.

---

34 계면조 중거(界面調中擧)에 속한 조헌(趙憲)의 작품 〈池塘에비ᄲᅮ리고…〉(1906. 10. 5, 제84호)에 대한 시평이다.

35 「해동영언」에 수록된 마지막 두 사설시조에 대한 비평이 특히 길다. 〈鎭國名山万丈峯이…〉 작품에 대한 평은 "雲外子曰南薰殿明月夜에解民慍之五絃琴과鳳凰來儀之九成樂이描出國太平民安樂之好氣像ᄒᆞ야播諸聲口而使全國黎庶로蹈舞於烟花壽域之中하니今按此一曲ᄒᆞ니一部五百年聖人國之留聲機歟아信哉라樂者ᄂᆞᆫ天地之和也라始知五絃琴九成樂이無以加於此矣로다"(1906. 12. 29, 155호)이며, 〈碧桃花를손에들고…〉 작품에 대한 비평은 "雲外子曰玉洞桃花萬樹春의春風天地에九重春色醉仙桃의獻壽玉杯로山下碧桃春自開의神仙樂府를唱ᄒᆞ야聖人萬歲를祝ᄒᆞ리로다"(1907. 1. 1, 156호)이다.

朴孝寬

空山에우는접동 너ᄂᆞᆫ어이우지ᄂᆞᆫ다

너도날과갓치 무음離別ᄒᆞ얏ᄂᆞ냐

아무리 피나게운들對答이나ᄒᆞ더냐

雲外子曰血淚苦衷을世人이不知ᄒᆞ니志士의一歎이로다

– 1906. 9. 21 (제73호)

窓밧긔童子ㅣ와셔 오늘이새ᄒᆡ라커늘

東窓을열고보니 예돗든ᄒᆡ돗아온다

두어라 萬古ᄒᆞᆫᄒᆡ니後天에와일너라

雲外子曰向日丹心이豈有二日이리오

– 1906. 9. 27 (제78호)

위 두 작품은 계면조 이삭대엽에 속한 것들로, 모두 현실적 정황을 반영하여 원 작품의 주제를 변용하고 있다. 박효관의 작품은 이별의 애상을 노래한 것으로 분류되지만, 시조비평을 통해 당대 현실을 홀로 아파하는 지사의 탄식으로 변용됨으로써 시사성을 띠게 되었다. 아래 작품 또한 새해를 맞이하는 일상적인 소회를 다룬 것인데, 평자는 '해'가 지닌 상징성을 바탕으로 "임금을 향한 붉은 마음에 어찌 두 임금이 있겠는가"라는 충성의 주제로 전용했다.

羽調 二數大葉

江湖에期約을두고 十年을奔走ᄒᆞ니

그모론白鷗ᄂᆞᆫ 더듸온다ᄒᆞ건이ᄂᆞᆫ

聖恩이 至重ᄒᆞ시미 갑고가려ᄒᆞ노라

雲外子曰 갑고도가지말고 우리蒼生구ᄒᆞ여쥬오

– 1906. 9. 4 (제60호)

界面 調平擧　金裕器

春風桃李花들아 고은樣姿ᄌᆞ랑마라

蒼松綠竹을 歲寒에보렴우나

貞貞코 落落한節을곳칠쥴이잇시라

雲外子曰試聽此一曲歌ᄒᆞ니可當乎志士一場演說이로다

– 1906. 10. 19 (제96호)

〈江湖에期約을두고…〉는 강호를 향한 마음을 품고도 임금의 은혜에 보답하고자 십 년 벼슬길을 지내는 이의 속내와 다짐을 노래한 것인데, 이에 대해 평하면서 작품 내용에 관여하는 대신 그 충성스러운 주인공을 향해 난관에 빠진 우리 백성들을 구해 달라는 호소를 덧붙였다. 이 작품 외에도 이와 유사하게 비평자의 염원을 반영하면서 거의 우리말로 해설하듯 한 비평의 경우 감정을 직서적으로 표출하는 효과를 지닌다.[36]

〈春風桃李花들아…〉에서는, 세한에도 푸름을 잃지 않는 것으로 내면의 강직함을 드러내는 송죽을 봄철 도리화와 대비해 칭송하는 김유기의 노래를 들으니, 마치 지사의 일장 연설을 듣는 것과 같다고 평했다. 두 작품에 대한 시조비평이 모두 창생, 지사의 상황과 역할을 상기시키는 시사적인 내용으로 이루어져 당대 비평의 성격을 분명히 하고 있다. 이는 현실에 대한 비판과 풍자의식을 전면에 내세우곤 했던 동시대 한시비평의 경우와 비견된다.[37]

---

36 우조 두거(羽調頭擧)에 속하는 이정보(李鼎輔)의 작으로 "菊花야너는어이 三月東風다지니고/ 落木寒天에 네홀노퓌엿ᄂᆞᆫ다/ 아마도 凌想高節은너뿐인가ᄒᆞ노라"라는 노래에 대하여 비평자는 "淵明은가고너홀노피엿스니너아ᄂᆞᆫ者ᄂᆞᆫ나뿐인듸네가나를아ᄂᆞᆫ지"라는 한글 시평을 달고 있다(1906. 10. 25, 제101호).

37 『대한협회회보』에 실린 시 〈投擇之求和〉에 대하여 "평하되, 오늘날의 대한인이 이를 읽으면 어찌 등에 땀이 배지 않으리오. 청컨대 이러한 마음으로 대한의 혼을 불러내

둘째, 「해동영언」 시조비평에서 작품이 지닌 일반적 의미 평가와 달리 자의적 해석을 시도해 비평자로서의 독특한 시각과 지향을 드러내는 경우가 있다.

青山裏碧溪水야 수이ᄀᆞᆷ을ᄌᆞ랑마라
一到滄海ᄒᆞ면다시오기어려웨라
明月이 滿空山ᄒᆞ니쉬여간들엇더리
　雲外子曰月亦盈虛하니水哉水哉여奚取於月이리오
– 1906. 12. 19 (제146호)

山은옛山이로ᄃᆡ 물은옛물아니로다
晝夜에흐르니 옛물이잇슬소냐
人傑도 물과갓트여 가고아니오더라
　雲外子曰春水悠悠人去遠ᄒᆞ니相思病骨不勝愁로다
– 1906. 10. 20 (제97호)

황진이의 작품으로 알려진 노래들이다. 〈青山裏碧溪水야…〉는 밝은 달이 온 산을 가득 채운 충족적 상황을 제시하면서, 한번 가고 돌아오지 못하는 길로 내달리는 벽계수를 은근히 풍자하는 심정을 드러내며, 〈山은옛山이로ᄃᆡ…〉 역시 가고 나면 돌아오지 아니하는 사람들과 등치한 물의 속성에다 변함없는 산의 속성을 대비함으로써 세상 돌아가는 이치를 자못 근엄하게 관조하는 어조를 띤 작품으로 일반적으로 해석되어 왔다.

그런데 「해동영언」 편집자는 이 작품들을 수록한 후 비평을 통해

---

세(評曰 今日韓人讀此寧不汗背 請以此心 招大韓魂)"라고 비평하는 등 직서적이고 시의성 있는 비평이 주를 이룬다. 이규호, 앞의 논문, 1985a, 246-247쪽.

자신만의 남다른 평가와 시각을 덧붙이고 있다. 〈靑山裏碧溪水야…〉의 중심 소재인 달이 지닌 속성을 거론하면서 작품의 문면에 드러나지 않은 명월의 자부심을 자의적으로 옮긴 것이다. 즉, "달은 또한 차고 기우는 법이니 물이 어찌 달을 취할 수 있겠는가"라는 평가는 단순히 물은 흘러 가버리는 존재이며 달빛은 산에 가득하다고 하는 '감/머무름'의 대비를 넘어서는 것이다. 달은 차고 기울기도 하는 속성을 지녔기에 물은 결코 그것을 취할 수 없다는 평가를 내리고 있다. 〈山은옛山이로듸…〉에서도 변화와 불변의 고정된 의식을 시조비평에서 답습하고 있는 것이 아니라 산으로 상징되는 주인공의 내면을 대변하면서, 임을 그리는 수심을 이기지 못해 뼛속까지 병이 든 상태를 주된 정조로 해석하고 있는 것이다.

이처럼 시조비평을 통해 현실적 결핍과 소망을 반영하며 이상을 희구한다는 점에서 달리 주목해야 할 점이 있다. 곧 「해동영언」 시조비평에서 태평성세에 관한 문제의식이 특징적으로 발견된다는 점이다. 이러한 점은 소용(騷聳) 이하 작품들에서 자주 발견된다. 소용에 속한 〈아마도太平헐손 우리君親의時節이여…〉(1906. 11. 21) 작품에 대한 평은 "雲外子曰無懷氏之民歟아葛天氏之民歟아"로, 농가(弄歌)에 속한 〈大丈夫攻城身退ᄒᆞ야 林泉에집을짓고…〉(1906. 12 4)에 대한 평은 "雲外子曰葛天民無愁翁"이어서, 전설적인 태평성세의 근심 없는 시절을 그리는 심사가 비평에 그대로 반영되었다. 또 〈谷口弄우는쇼릐 낫잠깨여이러보니…〉[38]라는 일상의 한가로운 생활 풍경을 노래한 작품에 대한 평으로 천상의 신선을 끌어다 자신의 소망을 대신 투영하기도 한다. 이는 편안하고 살기 좋은 세상과는 반대의 삶을 살고 있는 상황에서 태평한 세월을 희구하는 자의적 비평 의식의 결과라고 할 수 있다.

---

38 농가(弄歌)에 속한 작품으로 1906. 11. 3 자 노래다. 이에 대한 비평은 "雲外子曰此公心事ᄂᆞᆫ不換天上仙"이다.

셋째, 「해동영언」 시조비평에서 가장 흔히 발견되는 것은 작품 내용을 요약하고 보충하거나 평가하는 해설적 비평이다.

弄歌
於于兒우은제고 우ᄂᆞᆫ일도보ᄂᆞᆫ제고
소경이붓슬들고 그리ᄂᆞ니細山水ㅣ로다
그리고 못보ᄂᆞᆫ情이야네오ᄂᆡ오다르랴
　雲外子曰相思夢斷腸聲이로구나
– 1906. 12. 5 (제134호)

界面樂　　　尤菴宋時烈
즌셔리술이되야 滿山을다勸하니
멀어불근빗치 碧溪에ᄌᆞᆷ겨셔라
우리도 醉토록먹은後에불거볼가ᄒᆞ노라
　雲外子曰人面山光一樣紅
– 1906. 12. 16 (제144호)

羽調 中擧　　　孝宗御題
淸江에비듯는소ᄅᆡ ᄀᆡ무어시우읍관ᄃᆡ
滿山紅綠이 휘드르며웃ᄂᆞᆫ고야
두어라 春風이몃놀이리우을ᄃᆡ로우어라
　雲外子曰群生自樂이天與其時로다
– 1906. 9. 29 (제80호)

〈於于兒우은제고…〉는 소경이 붓을 들고 산수를 세밀하게 그리는 역설적인 상황을 내세워 세상사를 다소 희화화하는 듯하다가 종장에서 '그리다'라는 중의적 표현을 매개로 하여, 임에 대한 그리움이 가득한 화자의 내면을 표출하는 쪽으로 주제가 급전환하는 작품이다. 이에 대해 평자는 종장 주제에 초점을 맞추어 꿈에서도 그리는 애끓는 소리라고 평해 주제를 부연하고 있다. 〈즌셔리술이되야…〉는 진서리를 맞아 붉게 물든 가을 산에 든 운치를 취흥으로 마무리하는 노래에다 "사람 낯빛이 산 빛깔과 한가지로 붉다"라고 하여 내용을 압축한 비평을 붙였다. 효종의 작품에서는 봄날 강물에 후두둑 비 듣는 소리를 마치 온 산을 뒤흔드는 웃음소리처럼 다가드는 자족감으로 표현했는데, 이에 대한 시조평은 "뭇사람들이 스스로 즐기는 것이 하늘과 더불어 이때로다"라고 하여 그 뜻을 보충했다.

이 밖에도 다수의 작품에서 해설적 비평이 나타난다. 앞서 든 〈백골단심가〉에 대해 "雲外子曰江山은變ㅎ야도忠魂은消치아니ㅎ리로다"라고 한 평가적 비평도 이 유형과 유사한 비평에 해당한다. 또 이항복의 작으로 알려진 〈鐵嶺놉푼고ㄱ]…〉[39]라는 작품에 대해 "雲外子曰控出逼眞孤衷ㅎ야尤於九歌九章〇悲凉感慨로다"라고 평함으로써, 이항복이 북청으로 귀양 갈 때 임금을 생각하는 외로운 내면이 비통하고 쓸쓸하게 드러났다고 했다. 이처럼 시조비평은 작품에 대한 현재적 평가뿐만 아니라 창자 당시의 정황을 부가적으로 설명하는 역할도 하는 경우가 있다.

이상에서 내세운 「해동영언」 시조비평만의 특성 이외에 시조비평으로서 보편적 성격도 들 수 있다. 즉, 한시비평과 유사하게 4자 또는 8자 평어로 이루어진 본격 비평에 해당하는 시조비평이 자주 등장한다는 점이 그것이다. 맹사성의 〈강호사시가〉 4수에 대해 한 수씩 제목을 붙이고 각 수의 비평도 따로 붙였는데, 예를 들면 봄노래는 〈江湖春酒

---

39 작품의 전문은 다음과 같다.
"鐵嶺놉푼고ㄱ] 자고넘는저구름아/ 孤臣感淚를 비숨아띄여다가/ 님계신 九重宮闕에쑤려즙이엇더니"

歌〉라고 제목을 달고 그 비평은 "雲外子曰和樂冲澹"이라 했으며, 여름 노래는 〈江湖夏風歌〉라고 해놓고 비평은 "雲外子曰閑靖優游"와 같이 4자 평어로 정서를 함축하는 예를 따르고 있다. 이 작품 외에도 4자 또는 8자로 이루어진 비평의 사례가 존재한다.

이처럼 「해동영언」 시조비평이 지닌 보편적 성격은, 기왕에 시조비평이 행해진 시기로 알려진 1910년대의 잡지 속 시조비평과 견주어 보아야 설명할 수 있다. 그 구체적인 작업은 후고를 기약하기로 하고, 여기서는 지금까지 살핀 「해동영언」의 전반적 성격과 시조비평이 지닌 특성이 어떤 시대적 역할과 의미를 지니는지 다음 이어지는 장에서 점검해 보자.

## 5. 마무리

20세기 초 일간지 『만세보』에 5개월 남짓 마련된 「해동영언」은 수록된 시조 작품들의 성격 및 체제를 고려할 때 18세기 또는 19세기에 편찬된 특정 가집으로부터 집중적인 영향을 받지 않은 독자적 형태의 가집으로서 평가할 수 있다. 시조의 원형을 의식하고 노래로서 존중되어야 할 작품을 선별해 수록함으로써, 시조를 전통 유산으로서 다만 보존한다거나 새로운 계몽의식을 담을 도구로서 활용하려는 실용적 인식에 머무르지 않았다. 작가 면에서는 상하를 아우르는 작가군을 망라하고, 주제 면에서도 인생무상과 취락, 회고와 한정, 애정에 이르기까지 상당한 편폭을 보여 주며, 당시까지 행해진 음악적 곡조의 다양성을 충분히 반영해 구성했다. 「해동영언」이 지닌 가집으로서의 성격은 이후 나온 가집들에도 영향을 주어, 이후 간행된 연활자본 가집들에서 구체적이고 직접적인 연관성이 확인된다.

「해동영언」이 특별히 눈길을 끄는 것은 1900년대 자료로서는 유일하게 시조비평을 행했다는 점이다. 총 128수의 작품 모두에 '雲外子曰'로 시작되는 시조비평을 달고 이를 통해 시조 양식 및 작품 내용에 대한 해설적 언급에다 시사적인 인식까지 보여 주었다. 이는 근대계몽기 문학 양식을 통해 적극적인 시대적 대응을 한 사례라고 인정된다.

「해동영언」의 가집적 성격 및 일부 시조비평 내용을 통해 이 시기 고시조는 읽는 독서물로서가 아니라 여전히 듣는 음악으로서 향유되었을 개연성을 밝혔다. 그러나 「해동영언」은 시조의 전문 가창자들에게 소용되는 가집이라기보다 신문을 접하는 일반 대중을 위한 시조집으로서의 성격을 지닌다고 할 만하다.[40] 이러한 평가는 곧 계몽적 입장에서 국민의 지식 계발과 풍속 개량을 목표로 한 『만세보』의 편집진이 「해동영언」을 기획하고 시조를 연재한 까닭을 추정해 보는 것과 맞닿아 있다. 1910년대 이후에도 『청춘』 등의 잡지에 「고금시조선」을 기획할 정도로[41] 이 시기까지도 고시조 작품은 계승할 가치가 있는 전통 양식으로서 여겨졌다. 곧 「해동영언」의 기획 자체가 일간지의 판매 부수를 늘리는 데 기여하는 바가 있었던 셈이다. 여기에 시조비평을 더해 『만세보』 편집진은 고시조에 대한 소양과 가치 인식을 전파함과 동시에, 풍속 개량과 현실 인식의 취지를 도모한 것으로 볼 수 있다.

하지만 시조비평의 전반적인 성격은 한시비평에 비하면 현실 참여적인 성격은 다소 약했다고 할 수 있다. 이는 한시계의 개혁 욕구와 국문시가계의 대응 의식이 서로 달랐기 때문이지, 비평자 개인의 성향

40 시조 작품을 반드시 노래로 접하지 않고 읽고 감상할 여지가 있었음은 다음 시조비평에서도 확인된다. "羽調樂: 우슬부슬雨滿空이오 울긋븕읏楓葉紅이로다/ 다리것은 사笠翁 긴호믜두러메고 紅료岸白빈洲際에與白鷗로鞠躬鞠躬/ 夕陽中 騎牛笛童이頌農功을ᄒᆞ더라/ 雲外子曰淸絶有味讀之不覺手舞足蹈"(1906. 12. 13, 제141호)

41 『청춘(靑春)』 제12호(1918. 3), 83-88쪽 「古今時調選」 참조. 여기서는 백제 성충(成忠)의 〈묫노라汨羅水야…〉로부터 사설시조 〈사랑이긔엇더터냐…〉에 이르기까지 역대 시조의 대표 작품 56수를 뽑아 싣고 있다.

탓은 아닐 터이다.[42] 지금까지 시조비평의 양상에 대한 논의는 1910년대에 나온 『新文世界』(1913)와 『新文界』(1913~1914), 『朝鮮文藝』(1918) 등 잡지 속 비평이 소개된 정도였다.[43] 「해동영언」의 시조비평을 본격적으로 고찰한 결과를 바탕으로 1900년대 신문 시조의 비평을, 문학적 성향이 급격히 전환되는 1910년을 전후로 한 시조비평의 특성과 비교 고찰하는 일도 의미 있는 과제가 될 것이다.

「해동영언」의 편집자가 누구인가에 관해서는 인물을 특정하기가 어렵다. 선행 연구에서 『만세보』의 발간 당시 비중 있는 역할을 맡았고, 1913년 『신문계』에 9수의 시조를 실은 최영년(崔永年)을 유력한 인물로 꼽기도 했다.[44] 그러나 실제 시조비평을 살핀 결과 다수의 비평에서 우국적 개탄 인식이 드러나는 점으로 보아 친일 성향을 지녔던 최영년을 곧 편집자로 확정하기는 곤란한 점이 있다. 또 그가 시조를 발표하면서 '자하산인(紫霞山人)'이라는 필명을 사용했으며 해당 비평에는 '천소자(天嘯子)'라고 기명했는데, 동일 잡지 다른 작품 비평에 「해동영언」 비평자와 동일한 '운외자(雲外子)'로 표기된 작품이 있어 이 점 또한 숙고를 요한다. 다만 이후 잡지에 시조를 수록하거나 비평한 인물들과 「해동영언」 편집자는 연관이 있을 것이라 여겨지지만, 1910년을 전후한 문학 환경의 급격한 변화를 감안할 때 보다 다각적인 시각의 접근법이 필요하다.

1900년대 들면서 우리 전통 시가의 중요성은 여러모로 부각되었

42 「해동영언」의 경우 시조비평을 행한 이는 연재물을 기획한 편집자와 동일한 인물일 것으로 생각된다. 가집 체재를 이해하고 시조에 대한 소양과 인식을 갖추어 비평자의 역할까지 감당할 수 있어야 하지만, 『만세보』에 관계했던 주변 인물들 중 쉽게 찾기가 어렵다. 그런 점에서 이 시조비평은 공동의 기획물이기보다 전문가 1인에 의해 행해졌을 가능성이 높다고 본다.

43 이규호, 「1910년대 時調批評의 兩面的 性格」, 『한국고전시학론』, 새문사, 1985c.

44 이상원, 앞의 책, 380-383쪽.

다. 새로운 사상과 내용을 담을 문학적 그릇을 마련하지 못한 단계에서 구형식에 신사상을 담으려 한 시도가 광범위하게 지속적으로 일어난 것이다. 그 양상을 시기별로 세분화해 역동적으로 고찰하고 변이 과정을 세밀하게 포착하는 논의가 필요한 단계다. 우리 문학사에서 최대 전환점이었던 이 시기에 전환 시대로서의 갈등이 제대로 부각되지 못해 왔고 개화론으로 국권을 찾고자 하는 민족 의지가 오랫동안 은폐되어 온 사정을 감안할 때 본격적인 연구가 필요한 지점이라고 본다.

현 단계 연구 과제를 함께 해결하기 위해서는 문학의 근대성 및 한문학과 국문문학의 관계를 확장된 시야에서 조망하려는 문제의식도 필요하다. 양자는 우월성 내지 타자의 문제가 아니라 양자의 교섭 자체가 근대의 징표라 할 수 있기 때문이다.[45] 그 속에서 전통 시가 양식의 선택과 역할, 그리고 한계를 구체적으로 비교 정리하는 일이 가능해질 것이다. 근대를 넘어서려는 최근의 동향과 더불어, 우리 근대문학에서 한문학을 포함한 전통 문학 양식들로부터 새로운 문학 양식들에 이르는 전이 과정을 이념과 사상 등 내적인 것에서부터 형식 변용의 외적인 양태에 이르기까지 정밀하게 살펴야 한다.

시조사 내부로 눈을 돌리면 남은 과제들이 선명히 수렴될 수 있겠다. 시조사에서 이 시기가 과도기 혹은 전형기(轉形期)가 아니라 고시조 단계에 해당한다는 논의[46]가 있었거니와, 창작 시조를 포함해서 이 시기 시조들은 여전히 노래로서의 장르 특성을 유지하고 있었다. 이후 1910년대 들어 시가 양식은 급격한 변화를 보인다. 사회 현실의 변화가 문학 양식에도 영향을 끼쳐 주제뿐만 아니라 형식, 발표 매체의 변화에 이르기까지 전면적인 변화를 겪게 되는 것이다. 그러므로 1905년

---

45 진재교, 앞의 논문, 109쪽.

46 고은지, 「애국계몽기 시조의 창작 배경과 문학적 지향: 대한매일신보를 중심으로」, 고려대학교 석사학위논문, 1997, 106쪽.

에서 1910년까지 집중된 근대계몽기 창작 시조 및 고시조 편집의 성격과 대비하면서 1910년대 시조 관련 산물의 성격을 고찰하는 것이 급선무다. 구체적으로 1910년대 고시조 가집을 포함해 주로 잡지를 발표 매체로 하면서 꾸준히 지속되어 온 전통 양식의 창작과 수용 과정의 변화와 변용, 그리고 시가비평에 나타난 시사성과 이들 양식에 대한 인식까지 파악하는 작업을 꾸준히 함께해야 한다. 1920년대 중반 시조 부흥 운동 이후 시조가 문학적 양식으로 완전히 전환할 때까지의 과정과 의미를 더불어 정리해 근대 이전과 이후를 잇는 일은, 그로부터 한 세기를 넘어 우리 문학의 '근대 너머'를 조망하고 성찰하려는 지금 우리에게 절실한 과제이기 때문이다.

# III 1910년대 잡지 수록 시조와 시조비평의 성격과 의미

## 1. 서론

시조사에서 1910년대는 주목할 만한 시기다. 그 출발인 1910년을 전후로 하여 시조 환경은 급격한 변화를 겪는다. 그 직전 근대계몽기(1905~1909)에는 『大韓每日申報』, 『大韓民報』 등 일간지를 중심으로 방대한 시조 작품들이 생산되었고, 일부 잡지 수록 시조와 함께 『萬歲報』의 고시조선과 시조평이 나왔으며, 가집의 편찬도 지속되었다. 1910년 이후로는 몇몇 잡지에 수록된 창작 시조로 중심이 이동하고 신문 수록 시조는 소수 작으로 명맥을 유지하면서 창작 동력이 쇠퇴하고 생산도 감소하게 된 것이다.[1]

지금까지 연구사에서 1910년대는 잊혀진 시기이기도 했다. 가령 최남선의 『少年』과 『青春』 발표 시조에 대한 논의나, 일부 잡지 성격 연구, 한시문가(漢詩文家)의 시조 활동 언급을 통해 이 시기 시조 작품이 언급된 적은 있지만, 특정 시기의 문제로 다루어지지는 못한 것이다. 개화기를 둘러싼 연구 쟁점 논의에서 1910년대 시조가 사라진 이

1 김영철, 『한국 개화기 시가 연구』, 새문사, 2004, 63쪽.

유는 몇 가지로 짐작된다. 첫째, 시기적으로 애국계몽기-시조부흥론기라는 엄청난 주목 시기 사이에서 생산과 동력이 상대적으로 빈약한 점, 둘째, 시조 작가층의 형성이 미약한 데다 추정 작가군은 대개 친일적 성향의 한시문가 인사인 점, 셋째, 이러한 작가의 경향성으로 인해 형식적 전환도 현실 인식도 미흡해 작품이 시절 노래로서의 효용성을 갖추지 못했을 것이라는 선입견 등이 그것이다. 이들 이유는 과연 온당하며 또 우리가 시가사에서 1910년대를 지울 만한 근거일 수 있는가.

20세기 벽두에 우리는 이른바 '동국시계혁명(東國詩界革命)'이라는 한시의 변혁과 국시 운동을 경험했으며,[2] 〈천희당시화(天喜堂詩話)〉를 통해 전통 시가 양식과 그 효용적 가치를 새롭게 발견하기 위한 시론 내지 시학에 근접한 바 있다.[3] 비록 3, 4년의 짧은 기간에 일었으나 이러한 움직임은 동아시아 문학혁명론의 자장 안에서 우리 구전통과 양식을 주체적인 신문화 양식으로 정립하려는 전환기의 적극적 문학운동이었다고 평가된다. 1910년대 시조는 바로 그러한 본격적인 노래, 시에 대한 인식이 대두한 직후 작품으로 구체화한 사례다. 또 애국계몽기의 시조 경향이 어떻게 시조부흥론까지 이르는 작품 양상과 논쟁으로 진행할 수 있었는지 보여 주는 중간 단계의 실체이기도 하다. 만약 1910년대 시조 작가나 수록 잡지의 지향 때문에 시조 작품에 접근하는 일을 차단하지만 않는다면 이 잊혀진 시기에 대한 면밀한 고찰은 시조사, 문학사의 재구에 필수적인 일이다. 설사 그 결과가 현재적 기대에 미흡하더라도 그 시기 전통 시가의 행방을 객관적으로 수소문해야 할 책임이 있다.

---

2 임형택, 「'東國詩界革命'과 그 의의」, 『백영정병욱선생환갑기념논총』, 신구문화사, 1982.

3 고은지, 「〈천희당시화〉에 나타난 애국계몽기 시가인식의 특질과 그 의미」, 『한국시가연구』 15, 한국시가학회 2004; 김주현, 「〈천희당시화〉의 성격과 위상」, 『어문학』 91, 한국어문학회, 2006.

이른바 '개화기'에 고시조 전통은 향유뿐 아니라 창작 면에서 20세기까지도 지속되었다.[4] 그런 점에서 전통 시조와 개화기 창작 시조의 관계를 시조 문학사 및 개화기 문화의 전개 과정 위에서 연속적으로 고찰하는 작업이 필요하다. 1920년대 시조 부흥 논의 이전 시조를 둘러싼 정황에 대한 면밀한 파악은, 근대문학 형성 단계에서 서양 시의 유입과 더불어 우리 전통 시가의 변모와 역할을 되짚어 보는 균형 있는 시각을 제공할 것이다.

지금까지 연구 성과를 돌아볼 때 1910년대 시조의 경향을 총체적으로 다룬 논의는 드물다. 그 또한 시조 자체에 집중한 것이라기보다 잡지의 성격 파악이나 시조 향유를 통한 한시단의 변모를 다루기 위해 활용한 정도다. 이 시기 시조를 전면적 논의 대상으로 삼았던 논의에서는, 1910년대에 시조는 '지나간 문물로 인식'되었으며 당시 형태나 연행 방법도 조선 시대 시조와 유사하다고 결론짓고 있어 실상에 기반한 구체적인 연구 방법과 평가로 보기 어렵다.[5]

그렇다면 이 시기 대표적인 시조 수록 잡지들의 경향과 실제 작품들에 대한 면밀한 분석이 중심인 실제 연구 작업이 요구된다. 앞서 언급했듯이 최남선이 주관한 잡지의 시조에 대해서는 시대적 조망과는 거리가 있지만 연구 성과가 축적되어 왔다. 반면 이 시기의 뚜렷한 특징을 지니면서도 그간 제대로 규명되지 못했던 잡지들에 수록된 창작 시조 작품에 대해서는 집중적인 관심과 객관적 관점 아래 본격적인 논의가 필요한 형편이다.

최근에 『양춘집』을 조명해 자료의 성격과 당대 창작 시조의 향유·소통 양상을 고찰한 논의들은 그런 면에서 우선 반갑고 주목할 만하

---

4 최동원, 「개화기시조고」, 『고시조론고』, 삼영사, 1990, 80쪽.

5 최진희, 「1910년대 시조의 변화 양상과 그 의미」, 이화여자대학교 석사학위논문, 2009.

다.[6] 시조라는 전통 양식이 근대 지식인들의 문화 코드로 새롭게 자리매김했는가에 대한 사실 파악이나 음악적 향유 양상은 더 세심한 판단을 기다려야 하겠으나, 1910년대 시조의 구체적인 실상에 한 발 다가선 성과로서 그 의의가 있기 때문이다.

1910년대에 창작 시조는 전대의 신문 수록 시조와 비교해 수록 매체가 잡지로 이동하면서 양적으로 급격히 감소했다는 사실을 앞서 지적한 바 있다. 그런데 이 시기에 지속적인 수록을 보인 잡지들의 창작 시조 작품은 시조평을 수반하고 있다. 이러한 특징은 1920년대에는 거의 볼 수 없고, 이전 시기에도 일간지 고시조선에 한 차례 보이는 정도로, 1910년대 문학 담당층이나 시조의 지향과 관련해 중요한 면이라고 생각된다. 이 점에 유의하면서 1910년대라는 특수한 시대적 조건 아래서 수록 잡지의 성격 검토에 이어 개별 작품들을 세밀하게 고찰해 나가는 단계로 논의를 진행한다.

이와 함께 시조를 비롯한 국문문학에 대한 인식이 재편되고 시가의 효용적 가치가 분출되던 애국계몽기의 분위기로부터 한일병탄과 함께 무단통치기로 급전환된 시대적 특성을 고려하면서 매체와 문학의 관계를 살펴 1910년대 시조의 모습을 객관적으로 파악하는 일은 현 단계의 요청 과제다. 이 과제의 결과를 전후 시대와 연결함으로써 대표적 전통 시가로서 시조가 어떻게 근대문학 형성기에 문학 양식으로 등장, 인식, 부각하게 되는지 본고의 결론에서 자연스럽게 이해할 수 있게 되기를 기대한다. 나아가 고시조와 현대시조 사이의 창작·연구에 대한 논의가 단절된 현재 우리의 당면 과제도 극복할 단서를 찾을 수 있기를 희망한다.

---

6 배은희, 「단국대 소장본 『양춘집』 소재 시조 연구」, 『어문론집』 77, 중앙어문학회, 2019; 강혜정, 「『양춘집』을 통해 본 1910년대 시조의 창작 향유 양상」, 『시조학논총』 52, 한국시조학회, 2020.

## 2. 매체의 특성과 시조 수록 양상

1910년대 잡지에 수록된 창작 시조는 『學之光』 1수, 『靑春』 13수, 『朝鮮佛教月報』 2수, 『侍天教月報』 4수 등이 있다. 이 중 특히 중심이 되는 작품은 고정란을 두고 시조와 시조평을 곁들인 『新文世界』 및 『新文界』의 38수(연시조 1수 포함)와, 『朝鮮文藝』의 13수 등이다. 이 중 『신문세계』 「舊歌曲」란의 2수를 제외하면 모두 창작 시조다.[7]

[표 1] 1910년대 잡지 수록 시조/시조평

| | 작품 제목 | 음악적 표지 | 작자 | 평자 | 종장 첫구 | 수록 잡지, 난 | 비고 |
|---|---|---|---|---|---|---|---|
| 1 | ▼水仙花 | (平調) | 北溪隱士 | 一嘯堂 | 아마도 | 『新文世界』, 「新歌曲」 1권1호(1913. 2) | 평시조 |
| 2 | ▼春水活 | (同) | 同 | 〃 | ᄒᆞ로밤 | 〃 | 〃 |
| 3 | ▼梅花春 | (女唱) | 同 | 〃 | 이속에 | 〃 | 〃 |
| 4 | ▼盛世樂 | (擬言樂) | 同 | 〃 | 우리ᄂᆞᆫ | 〃 | 사설시조 |
| 5 | ▼戀主人 | (平調) | 靑邱永言 | 〃 | 그梅花 | 〃, 「舊歌曲」 | #0472.1[8] |
| 6 | ▼迎新春 | (同) | 同 | 〃 | 아희야 | 〃 | #4277.1 |
| 7 | 春風條 | × | 千東皞 | 芝山子 | 우리도 | 『新文界』, 「詞藻」 1권2호(1913. 5) | 「詞藻」 한시(평) 6수 아래 수록 |
| 8 | 綠陰 | × | CS生 | 海史生 | 우리ᄂᆞᆫ | 『新文界』, 「歌曲」 (詩調) 1권3호 (1913. 6) | 사설시조 |
| 9 | 田家 | × | 東樵生 | 雲外子 | 아마도 | 〃 | 평시조 |

7 1910년대 잡지 수록 창작 시조는 총 69수다. 1900년대 잡지에 수록된 창작 시조는 『소년』의 12수를 포함해 총 27수이며, 1920년대에는 시조 부흥 논의를 전후해 작품 수가 급격히 늘어난다.

8 관련 고시조는 『고시조대전』(김흥규 외, 고려대학교 민족문화연구원, 2012)의 작품 번호를 따랐다.

| | 작품 제목 | 음악적 표지 | 작자 | 평자 | 종장 첫구 | 수록 잡지, 난 | 비고 |
|---|---|---|---|---|---|---|---|
| 10 | 黃鶯 | × | 惺庵生 | 海翁 | 엇지타 | 『新文界』,「歌曲」(詩調) 1권3호 (1913. 6) | 평시조 |
| 11 | 惜春 | × | 仝 | 觀風生 | 至今에 | 〃 | 〃 |
| 12 | 種菊 | × | × | 老圃生 | 陶明이 | 〃 | 사설시조 |
| 13 | 行樂 | × | × | 晩松生 | 아마도 | 〃 | 평시조 |
| 14 | ○管鮑交 | × | 天嘯子 | (評曰) | 至今에 | 『新文界』,「歌曲」 1권4호(1913. 7) | 〃 |
| 15 | ○一寸心 | × | 仝上 | 〃 | 엇짓타 | 〃 | 〃 |
| 16 | ○玉蘭干 | (男唱) | 仝上 | 〃 | 그즁에 | 〃 | 사설시조 |
| 17 | ○歸去來 | × | 惺庵生 | 〃 | 뭇今에 | 〃 | 평시조 |
| 18 | ○別億萬愁 | × | × | 〃 | 시름곳 | 〃 | 〃 |
| 19 | ○長生術 | × | 天嘯子 | 〃 | 아마도 | 『新文界』,「歌曲」 1권5호(1913. 8) | 〃 |
| 20 | ○是神仙 | × | 上仝 | 〃 | 自古로 | 〃 | 사설시조 |
| 21 | ○閒事業 | × | 上仝 | [*비평 없음] | 아마도 | 〃 | 〃 |
| 22 | ○好八子 | × | 上仝 | (評曰) | 술취코 | 〃 | 〃 |
| 23 | 佳色 | (平調) | × | 天嘯子 | 아마도 | 『新文界』,「歌曲」 1권7호(1913. 10) | 평시조 |
| 24 | 菊花 | (仝) | × | 〃 | 아마도 | 〃 | 〃 |
| 25 | 秋風 | (즙는時調) | × | 〃 | 우리는 | 〃 | 사설시조 |
| 26 | 芭蕉 | (平調) | × | 〃 | 우리는 | 〃 | 평시조 |
| 27 | 秋懷 | (仝) | × | 〃 | 아마도 | 〃 | 〃 |
| 28 | 秋聲 | (仝) | × | 〃 | 아마도 | 〃 | 〃 |
| 29 | 陶淵明 | (平調) | 紫霞山人 | 〃 | 至今에 | 『新文界』,「朝鮮歌曲」 1권8호(1913. 11) | 〃 |
| 30 | 靑天月 | (平調) | 同 | 〃 | 아모도 | 〃 | 〃 |
| 31 | 滿庭黃葉 | (男唱) | 同 | 〃 | 至今에 | 〃 | 사설시조 |

|  | 작품 제목 | 음악적 표지 | 작자 | 평자 | 종장 첫구 | 수록 잡지, 난 | 비고 |
|---|---|---|---|---|---|---|---|
| 32 | 江湖樂 | × | 一嘯生 | 記者 | 아마도, 至今에, 夕陽에, 밤즁만, 우리ᄂᆞᆫ, 손들어, 두어라, 나홀노 | 『新文界』, 「朝鮮歌曲」 1권9호(1913. 12) | 연시조 8수 |
| 33 | 春遊樂 | × | 紫霞山人 | 自解 | 우리ᄂᆞᆫ | 『新文界』, 「朝鮮歌曲」 2권5호(1914. 5) | 사설시조 |
| 34 | 金剛山 | 男唱時調 | 〃 | 〃 | 엇지타 | 〃 | 〃 |
| 35 | 花信風 | 男唱時調 | 〃 | 〃 | 아마도 | 〃 | 〃 |
| 36 | 採藥翁 | 男唱時調 | 〃 | 〃 | 우리ᄂᆞᆫ | 〃 | 〃 |
| 37 | 從地理 | ᄌᆞᆸᄂᆞᆫ時調 | 〃 | 〃 | 아마도 | 〃 | 〃 |
| 38 | 白髮嘆 | 男唱時調 | 〃 | 〃 | 우리ᄂᆞᆫ | 〃 | 〃 |
| 39 | 布穀聲 | × | 天籟子 | 外史氏 | 아마도 | 『朝鮮文藝』, 「朝鮮新樂府」 2호 (1918. 10) | 평시조 |
| 40 | 花裡蝶 | × | 仝 | 〃 | 우리가 | 〃 | 〃 |
| 41 | 黃鶴樓 | × | 仝 | 〃 | 그즁에 | 〃 | 사설시조 |
| 42 | 無價寶 | × | 仝 | 〃 | 아마도 | 〃 | 〃 |
| 43 | 上巳燕 | × | 仝 | 〃 | 그ᄅᆡ도 | 〃 | 평시조 |
| 44 | 耕春麥 | × | 仝 | 〃 | 그것도* | 〃 | 사설시조 |
| 45 | 墨長衫 | × | 仝 | 〃 | 그和尙 | 〃 | 〃 |
| 46 | 紫霞洞 | × | 仝 | 〃 | 至今에 | 〃 | 〃 |
| 47 | 花月夜 | × | 仝 | 〃 | 지금에 | 〃 | 평시조 |
| 48 | 山窓竹 | × | 仝 | 〃 | 아마도 | 〃 | 〃 |
| 49 | 櫻花洞 | × | 仝 | 〃 | 아마도 | 〃 | 〃 |
| 50 | 待情郎 | × | 仝 | 〃 | 우리ᄂᆞᆫ | 〃 | 〃 |
| 51 | 種菊花 | × | 仝 | 〃 | 陶淵明 | 〃 | 사설시조 |

『신문세계』는 1913. 2. 18 일본인 다케우치 로쿠노스케(竹內錄之助)가 창간한 교양 잡지인데, 1권1호를 발행하고 두 달여 뒤에 다음 호부터 『신문계』로 개제한다. 1권1호에는 「신가곡」란에 4편, 「구가곡」란에 2편의 시조가 시조평과 함께 수록되어 있다. [표 1]에서 보듯 작품마다 악조가 표시되어 있으며, 창작 시조 4수의 작가는 북계은사(北溪隱士), 평자는 일소당(一嘯堂)으로 되어 있다. 각 작품은 종장 말구를 생략한 시조창 형태의 평시조 형식이 대부분이나 사설시조도 1수 있다. 『신문계』는 1913. 4. 5부터 1917. 3까지 통권 48호로, 이 시기 가장 많은 호수를 발행한 잡지다. 최찬식, 백대진, 송순필 등이 참여한 기자단과 더불어 동경 유학 경험이 있는 현직 교사를 고문단으로 구성한 점이 특징적이다. 『만세보』의 「해동영언」 편찬자로 추정되기도 하는, 최찬식의 부 최영년(崔永年)이 이 잡지의 후견인이자 필자로 적극적인 활동을 보인다.

잡지의 제목이나 고문단 구성 과정에서 짐작할 수 있듯 『신문계』는 식민지 근대화 제도에 충실한 신지식인층의 육성을 목표로 하면서 일차적 대상을 학생층[9]으로 삼았다. 이를 위해 내세운 '신문(新文)', 즉 새로운 문명의 출발점은 국한문 혼용체라는 문자 생활의 개량이었으며, 한문 중심으로 주변을 재편성하는 문화 재조정이 '신문'을 향한 대안으로 제시되었다.

> "文도 역시 시대를 隨하야 변하는 고로 上古엔 상고문이 유하고 中古엔 중고문이 유하고 현대엔 현대문이 유하니 금세에 居하야 상고나 중고에 적용한 것을 변치 아니하면 炎天에 羊裘를 着하고 白晝에 蠟燭을 點함과 如한지라. 所以로 스스로 新치 못하는 文을 被動力으로 신케 하고 스스로 행치 못

9 1권8호 〈신문계의 정의〉, "신문계는 청년 學海의 신사상을 발양하는 世界花".

하는 문을 呼吸力으로 행케 하야 日新月新하고 內新外新한 新文으로 신반도 신청년에게 夏葛에 新節服과 태양에 신광선이 신체에 便宜하고 眼光에 명랑토록 供하노라."[10]

20세기 신문명의 도래를 역설하면서도 중세 문어 위주 언어생활을 논하는 것은 친일적 구지식인의 인식과 상통하는 바가 있지만, 이를 통해 전통적 동양문화(한문)를 중심으로 한국문화(언문), 일본문화(假名), 서양문화(에비씨디)를 통합·재조정하자는 것이 그들이 주장하는 '신문'의 핵심이다.[11] 따라서 잡지를 구성하는 내용도 윤리, 동식물, 화학 등 서구의 다양한 근대 지식은 물론 조선어강좌, 영어 및 일본어, 한문, 실용문, 서식 등을 포함하고 있다.[12]

1910년대 잡지계를 이끈 인물로 다케우치는 최남선과 나란했다. 최남선의 잡지 『소년』(1908. 11. 1~1911. 5. 15)과 『청춘』(1914. 10. 1~1918. 9. 26, 통권15호)이 도구적 지식과 민족적 지식을 아우르고 국민교육 기능을 자임하면서 지식으로서의 문학을 내세운 반면, 다케우치의 『신문

10 『신문계』 1권2호(1913. 4), 1면.

11 한기형, 「무단통치기 문화정책의 성격: 잡지 『신문계』를 통한 사례 분석」, 『민족문학사연구』 9, 한국민족문학사연구소, 1996, 231-232쪽.

12 참고로 제4호(1913. 7)의 목차를 예로 보이면 다음과 같다.
主張 : 新文은學海의輪船 = 2; 才華보담勤勉 = 4; 端陽天氣 : 唱歌 / 碧鍾居士 = 6; 金剛은天然的公園 / 海東山人 = 8; 朝鮮五大江의水原及支源. 二 / 李石雨 = 20; 倫理 / 姜邁 = 24; 植物研究. 二 : 蕓薹(배추꽃) / 金東赫 = 26; 動物界 / CTG生 = 29; 鑛物과岩石 / 新安生 = 30; 應用化學 : 牛骨의 利用 / 太華逸人 = 31; 洋燭의原料는何者 / 金珉培 = 33; 空氣는何如한者뇨 / 洪善杓 = 35; 生理 / 李承青 = 36; 最新講堂 : 朝鮮語에關한參考文. 四 / 周時經 = 39; 漢文의字解 / 朴麟鍾 = 40; 轉語虛字. 其四 / 權寧瑀 = 42; 算術智慧囊 / 柳一宣 = 43; 簿記. 續 / 任璟宰 = 46; 國語新話. 其四 = 49; 英語 / 千東皥 = 53; 實用時文 : 書式 = 54; 書簡類語. 續 = 58; 詞藻 = 59; 歌曲 = 60; 懸賞課題當選 / 金弼洙 = 62; 가뎡학강화(家庭學講話) = 68; 寓意談 / 이솝부 原作; 記者 譯 = 71; 文林 / 李海根 = 75; 衛生學講話 / 劉秉珌 = 82

계』는 창간 초기부터 상당 기간 동안 도구적 지식의 강화와 전면화에 주력해 지식 내용을 세분화하고 강화하는 데 치중했다. 실제로 『신문계』는 발행 1년간 문학적 글은 거의 싣지 않았다.[13] 이러한 잡지의 성격상 1913년 잡지 초기부터 시조가 그해 말까지 지속적으로 수록된 점은 매우 주목을 요한다. 첫 호에는 한시를 수록한 「詞藻」란 마지막에 시조 한 수를 수록했다가, 다음 호부터는 「歌曲」(詩調), 「歌曲」, 「朝鮮歌曲」 등 별도의 난을 만들어 꾸준히 시조 작품을 시조평과 함께 실었던 것이다. 이듬해인 1914년에는 4개월간 시조 수록란이 사라졌다가 2권 5호에 다시 한번 수록하는 것을 마지막으로 더 이상 시조는 잡지에서 모습을 보이지 않는다.[14] 『신문계』에 수록된 시조는 총 32수로, 이 중 1수는 8수의 연시조다. 시조의 작자 및 평자는 밝혀져 있는 경우가 있지만, 대부분 편집진으로 추정되는 인물의 필명이고 중복이 많다. 곡조 표기는 생략된 곳도 있지만 수록 마지막까지 절반 정도는 나타났으며, 2자 내지 4자의 작품 제목은 반드시 달았다.[15]

창작 시조들의 작자는 자하산인(紫霞山人, 최영년) 9수[1권8호, 2권5호],

---

13 『청춘』과 『신문계』의 잡지 발간 목적과 문학 비중에 대해서는 한기형, 「근대잡지와 근대문학 형성의 제도적 연관: 1910년대 최남선과 竹內錄之助의 활동을 중심으로」, 한기형 외, 『근대어·근대매체·근대문학: 근대 매체와 근대 언어질서의 상관성』, 성균관대학교 대동문화연구원, 2006, 290-296쪽 참조.

14 1914년 들어 4개월간 『신문계』에 시조 수록이 중단된 사실은 역시 다케우치가 순한글본으로 간행한 잡지 『우리의 가뎡』(1913. 12. 15~1914. 11) 발간과 관련이 있지 않나 추정해 볼 수 있다. 1914년 5월 이후부터 시조 수록이 배제된 것은 1914년 4월 『신문계』 고문회가 두 번째로 회의를 한 결과 잡지의 구성을 조정하자는 의견을 수렴한 일과 관련이 있는 듯하다[제2권5호(1914. 5)의 '顧問會에 대한 情況' 기사 내용 참조]. 고문회의 회의 결정 후 바로 다음 호부터 『신문계』는 논담, 학술, 문예, 잡록의 네 부류로 기사를 나누어 편성했으며, 이 가운데 문예란에는 시조 대신 시화나 소설을 수록하고 있다.

15 제목 표기는 애국계몽기 신문 시조들에서도 이미 나타난바 20세기 초 새로운 현상으로, 한시 작가들이 참여한 매체 편집진의 영향으로 소악부의 전통을 따른 것이라고 추측해 볼 수 있다.

천소자(天嘯子) 7수[1권4호, 1권5호], 북계은사(北溪隱士) 4수[1권1호], 성암생(惺庵生) 3수[1권3호, 1권4호] 등과, 천동호(千東嘷),[16] 동초생(東樵生),[17] CS생(CS生), 일소생(一嘯生)이 있다. 평자 이름은 천소자(天嘯子), 일소당(一嘯堂) 외에 지산자(芝山子), 해사생(海史生), 운외자(雲外子), 해옹(海翁), 관풍생(觀風生), 노포생(老圃生), 만송생(晩松生) 등이며, 이름을 특정하지 않고 평왈(評曰), 기자왈(記者曰)로 붙인 곳도 있다. 이들 작자 혹은 평자들은 대개 한문 사용에 익숙한 지식인층으로, 잡지 주변의 언론인이 중심이 되었다고 추정된다.

『조선문예』는 동인지가 아닌 범문단적 성격을 지닌 한국 최초 순문예 잡지다. 1917년 4월에 성대하게 창간호를 낸 후, 1918년 10월 제2호를 발행한 것으로 알려져 있다.[18] 당시 한문학계 원로와 중진을 망라한 조직이었던 '조선문예사(朝鮮文藝社)'가 간행의 배경으로, 편집 겸 발행인은 최영년이다. 『조선문예』 제자(題字)는 사내총독(寺內總督)의 친필로, 당시 막강한 조직과 배경을 바탕으로 탄생해 창간호 부수가 타 문예 동인지의 열 배에 이를 정도였다.[19]

한시문가인 최영년, 정만조, 여규형 등이 주관했으며, 일진회 총무였던 최영년은 이사이자 편집장을 맡아 많은 작품을 창작하고, 아들 최찬식도 잡지에 적극 관여했다. 『신문계』와 그 후속 잡지인 『반도시론

---

16 2권1호의 〈조선어원인급변화(朝鮮語原因及變化)〉라는 글을 쓴 필자가 '성암천동호(惺庵千東嘷)'로 표기된 것으로 미루어, 천동호는 성암생과 동일 인물로 추정된다.

17 2권5호의 문예소설 〈백장홍(百丈紅)〉을 소개한 해동초인(海東樵人)과 동일 인물인 최찬식(1881~1951)으로 본다. 최찬식은 필명으로 동초생을 사용했다.

18 『조선문예』 창간호(1917. 4. 20)는 국판 158쪽, 2000부를 간행했다. 애초 3개월마다 연 4회 계간지로 간행할 것을 예정했던 것으로 보인다. 하지만 예정대로 간행은 이루어지지 못해 1년 6개월이 지나서야 다음 호를 내면서 다음 호부터 격월간으로 간행을 예고했으나 제3호 이후는 발견된 바가 없다. 제2호(1918. 10. 20)는 국판 125쪽, 발간 부수는 미상이다. 『조선문예』 창간호 156쪽 및 제2호 125쪽 참조.

19 주승택, 「『朝鮮文藝』 攷」, 『진단학보』 62, 진단학회, 1986, 162쪽.

(半島時論)』(1917. 4~1919. 3)에까지 부자(父子)가 필진으로 참가해 이 잡지들은 긴밀히 연관되어 있다. 집필진의 성격에서 짐작되듯, 『조선문예』는 1890년대 이후 꾸준히 제기되어 온 한문 폐지론에 대항해 한문학의 저변을 확대하려는 의도를 지니고 있었다. 총독부가 이 잡지를 적극 후원한 것은 최대 반일 저항 세력이었던 유림(儒林)을 회유하려는 목적 때문이었으나, 결과적으로 잡지가 지닌 친일적 성향 때문에 유림의 호응을 얻지 못한 채 실패로 돌아간 것으로 보인다.

그러나 잡지 자체의 실패와 문학사적 의미는 구분되어야 한다. 시기상으로나 규모 면에서도 중요한 잡지가 문학사에서 사라진 원인은 연구자들 스스로 그 문학사적 의의를 과소평가한 데 있다.[20] 즉, 잡지의 성격과 수록된 문예 내용의 수준을 동일시해, 수록 글과 작품을 사라진 혹은 존재하지 않았던 것으로 취급해 온 것이다. 1910년 한일병탄을 계기로 개화기 저항문학은 종언을 고할 수밖에 없었고 최남선, 이광수 등에 의한 신문학은 아직 역량이 무르익지 않았던 1910년대의 시대적 조건을 감안한다면 한문학 및 그 작가들이 주축이 된 활동은 문학사의 공백기 역할을 감당했던 것이라고 평가할 만하다.

잡지의 내용은 한문학이 대부분이지만, 체재 및 형식은 근대적인 면을 갖춘 덕분에 고전비평과 현대비평의 접점으로 평가되기도 했다.[21] 문학사, 시론, 소설작법, 여자·언문·문예 등 문예 관련 기술과 서술이 많은데, 이론 부분은 출판사 측에서 담당한 반면, 창작은 편집진의 작품과 현상 모집분이 함께 수록되었다. 문체는 잡지의 지향을 보여 주는 요소로, 수록란의 글 성격에 따라 순한문체, 한문현토체, 국한문체, 순한글체가 모두 사용되었다. 문예이론이나 한문학 영역 작품은

---

20 주승택, 위의 논문, 165쪽.

21 장사선, 「한국개화기 비평론」, 『백영정병욱선생환갑기념논총』, 신구문화사, 1982, 125쪽.

순한문체와 한문현토체를 써서 주요 독자층인 한문 식자층을 상대했다.[22] 시조, 언문풍월, 창가 등 국문학 관련 글이라든지 한시문학 작법에 관한 글은 국한문체를 사용했다. 창간호에는 〈언문의 문예〉, 〈여자의 기문: 뎡씨 고부의 이야기〉 두 편을 순한글체로 실었는데 제2호에는 순한글체 글은 배제되어 그사이 잡지의 방향과 독자층 상정에 변화가 있었음을 짐작할 수 있다.

이처럼 가능한 문체를 총동원해 노인 식자층과 청년 식자층, 부녀자층까지 포섭하려는 잡지의 방향은, 너무 광범하거나 잡다한 성격으로 인해 애초의 취지를 살리지 못한 채 한계로 작용했다. 신학과 구학 공존을 취지로 내세웠으나 주관인 세계관의 변화가 없었던 까닭에 제대로 성공하지 못했으며, 『조선문예』의 실패는 그 자체로 문학사에서 한문학의 몰락을 기정사실화했다. 결국 1920년대에 한문학과 국문문학이 주류적 위치를 바꾸는 계기가 되었던 것이며, 바로 그 점에서 문학사적 의미를 갖는다.

## 3. 잡지 수록 시조와 시조비평의 성격

### 1) 『신문세계』와 『신문계』 시조

『신문세계』와 『신문계』에 수록된 작품은 고시조 2수와 연시조 1수를 포함해 총 38수다. 잡지의 성격에 따라 수록란의 명칭은 물론 작가나 내용 특성, 비평의 성격도 미묘한 변화가 감지된다. 이제 잡지에 수록된 순서를 따라가면서 그 특징을 밝혀 보기로 하자.

22 문학 잡지임에도 서예와 문인화를 포함시킴으로써 필수 교양을 충족시키고자 한 점도 눈에 띈다.

『신문세계』는 「신가곡」란에 4수의 창작 시조를 시조비평과 함께, 이어 「구가곡」란에 2수의 고시조를 시조평과 함께 실었다. 양쪽 모두 가곡창 형식에 맞추어 표점(。)으로 5장 구분을 했으며 각 장 내 띄어쓰기 없이 표기함으로써 일반 가집의 방식을 따랐으나 종장 말구는 생략했다. 작품마다 ▼ 표시 아래 주제 내지 제재를 함축한 3자 제목을 내세우고, 평조(平調), 여창(女唱), 의언락(擬言樂) 등 음악적 표지를 달았다. 창작 시조의 작자는 북계은사이며, 창작 시조와 고시조 비평자는 모두 일소당이다.[23] 「신가곡」란 작품들은 제목에서 보듯 꽃이나 계절에 관한 연상이 대부분이지만, 사설시조 1수는 형식뿐 아니라 내용도 새로운 어휘를 사용한 계몽적·시사적인 것이어서 특징적이다.

> ▼盛世樂　　　　　(擬言樂)　　　　　北溪隱士
>
> 農業家ᄂᆞᆫ기심잘ᄆᆡ고。工業家ᄂᆞᆫ飛行機도新發明ᄒᆞ고。實業家자넬랑은貿易도發達ᄒᆞ고金融도流通ᄒᆞ며公益事業을實行ᄒᆞ야社會經濟를심쓸지어다。우리ᄂᆞᆫ。글잘짓고술잘먹고言論이나잘ᄒᆞ야盛世를질겨보리라。
>
> 一嘯堂曰文明風氣中一世太平人聲口

농업가, 공업가, 실업가 등 각 분야 전문가들을 권면하는 문명 시대 기치에 걸맞게 비행기, 금융, 공익사업, 사회경제 같은 신어휘들이 등장한다. '우리ᄂᆞᆫ'이라 표현한 잡지 관련 언론인이 곧 작가인 셈인데, 성세를 즐기겠다는 제목처럼 사회 각 분야가 원활하게 움직이는 속에서 글과 술을 잘하겠다는 내용으로 종장 말구를 살린 사설시조 형식을

---

23 첫 작품을 예로 제시한다.

▼水仙花　　　(平調)　　　北溪隱士

ᄭᅩᆺ아무러보자。무삼ᄭᅩᆺ이第一인고。물차고돌찬속에ᄲᅮ리박고ᄭᅩᆺ이여니。아마도。맑은지조ᄂᆞᆫ水仙花인가。

一嘯堂曰如畫出自家清操

취했다. 비평에서도 ‘문명풍기’ 속 태평인을 내세우고 있다.

「구가곡」란의 2수는 각각 고시조 #0472.2 및 #4277.1[24] 유사 작품이다. 출처를 『청구영언(靑邱永言)』이라 밝혔는데, 현전하는 작품 가운데 『남훈태평가』 수록 작품과 가장 흡사하다.[25] 형식과 내용 모두 「신가곡」란의 작품과 동일하게 봄을 기다리는 설렘과 기대를 다룬 작품을 선별했다. 이처럼 『신문세계』에 수록된 시조는 3자 제목, 계절적 혹은 시사적 내용, 계몽성 등 애국계몽기 매체 수록 시조들과 거의 유사하다. 다만 형식 면에서는 애국계몽기 시조에서의 반복적 리듬이나 종장 제2음보의 확장 내지 음보 첨가[26] 등의 특징을 보이지 않고 오히려 고시조에 가깝다. 시조비평은 짧은 형태로 작품 내용에 대한 인상비평이 대부분이다. 고시조의 선별 수록이나 시조비평의 예는 이미 존재했지만[27] 창작 시조에 비평을 수반한 것은 1910년대의 특징이다.

---

24 작품 번호는 『고시조대전』(김흥규 외, 2012)의 작품 번호다. 앞으로 고시조 관련 작품을 인용할 때 표기한 작품 번호는 동일 자료의 것이다.

25 『신문세계』 수록 해당 작품과 고시조 작품을 나란히 제시하면 다음과 같다.

▼ 戀主人

| | |
|---|---|
| 君自故鄕來ᄒᆞ니。알니로다故鄕事를。 | 군자고향ᄂᆡᄒᆞ니알니로다고향사를 |
| 오던날綺窓前에寒梅花픠여드냐안이픠엿드냐。 | 오든날긔창젼에한ᄆᆡ화퓌웟드냐안퓌웟드냐 |
| 그梅花。픠기ᄂᆞᆫ픠엿드라만은主人그려。 | ᄆᆡ화가퓌기ᄂᆞᆫ퓌웠드라마는임ᄌᆞ그려 |
| 一嘯堂曰忽到窓前疑是君歟 | -『남훈태평가』 0081. |

▼ 迎新春

| | |
|---|---|
| 積雪이다盡토록。봄消息을모르더니。 | 젹셜이다진토록봄소식를모르드니 |
| 歸鴻得意天空濶이오臥柳生心水動搖라。 | 귀홍득의천공활이요 臥柳ᄉᆡᆼ심슈동요라 |
| 아희야。ᄇᆡ진술걸러라ᄉᆡ봄맛게。 | 아희야비즌슐걸너라ᄉᆡ봄맛게 |
| 一嘯堂曰宜春頌 | -『남훈태평가』 0070. |

26 이 점에 대해서는 본서의 제2부 I. 「『大韓民報』 시조에 나타난 전환기 전통 시가의 대응」, 166-171쪽 참조.

27 이 점에 대해서는 본서의 제2부 II. 「『萬歲報』 소재 「海東永言」의 성격과 시조비평의 의의」 참조.

『신문계』로 개제한 후 1권2호(1913. 5) 「사조」란에 수록된 시조 작품은 〈춘풍조〉이다.

春風條　　　　　　　　　　千東皞

春風이건듯브러 積雪을다녹이니 四面青山에 싀精神이宛然ᄒᆞ다 우리도싀로은文明으로 世界耳目들을

芝山子曰□一團春風喚發百般精神

제목과 초장에서 짐작할 수 있듯, 이 작품은 김광욱의 〈율리유곡(栗里遺曲)〉 중 마지막 수를 차용한 것이다.[28] 원 시조의 계절 요소를 활용하면서도 '싀精神', '文明', '世界耳目' 같은 용어를 써서 계몽적 내용으로 주제와 분위기를 바꾸고 시조평도 같은 태도를 유지했다. 원 시조 중장의 '녜얼골'을 창작 시조에서는 '싀精神'으로 대응시켰는데, 그 함축적 의미는 본래의 생기와 정기를 회복하는 것으로 상통하는 점이 흥미롭다. 그럼에도 불구하고 탄로의 심정을 재기 있게 전달하는 원 시조의 발랄함이 창작 시조에서는 오히려 감소하고 만다. 이런 유형의 차용은 이전 시기 신문 시조들에서 흔히 보아 온 바다.[29] 익숙한 고시조의 표현과 분위기를 빌려 대중성을 확보하려는 의도를 일부 달성하지만, 창작 시조의 계도성이 고시조의 미의식을 훼손하게 되는 전통 시가 양식의 전환적 운명을 드러내고 있다.[30]

『신문계』는 다음 호부터 「사조」란 다음에 배치된 독립란에 시조 작품을 몇 수씩 꾸준히 수록하고 있다. 1권3호(1913. 6)는 「가곡」란 아래

---

28 #1437.1. "東風이건듯부러 積雪을다노기니 四面靑山이녜얼골나노매라 귀밋틔히무근서리ᄂᆞᆫ녹을줄을모른다"

29 『대한매일신보』(1909. 1. 1) 〈영춘(迎春)〉이 한 예다.

30 고은지, 「애국계몽기 시조의 창작 배경과 문학적 지향: 대한매일신보를 중심으로」, 고려대학교 석사학위논문, 1997.

‘시조(詩調)’라고 부기를 달고,[31] 총 6수의 시조를 실었다. 음악적 표지는 없으며, 작자와 평자는 모두 다른 이름이어서 다수의 인사가 참여했는데 대체로 필명을 쓴 편집진 관련 인물들로 짐작된다.[32] 6수는 모두 2자 제목을 붙여 작품 지향을 드러낸다. 봄이라는 계절적 배경에 ‘태평흔백성’, ‘놀기조흔씨’를 구사하는 긍정적 내용이 중심이다. 형식 면에서는 〈녹음〉, 〈종국〉 등 사설시조가 2수인 데다 〈석춘〉의 일부 구도 글자 수가 늘어나 산문적 구성을 보이는 등 엄격한 정형성을 추구하지는 않는다.[33] 장 구분은 대개 표점(、) 또는 띄어쓰기에 의한 시조창 방식을 따랐지만, 〈석춘〉의 6장 띄어쓰기나, 종장 말구 일부를 살린 〈황앵〉의 경우도 있어 표기 방식에 음악적 연행을 엄정하게 고려한 것 같지는 않다.

綠陰　　　　　　　　CS生

年中四時에第一죠흔天氣가어느씨뇨、文章傑士여러벗님쎄무러보세、春風百花節秋月皎々夜와白雪이滿乾坤흔銀世界를죠타흘지라도、우리는、술먹기좃코글짓기좃코第一놀기조흔씨는綠陰時節

海史生曰眞箇是好天氣

---

31 이는 문학 장르 명칭으로서 ‘時調’는 아직 확정되지 못했고 〈천희당시화〉 등에서도 ‘詩調’라는 명칭을 써서 가창의 노랫말을 넘어 국시(國詩)로서의 위상을 부여하고자 한 당대의 의식을 반영한 명칭인 듯하다. 〈천희당시화〉 시조 관련 내용(『대한매일신보』 1909. 11. 25 자 및 1909. 12. 2 자 기사); 고은지, 앞의 논문, 2004, 332-338쪽 참조.

32 작자 중 ‘성암생’은 1권2호 〈춘풍조〉의 작자 천동호와 동일 인물일 것으로 추정한다. 그는 잡지 1권3호부터 7호까지 「영어」란을 담당한 필자다. ‘동초생’은 최찬식, ‘CS생’은 잡지 다른 기사들에 ‘SSC생’, ‘YS생’ 등의 필자 표기가 있으므로 역시 편집진으로 추정된다. 평자 가운데 ‘운외자(雲外子)’는 『만세보』 「해동영언」의 비평자와 같으며, 나머지 평자들도 그들이 사용한 필명으로 미루어 역시 편집진으로 보인다.

33 해당 작품을 제시하면 다음과 같다.
〈惜春〉“落花無語怨東風흘제 봄은가노라하직흔다 네야循環之理로간다만은 文章의戀恨이야가실쥴잇스랴 至今에 綠陰芳草勝花時라다사이여” 觀風生曰時物華滋悠然有情思處

田家　　　　　　　　　　東樵生

漠々水田에飛白鷺오、陰々夏木에囀黃鸝라、農夫ᄂᆞᆫ논을갈고村娥ᄂᆞᆫ쎵을짠다、아마도、太平ᄒᆞᆫ百姓은田家인가

雲外子曰鑿井而飮耕田而食乃是堯舜之民歟

〈녹음〉은 '문장결사'를 벗으로 불러들이며 술 먹고 글짓기 좋은 녹음 시절로 계절감을 표출하며 당대 현실과는 동떨어진 시대 인식을 보여 준다. 시조평도 이 점을 재차 강조하고 있다. 〈전가〉는 한시구를 옮겨 온 초장과 고시조 작품을 그대로 옮겨 온 중장·종장을 결합해 작품을 완성했다.[34] 이에 대한 운외자의 비평은 요순시대의 백성을 거론하면서 〈녹음〉의 경우보다 비현실적 인식이 더하다. 이처럼 태평한 현실을 그린 작품들에 관해, 그런 좋은 시절이 오기를 희구하는 역설적 태도로 해석하는 견해[35]도 있는 반면, 이들 작품을 잡지의 지향이나 편집진의 정치적 성향을 드러낸 부정적 한계로 파악[36]하기도 한다.

그런데 다음 작품들을 찬찬히 들여다보면, 『신문계』 시조의 전반적 성격을 친일 인사에 의한 문화 통치 지향의 일관된 목적으로 규정짓기는 곤란하다.

○管鮑交　　　　　　　　　　天嘯子

千古知己가누구누구손고바헤여보니、高山流水間에種字泊[伯]牙쁜이로다、

34　초장 관련 한시 작품은 왕유 〈積雨輞川莊作〉 '漠漠水田飛白鷺 陰陰夏木囀黃鸝'(배은희, 「근대 시조의 표현 양태 변모과정 연구: 구술성과 문자성을 중심으로」, 『한국시가연구』 36, 한국시가학회, 2014, 247-249쪽 참조)이며, 유사 고시조는 #1399.1 〈동산에 포곡새 울고…〉이다.

35　이규호, 「1910년대 시조비평의 양면적 성격」, 『한국고전시학론』, 새문사, 1985c, 270-271쪽.

36　한기형, 앞의 논문, 1996.

至今에、管鮑之交ᄂᆞᆫᄂᆡ몰ᄂᆡ라

評曰閱盡世情嘗盡世味

○玉蘭干　　　　　　(男唱)　　　　　　天嘯子

玉蘭干놉ᄒᆞᆫ곳에水晶簾을드리우고、金鴨香爐에沈香을살나잇다、碧梧桐그늘밋헤깃다듬ᄂᆞᆫ鶴도한가ᄒᆞ고芙蓉方塘에노니ᄂᆞᆫ金鮒魚도活潑커니와落落長松에白송골이길드리고海棠花下에錦鷄ᄂᆞᆫ고요ᄒᆞᆫ데銅鼎에茶ᄂᆞᆫ익고童子ᄂᆞᆫ怪石을지혀죠으ᄂᆞᆫ고나、그즁에鶴氅衣입고臥龍冠쓰고一張綠綺琴무릅에빗기안고줄고르ᄂᆞᆫ소ᄅᆡ

評曰不是神仙孰是神仙

○好八子　　　　　　　　　　　　　　天嘯子

平生에福이만ᄒᆞᆫ우리팔ᄌᆞ、昇平日月에한가히늙ᄂᆞᆫ고나、長々夏日에是非업시北窓淸風에셔늘허게누엇스니葛天氏之民歟아无懷氏之民歟아、술취코、海棠花下에戱兒孫ᄒᆞ니그를즐겨

評曰此非神仙孰是神仙

1권4호(1913. 7)와 1권5호(1913. 8)에 수록된 작품들이다. 양 호에는 「가곡」란에 각각 5수, 4수가 수록되었다. 이 가운데 천소자 작이 7수, 성암생 작이 1수이며, 나머지 1수는 작자 표기가 없다. 모두 ○ 표식 아래 대부분 3자 제목을 달고, 음악적 표지는 1수만 '(남창)' 표기가 있으며, 평자 이름은 없이 '평왈(評曰)'로 제시되었다.[37] 양 호는 형식상, 내용상으로도 통일성 및 유사한 경향을 보이고 있다.

〈관포교〉는 인간의 신뢰가 상실되어 가는 세태를 종자기와 백아,

37　1권5호 〈한사업〉에는 비평이 없는데 착오로 누락된 것으로 보인다.

관중과 포숙아 고사를 빌려 와 탄식하고 있다. 다음 작품인 〈일촌심〉 역시 인심이 날로 달라지는 세태를 탄식하는 내용이며, 두 작품 아래 각각 8자, 6자의 비평 역시 시조 내용에 대한 감상을 부연하고 있어 작품의 주제와 연관을 이룬다.[38] 이처럼 비록 애국계몽기 신문 시조들에서 보이던 저항적·비판적 어조와는 결을 달리하지만, 현실을 응시하면서 종장 첫머리를 '지금에', '엇짓타'라는 감탄사를 내세워 탄식하는 주제의식이 드러나는 것이다.

한편 은일적 성향으로 현실에 대한 초월적 태도를 드러내는 일군의 작품들이 다수 발견된다는 점도 흥미롭다. 〈옥난간〉은 마치 신선의 외양과 일상을 묘사하는 듯한 사설시조 형식이다. 그 분위기나 산문적 묘사는 저 먼 상상 속 시공간에 속한 존재를 떠올리게 하는데, "이가 신선이 아니라면 누구를 신선이라 하겠는가"라는 비평도 시조에서 주장하는 바를 강조한다. 〈호팔자〉도 스스로를 평생 복 많은 팔자로 태어나 여름날 일없이 누워 지내는 태평한 모습으로 그리는데, 비평은 〈옥난간〉과 흡사하다. 이 작품들 외에도 양 호에 실린 〈귀거래〉, 〈장생술〉, 〈시신선〉 역시 고사 속 태평한 세상을 찾아 무병 건강한 일상을 소망하는 내용의 작품들이다.[39] 이처럼 비현실적이고 은일 성향의 작품을 수록한 의도 또한 전대 매체 시조들에서 보이는 저항적·비판적 성격과 대비해 부정적으로 평가되기도 했다. 하지만 시각을 달리해 본다면 이상적 세계를 그리며 현실 도피의 심정을 표출한 작품들이 세태 탄식의 작품들과 나란히 출현하고 있다는 것은, 일제 강점이 현실화한 무단통

---

38 〈一寸心〉 "山이놉하萬尺이로ᄃᆡ、測量ᄒᆞ면其高를알고、물이깁허천길이로ᄃᆡ測量ᄒᆞ면其深을알이로ᄃᆡ、엇짓타、一寸에不過ᄒᆞᆫ人心은測量키어려" 評曰一斗灌頂醍醐

39 〈귀거래〉를 대표적 작품으로 제시하면 다음과 같다.
〈歸去來〉 惺庵生
"田園將蕪兮여가리로다故鄕으로、白鷗은雲霄에날아가고壁上에無絃琴은寂寞ᄒᆞ다、只今에東離采菊ᄒᆞ니白衣送酒" 評曰畫出彭澤卽景

치기의 창작 정황하에서 당대인들이 기대고 싶었던 소망 내지 수용 가능한 정서와 지향을 보여 주는 것이라고도 이해할 수 있다.

1권7호(1913. 10)의 시조 6수는 모두 가을 노래들이다. 제목을 2자로 통일하고 작자는 표기 없이 평자만 천소자로 동일하다. 계절적 소재뿐 아니라 중국 고사와 한시구를 두드러지게 가져와 창작과 향유가 한시 교양인들을 위해 이루어졌음을 알 수 있다. '秋' 글자를 열거한 어희적 수준의 작품까지 포함되어 있어, 전체적으로 이들 작품이 시조 고유의 분위기나 미의식에 천착한 것은 아니다.[40] 종장의 경우 '아마도', '우리ᄂᆞᆫ'을 첫 구로 삼아 주관적 선언의 태도를 보인다.

佳色　　　　(平調)

秋菊이有佳色ᄒᆞ니 浥露掇其英이라 汎此忘憂物ᄒᆞ야遠我遺世情이로다 아마도 千古의陶淵明은나의知己

天嘯子曰千古愛菊誰如淵明先生

秋風　　　　　　(줍ᄂᆞᆫ時調)

秋風이언듯부러星河ᄂᆞᆫ分明ᄒᆞ고玉宇ᄂᆞᆫ遙廓ᄒᆞ니 百花時節이어제인듯一場春夢이로다 張翰은江東去ᄒᆞ야鱸魚蓴菜싱각ᄒᆞ고潘岳은白髮이蒼浪ᄒᆞ야淞江白練을바라보고宋玉의悲秋와杜花溪의秋興八首歐陽永叔의秋聲賦와司空圖의孤客最先聞다各々秋風을怨望ᄒᆞ얏스되 우리ᄂᆞᆫ 秋夜長殊未央을利用ᄒᆞ야青灯을可親

天嘯子曰八[人]皆怨秋而秋獨不怨秋可謂知六者矣

40 〈秋懷〉　　　　　　(平調)
"秋花ᄂᆞᆫ的歷ᄒᆞ고 秋草ᄂᆞᆫ迷離ᄒᆞ다 秋風은颯々ᄒᆞ고秋陰은漠々이라 아마도 秋人의秋懷ᄂᆞᆫ秋天인가" 天嘯子曰欲掬飮秋光歟

芭蕉　　　　　　　　(平調)

芭蕉를窓박게심은뜻은 鳳尾大葉을ᄉᆞ랑ᄂᆞᆫ가 懷素揮洒落雲烟ᄒᆞ고東坡日飮醉酩酊이라 우리ᄂᆞᆫ 中心이日々新홈을못ᄂᆡ즐겨

天嘯子曰可銘日日新而又新

〈가색〉의 초·중장은 국화를 제재로 한 5언4구의 한시 어구를 가져와 그 외양의 아름다움이 근심조차 잊게 한다고 한 후 종장에서 도연명을 자신의 지기라 선언한다. 비평에서는 도연명이 국화를 사랑했다는 전고를 재확인하는 것으로 작품 내용에 충실한 비평의 성격을 띤다.[41] 〈추풍〉은 초장에서 계절에 따른 무상감을 이른 다음, 중장에서 중국 고사 속 6인 작품을 끌어와 가을바람이 불러일으킨 비감과 우수의 심정을 장황하게 상기하고는, 종장에서 가을 긴 밤 등화가친(燈火可親)의 독서를 권유한다. 청년 학생을 상대로 한 계도의식이 앞선 탓에 각 장의 구성은 긴밀하지 못하고 엉성하게 연결된 감이 있다. 비평 또한 불명확한 부분이 있는데 주제와 깊이 있게 연결되지 못하고 있다.[42] 〈파초〉는 회소를 연상케 하는 자연물을 매개로 '일일신(日日新)'의 정신을 새기며 그 즐거움을 역설한 작품이다. 이는 『신문계』가 제창한 입장과 연결되는 것이어서, 작품으로서의 신선감은 덜하지만 편집진의 입장에서는 긴요한 작업이었을지도 모른다.[43]

1권9호(1913. 12)의 〈강호락〉은 고시조 형식을 차용해 단순화한 8수의 연시조다. 모두 '江湖에가을이드니…'를 초두로, 종장 마지막 구

41 국화는 이 시기 창작 시조에서 자주 등장하는 제재 중 하나다. 〈가색〉, 〈국화〉, 〈도연명〉은 국화가 제재이며, 〈종국〉, 〈종국화〉도 국화 모종을 심겠다는 내용이다.

42 시조의 초장·중장 의미로 미루어 보아 비평문의 첫 '八'은 '人'의 오기인 듯하다. '六者'는 중장에 나온 여섯 사람을 가리키는 듯한데, 그렇게 본다면 비평의 내용은 작품의 미감과 어울리지 않는다.

43 이러한 취지는 본 책 220-221쪽에 인용한 『신문계』의 창간사에 분명하게 나타나 있다.

는 '이를즐겨'로 마무리를 삼았다. 각 시조평도 '~之樂'으로 일관된 6자의 내용 비평이다.[44] 종장 첫구는 8수가 각각 다른 유의어사를 사용했는데,[45] 전체적으로는 고시조 차용 내지 변용 시조로서도 평가할 만한 요소가 적다. 평자가 기자(記者)인 데서 짐작되듯 「조선가곡」으로 난을 개칭하는 노력을 보였음에도 편집진의 시조 창작과 비평에 대한 열의와 잡지에서의 비중은 현저히 감소하고 형식적인 수록에 치우친 감이 있다.

실제로 이듬해인 1914년 이후 4개월 동안 잡지에는 시조가 실리지 않았다. 고문단의 내부 회의를 거쳐 잡지 구성을 개편한 직후 간행된 2권5호(1914. 5)에 편집인 최영년의 시조 6수를 마지막으로 더 이상 『신문계』에서 시조는 보이지 않는다. 2권5호 「조선가곡」란의 작품 전체가 사설시조에 가까운 파격을 보인 것이어서 매우 인상적이다. 한 작품 내에서 장 구분을 위한 표점이나 띄어쓰기가 통일되지 못하고 혼란스러운 점은 편집 과정의 성급함을 짐작케 하나, 종장 말구를 보전하면서 사설시조 형식에 얹은 각 작품의 표현과 주제의 새로움은 오히려 이전 호 작품들에서 볼 수 없던 자유로움과 변화를 보여 주는 것이다.

金剛山　　　　　　　男唱時調

金剛山一萬二千峰을、오날에ᄒᆞᆫ봉오르고리일에ᄒᆞᆫ봉오르면。一萬二千日을지ᄂᆡ면、金剛山上々峰에오르련마ᄂᆞᆫ、엇지타、날노前進ᄒᆞᄂᆞᆫ勇力이젹어다만毗盧峯놉다ᄂᆞᆫ말만、ᄉᆞ룸마다ᄒᆞᄂᆞᆫ고

---

44　첫 수를 예로 보이면 다음과 같다.
〈江湖樂〉　　　　　　　一嘯生
"江湖에가을이드니無限淸興이졀노난다秋山은錦繡障둘너친듯秋水ᄂᆞᆫ共長天一色이라아마도三公不換此江山이를질겨" 記者曰飮略江山之樂

45　각 작품 종장 첫 구는 '아마도', '至今에', '夕陽에', '밤중만', '우리ᄂᆞᆫ', '손들어', '두어라', '나홀노' 등이다.

自解曰此諷其學業者之辭、博學明辨日進而不已則、何患不爲聖人、但自暴自棄、以理聖人之域、高遠而難行、莫能移其步武者、夫與此何異

花信風　　　　　男唱時調

바룸은무숨긔운인지。형상도볼슈업건마는。엇더훈바룸은셔리를모라草木을다쥭이고、또엇더훈바룸은눈을훌이쳐千峰萬壑에자져〃젓는지。아마도。萬紫千紅이휘여져퓌는져바룸은二十四番、花信風인가ᄒᆞ노라

自解曰洪範以謂所時風恒風、爲休徵咎徵、風之氣所以不同者、四時之風赤自不同、至若春風之洋溢澱解使擧天地在和氣中者、卽此風也歟

從地理　　　　　쥽는時調

눈에보이지도안코어듸셔지쌀지쌀ᄒᆞ는져종달싀야너무엇이그리됴아지쌀지쌀마지아니ᄒᆞ는가。北風寒雪에치위를못이기여ᄒᆞ마얼어죽을번ᄒᆞ온갓싱명이東風이슬〃불어、어름도풀니고눈도녹고陽春和氣가날로싸뜻훈경을됴아이리질긔노라、아마도、大寒之餘에必有陽春은、너먼져아는구나

自解曰凡人之憂患疾病之時、必能忍耐、增益其所不能、爲玉成之道也、從地理鳥、雖一微物、能忍耐如此而遭遇陽春之樂、可以人而不如鳥乎

〈금강산〉은 고시조 '태산이 높다하되…'를 변용해 금강산에 대입하고 하루 한 봉우리씩 오르는 것으로 설정했다. 종장에서도 청년 일반에게 '전진력'을 주문하는 것으로 원 시조와 유사한 대의를 명확히 했다. 이어진 '자해(自解)' 부분은 앞서 다른 작품들의 비평과 성격이 다르다. 학업하는 이들이 자포자기해 성인의 길로 나서는 일을 어렵다고만 여기지 말고 날마다 전진하면 성인이 될 수 있다고 추동함으로써 시조 내용을 자세히 부연하고 있는 것이다. 〈화신풍〉은 봄에 색색으로 고운 꽃을 피우는 바람의 유익한 기운을 찬양한 것인데, 내용이나 표현이 새롭다. 고유어의 사용, 산문적인 대비법은 종장의 고답적 마무리에도 불

구하고 현대시다운 감각을 준다. 〈종지리〉는 고유어를 활용하는 데서 한 발 더 나아갔다. 화자-종달새-화자로 이어진 문답 구성, 의성어나 첩어의 사용, 반복과 열거를 통한 정서의 심화 등 사설시조의 문법을 한층 과감하게 구사한다. 자해를 통해, 근심과 질병이 있을 때 잘 견뎌야 함을 종달새가 인내 끝에 즐거움을 맞이한 것에 비겨, 세상을 향한 계도적 발화임을 구체적으로 전달한다.

2권5호 시조 작품들에서 시도한바, 시사적이고 계도적인 내용을 사설시조 형식에 담고 자해를 자세하게 달아 설명을 구사한 점은 분명 전통 시가의 방향에 대한 새로운 접근으로 판단된다. 고시조와 창작 시조의 관계를 의식하면서 새로운 내용을 익숙한 틀에 담는 일의 정당성과 그 효과를 인지했으며, 특히 사설시조의 계몽적 기능을 주목했던 것으로 해석할 수 있다. 『신문계』에 시조 수록이 더 이상 어렵게 된 사정을 가장 잘 알고 있었을 편집인 최영년은 나름의 현대적 전통 시가의 향방을 마지막으로 이렇게 표출한 것인지도 모른다. 마지막 수 〈백발탄〉에서 학생 청년을 향한 당부의 목소리를 내고, 자해를 통해 전통적 노래의 효용을 밝히면서 '풍유기자(諷諭譏刺)'의 본질적 정신을 살리는 것으로 본인의 시조 창작 방향을 보인 것은 그런 점에서 의미심장하다.[46]

### 2) 『조선문예』 시조

『조선문예』 제2호(1918. 10)에 수록된 시조 13수의 성격과 수록 태도는

---

46 〈白髮嘆〉 男唱時調

"얼골이옥ᄀᆞᆺ고年齡이ᄭᅩᆺᄀᆞᆺᄒᆞᆫ、公私立學校에登學ᄒᆞᄂᆞᆫ靑年聰俊들아。물흐르듯살가듯이ᄲᆞᆯ은歲月을、一抄一分이라도虛送마르시오。우리ᄂᆞᆫ。少時에懶怠ᄒᆞ야白髮窮廬에長嘆息ᄒᆞᆷ을、못ᄂᆡ셜워ᄒᆞ노라"

**自解曰古代永言不徒動盪精神排發神氣而己皆寫諷諭譏刺之意以爲箴戒者此所以自嘆白髮而勸勉青月丁寧懇切不愧前哲之諷詠也**

『신문계』 시조들과 일면 유사하면서 달라진 부분도 있다. 시조를 수록한 난은 「朝鮮新樂府」다.[47] 각 작품에 3자 제목을 일관되게 달았고, 음악적 표지는 없이 '천뢰자(天籟子)' 1인을 작자로 두었으며, 비평은 필명 대신 '외사씨왈(外史氏曰)'로 동일하게 시작한다.[48] 제1호(1917. 4)에서 「고금가요의 연혁」으로 시조의 기원 및 연행 방식을 논한 데 이어 제2호에는 고시조선 「고금의 가요」에 고시조 70수를 선별해 수록해 편집인의 고시조에 대한 특별한 관심과 배려를 드러냈으며,[49] 여기에 창작시조 13수를 게재했다.

작품들을 보면 본격 문예잡지의 성격에 걸맞게 내용 면에서 확실히 다채롭고 새로운 경향이 눈에 띄며, 형식 면에서도 고시조와는 다른 다양한 시도가 나타난다. 토속적 성격에 기대면서 순 고유어를 살린 작품에서부터, 소재와 배경을 전통 양식에 기대면서 율격의 변화로 분위기를 새롭게 한 작품, 나열과 묘사로 장면화를 이루는 작품에 이르기까지 다채롭다.

耕春麥　　　　　　　　天籟子

살구꼿봉실봉실핀밧머리에이라이라ᄒᆞᄂᆞᆫ져농부야、그무슨곡식을시무랴고

---

47 바로 앞의 고시조선 「고금의 가요」 서두에서 '해동고악부(海東古樂府)' 중 약간 편을 뽑았다는 언급으로 보아 '조선신악부'라는 명칭은 고시조에 대응되는 새로운 창작 시조를 가리키는 것으로 생각된다. 그렇다면 1910년대 후반까지 고시조 및 창작 신시조를 지칭하는 확정된 명칭이 존재하지 않았음을 알 수 있다.

48 3자 제목을 단 점이나, 작자가 스스로 원숙하고 절묘한 시문의 경지에 이른 사람임을 자부하는 '천뢰자'로 자처한 점, 평자를 별도로 구하지 않은 점 등으로 미루어 『조선문예』 시조들은 『신문계』와 관련 있는 인물의 창작으로 추정할 수 있다. 특히 『신문계』 2권5호(1914. 5)의 시조 작품들과 여러모로 유사성이 보이므로 그 작자인 자하산인 최영년이 『조선문예』 수록 시조의 작자이자 평자가 아닌가 한다.

49 『조선문예』에 수록된 고시조 관련 논의와 그 성격에 관해서는 이상원, 「최영년의 고시조 연구와 그 의의」, 『한국언어문학』 58, 한국언어문학회, 2006 참조.

봄밧을가요、예주리쳔자강이홀아비콩눈숨젹이팟녹두기장청정ᄎᆞ조ᄉᆡ코씨르기ᄎᆞᆷᄀᆡ들ᄀᆡ동부쥐눈이ᄎᆞᆯ수수ᄅᆞᆯ갈랴ᄒᆞᆷ나그무엇슬스무랴ᄒᆞ노、그것도、져것도다아니요구곡장진신곡미둥ᄒᆞᆯᄊᆡ에제일농량에긴ᄒᆞᆫ봄보리가오

外史氏曰咏得好咏得好

花月夜 仝

ᄭᅩᆺ피고달발근밤이、人間에第一良宵언만ᄂᆞᆫ、달발그면ᄭᅩᆺ이업고ᄭᅩᆺ이피면달이업다、지금에、花開月明ᄒᆞ니못ᄂᆡ질겨

外史氏曰吾生第一行樂處

種菊花 仝

萬疊山中에閒暇ᄒᆞᆫ져隱士ᄂᆞᆫ、가ᄂᆞᆫ비무릅쓰고ᄭᅩᆺ모종닐ᄉᆞᆷᄂᆞᆫ다、富貴牧丹風流郎三色桃月桂四季丁香豆蔻凌霄合歡다아니시무고杜鵑躑躅西甘暎山紅西府海棠天竺葵鳳仙花鬪鷄花朝顏雁來紅도다그만두고、陶淵明、조아ᄒᆞ야九月九日東籬下에ᄏᆡ고ᄏᆡ야忘憂物에동동씌든菊花만모종

外史氏曰有無限淸趣

〈경춘맥〉은 화자와 농부의 문답으로 구성된 작품이다. 5장 구성 중 1, 2장의 화자는 봄 밭을 가는 농부에게 들판에 무엇을 심으려는지 묻고 있다. 답을 기다리기도 전에 3장에서 직접 익살스러운 열거식 어조에 갖은 농작물 이름을 대어 보는데, 마지막 농부의 답은 다 아니 심고 봄보리라고 답한다. 비평은 그저 노래하기 좋다는 영탄을 연발할 뿐이다. 『조선문예』 수록 시조 가운데 화자–작중 존재의 문답 방식을 사용한 작품은 〈경춘맥〉 외에 다수가 있으며, 상대가 나비, 기러기, 화자 자신, 제비, 저 화상, 꽃 등 여러 존재로 바뀐다.[50] 문답 방식의 대화를

50 해당 작품은 차례로 〈화리접〉, 〈황학루〉, 〈무가보〉, 〈상사연〉, 〈묵장삼〉, 〈대정랑〉 등

도입한 것은 『신문계』 2권5호에서도 몇 작품에 보이는데, 여기에서는 한층 적극적으로 대상을 달리하며 시도되는 것이다. 또한 『조선문예』 시조들에서도 일부 어구가 장형화하거나 작품 전체가 고루 늘어지면서 사설시조로 분류할 수 있는 작품이 총 13수 중 6수에 이를 만큼 비중이 높다는 점도 『신문계』 2권5호와 연계성을 보이는 부분이다.

〈화월야〉는 얼핏 꽃이 피고 달 밝은 밤의 그윽한 정취와 풍경을 찬양하는 듯 보인다. 그런데 중장에서 달-꽃의 어울림이 자주 어긋남을 상기한 다음, 종장에서 '화개월명'을 즐기는 '지금'을 강조하고 있다. 이어진 비평에서 내 생의 제일가는 행락처라고 지금 여기를 한 번 더 각인시킨다. 이에서 '개화(開花)'와 '명월(明月)'이 풍경 자체를 넘어 당시 현실 인식에 대한 의도성을 지닌 발언으로 다가든다.

마지막 작품인 〈종국화〉는 속세에서 떨어져 산속 깊이 사는 인물이 비를 무릅쓰고 꽃을 심는 데 열중한 광경을 먼 거리에서 포착한 후, 그 모습에 한결 밀착해 심어진 종자의 정체를 하나하나 짚어 가는 열거법을 구사한다. 고사 속 유명한 꽃도, 세상의 근사한 꽃도 다 안 심고 다 그만두고, 오직 심고픈 꽃은 세상 근심을 거두어 갈 만한 국화다. 이를 강조하고자 '도연명(陶淵明)'을 종장 첫 구로 내세운 점이 특이하다. 작품에 대한 인상비평을 5자 평어로 짧게 마무리해 감상의 효과를 극대화했다. 그런데 이 작품은 『신문계』 1권3호(1913. 6)에 발표된 〈종국〉과 동일하다.[51] 종장 첫 구가 '陶明이'로 변한 것을 제하면 시조평까지

---

이다.

51 〈種菊〉
"靑山碧溪에閑暇ᄒᆞᆫ져隱士ᄂᆞᆫ、가는비무릅쓰고쏫모종일ᄉᆞᆷᄂᆞᆫ다、富貴牧丹風流郎三色桃月桂四季丁香荳蔻凌宵合歡다안이시무고杜鵑鐵竹石岩映山紅西府海棠天竺葵鳳仙花鷄冠花朝顔鴈來紅도다고만두고 **陶明이** 九月九日東籬下에캐고캐야忘憂物에둥々씌우던菊花만모종"

일치한다.[52]

이는 1910년대에 시조를 수록한 두 잡지 사이에 연관이 있었으며 작자나 평자 역시 드나들며 작품의 경향이나 특징을 공유할 수밖에 없었음을 의미한다. 앞 절에서 잡지 성격을 고찰하면서 이미 추정할 수 있었던 바이기도 하다. 〈포곡성〉[53]은 앞서 고찰한 〈전가〉와 유사한 분위기와 주제를 보이는 전통적 성격의 작품인데 둘의 종장은 같다. 〈전가〉 초장에서 7언 2구 한시 구가 그대로 도입된 것을 〈포곡성〉은 시조다운 대비적 대구로 전환했고, 중장은 일부 어휘를 다듬었는데 종장은 동일한 어구로 주제를 일치시킨 셈이다. 이 점 또한 애국계몽기 신문 시조들에서 불가피하게 있었던 매체들 간의 교류와 중복 현상이 1910년대 잡지 시조에서도 재현되고 있었음을 설명해 준다.[54]

지금까지 1910년대의 창작 시조와 시조평의 성격과 특징을 고찰해 왔다. 그 자세한 면모를 짚는 작업은 세부 작품 분석에 미루고 인상적인 부분만 지적해 보면 다음과 같다.

첫째, 시조의 작자, 평자, 독자는 대부분 한문 소양을 지닌 지식인층으로 보인다. 이 점은 문체와 시어에도 영향을 미쳐 한시 차용 및 고사의 활용이 두드러진다. 구체적으로 언론인과 잡지 편집진 등이 적극적으로 참여했으며, 이들은 국한문체를 활용하면서 구문과 신문을 아우르는 것을 목표로 삼고 잡지의 주 대상인 청년 학생층에게도 동일한

---

52 "老圃生有無限清趣." 노포생이 평자로 명기되었는데, 다음 '曰'자가 누락된 것으로 보인다.

53 〈布穀聲〉
"東山에布穀싀울고、南林에倉庚이운다、農夫ᄂᆞᆫ보리를갈고、村婦ᄂᆞᆫ뽕눈을본다 **아마도、太平ᄒᆞᆫ百姓은田家인가**" 外史氏曰鑿井而飮耕田而食帝力何有於我哉

54 『조선문예』 시조 13수는 「(고대본) 악부」에 '됴선악부朝鮮樂府'라는 제목 아래 작품 수는 물론 순서도 동일하게 수록되어 있다.

기대를 가졌다고 판단된다. 시조가 신문으로 선택된 이유도 대중성과 문예성에 있었던 것으로, 애국계몽기 『대한매일신보』, 『대한민보』, 『만세보』 등의 시조 수록과 유사한 의식이 존재했다고 할 수 있다. 하지만 1910년대 잡지 시조는 일정한 작자층을 형성했을 가능성은 낮으며, 일제 강점하 무단통치기라는 시대상의 제약으로 인해 시조 내용상 정치·사회적 제약이 존재했을 가능성을 두고 평가해야 한다. 이 시기에 필명이기는 하나 비교적 기명(記名) 의식이 두드러지게 되는 이유도 이와 연관이 있다고 본다.

둘째, 시조의 형식적 제약은 애국계몽기 창작 시조들과 비교하면 상대적으로 덜한 편이다. 자유로운 형식이 시도되었으며 신문 시조에서 견인되었던 구호적이고 반복적인 리듬 균형도 해체하고 있다. 또 대상이 된 창작 시조 가운데 사설시조가 절반 이상일 정도로 산문화·장형화하는 경향이 나타났으며, 평시조의 초장·중장도 율격 제약이 느슨한 특색을 보인다. 시적 화자의 태도를 결정하는 종장 첫 구는 고시조 일반의 전형적 감탄사도 있지만, 시적 맥락 속에서 창조해 낸 유의어사를 특색 있게 사용한 경우가 현저히 늘어났다.[55] 빈도수가 높은 순서로 보면 '아마도'(17회), '우리는'(9회), '지금에'(7회) 등으로, 선언적 태도를 공고히 하면서 당대 문제에 관심을 드러낸 어구 비중이 높다. 또 신문 수록 시조에서 '지금에', '아마도'를 적극 사용한 이유와 겹치는 부분이 있으나, 애국계몽기 시조에서 흔한 '두어라', '원컨대', '엇지타'류의 평가적 태도 내지 소망, 회피 의식은 현저히 줄었다는 점이 특징적이다.

셋째, 잡지에 시조를 수록하는 일에 대해 대체로 문예물 창작 행위로서의 의식은 낮았던 것으로 이해된다. 작품의 조탁이나 소재·주제의 다양성과 참신성에는 크게 관심을 두지 않았고 어휘의 신선미도 떨어

55 1회 사용의 유의어사를 종장 첫 구에 사용한 작품은 모두 16수에 이른다.

진다. 고시조와의 연관성으로부터도 멀어졌다. 즉, 이 시기 시조 수록 과정은 전통 시가의 문학성을 계승한다는 것에 있다기보다 전통 시가 양식이 담보한 효용성에 기울어졌던 것이다. 시조평은 대체로 짧은 인상 비평이나 내용 비평이 주를 이룬다. 때로는 해설을 동원해 적극적으로 시조 내용을 평가하고 주제에 관여하려는 현상까지 나타났다. 음악적 배려가 완전히 사라진 것은 아니었으나 주된 관심사로 우선적으로 고려된 정도라고도 할 수 없다.

이상에서 밝힌 특징을 바탕으로 이제 1910년대 시조가 지닌 역할과 의미를 시조사의 흐름 내에서 짚어 보는 단계로 건너가 보자.

## 4. 마무리

한국 근대문학의 형성 단계에서 전통 양식의 시조는 현대시조로 전환되기까지 몇 차례 굴절과 변모를 겪는다. 첫 시기는 1896년 『독립신문』에 작품을 발표한 이후 1900년대 애국계몽기 신문 매체를 중심으로 계몽지식인이 주축이 되어 저항성, 계몽성, 시사성을 내용으로 삼는 창작 시조를 활발히 생산하게 된 때로 볼 수 있다. 다음은 1910년대 일제 강점이 현실화한 이후 신문 대신 잡지를 통해 한시문 소양이 풍부했던 편집인들에 의한 창작 시조와 시조평이 발표되고 일부 문학지에 실험적 형식과 내용의 시조가 발표된 시기다. 이렇게 유지되던 전통 시조는 1920년대 중반 시조 부흥 논의를 전후해 창작 방법론 및 창작 활동의 활성화, 시조 시형에 대한 탐구, 시조에 관한 학문적 성찰을 계기로 시조다움과 조선적인 것에 관한 문예비평 논쟁까지 이어지며 이른바 국민문학으로서의 기반을 마련하게 된다. 가투(歌鬪), 즉 시조놀이의 유행, 번역 시의 출현과 더불어 시조론의 모색, 문화주의적 시조가 등장하게 된 것은 이러한 거대한 소용돌이의 결과다. 이후 1930년대에는 이병기와 안확 등을 비롯한 시조론의 성과가 축적되고 본격적인 시조 문예지가 등장하면서 시조는 일종의 정전화의 길을 걷게 되었다.

시조의 근대적 전환 과정 속에서 1910년대 시조는 가사, 잡가, 민요 등 여타 전통 시가 양식과 마찬가지로 모색과 변모를 거듭하고 있었던 것이다. 고시조선을 마련하고, 이론적 접근을 시도하며, 새로운 시조의 창작을 통해 시대적 대응 노선을 다각화했다. 이는 20세기 벽두에 한시단과 국문시가 각각의 내부적 변혁과 운동 및 상호 갈등에서 생겨난 이론적 시도('동국시계혁명'), 중국과 일본을 의식해 일어난 국문시가의 대중적 영향력과 실천 방향을 다룬 국문시가론(《천희당시화》) 및 애국계몽기 시조의 폭발적 창작 열정이 1910년 일제 강점이 현실화하며 좌절된 속에서도 1910년대 잡지 문예란에 영향을 끼치면서 나타난 결과라 하겠다. 그러므로 애국계몽기 시조와의 동이성을 고찰하면서 1910년대 시조들에 부각된 경향들을 객관적으로 평가하는 작업이 긴요하다. 도교적 성향, 한시와 고사의 빈번한 노출, 시조평의 성격에 대한 재평가가 요구되며, 신문 시조와 달리 구호적 리듬과 정형성에 강제되지 않고 형식 면의 자유로움을 실험하면서 새로운 전환을 사설시조 형식에 얹어 실험했다는 점은 매우 주목을 끄는 부분이다. 이들 작품에 대해 고답적 분위기나 친일적 성향의 한계로 뭉뚱그려 시조의 존재 가치를 폄훼한 기왕의 지적은, 작품 내부나 시대 현실에의 온건한 시선으로부터 온 것이라기보다 평가자의 관념과 선입견에 기댄 혐의가 있다.

1910년대 잡지 시조는 전통적 가창물에서 독립된 문학 양식으로 정착되어 가는 과도기적 모습을 보여 준다. 음악적 표지를 여전히 의식하면서도, 소악부와 유사한 작품 제목 및 시조평, 해제 등을 수반한 점, 한시와 나란히 혹은 별개의 수록란을 내세운 점 등을 통해 알 수 있다. 이미 '국시(國詩)'의 지위를 부여받으면서 음악으로서의 시조와 문학으로서의 시조 사이에서 경계를 오갔던 시조는, 1910년대에 들어와 문화 일반의 한 기능을 담당하는 '신문(新文)'으로 호명되면서 그 역할과 형

식을 새롭게 요청받고 있었던 셈이다.[56]

이처럼 시조는 1910년대 후반까지 음악과 연관되어 있었으며 그 문학 양식으로서의 명칭도 통일되지 않았다. 가사, 잡가, 민요 등 기왕의 전통 시가 양식 역시 같거나 유사한 문제를 안고 있었다. 시조평과 해제의 활용은 시조를 가창물의 노랫말에서 독립적 문학 양식으로 인식하려는 태도와 관련된다고 본다. 작품 배경 설명을 단 『청춘』 7호(1917. 5), 9호(1917. 7)의 사례[57]까지 참조한다면, 이제 노래로 향유되던 시조가 비평과 해제를 달고 문학 양식으로 거듭나기 위한 과정으로 볼 수 있다. 이 같은 시조비평은 1920년대에 가서 급속히 줄어들며 더는 시조사에서 보이지 않는다.

그렇다면 개화기문학 내부에서 1910년대 시조가 거둔 역할은 무엇이며 그 위상은 어떻게 자리매김할 것인가. 이 시기는 애국계몽기의 폭발적 활력은 쇠퇴했고, 탈중세·반중세적 지향의 심화는 일반화되었으나 유기적 통합 세계의 전체상으로 이행하지 못한 역사적 국면이 있다고 평가되기도 했다.[58] 시가만으로 한정해 보면 1910년 이후 시조는 일부 성격 조정은 있었으나 신문학 양식으로 전환하며 1920년대로 전

56 즉, "시대가 변하여 야매한 사회에서 문명한 사회가 되었으며 조선인은 이에 상응하는 문(文)을 갖지 못했으므로 청년들에게 신문(新文)을 제공함으로써 일일신을 추동함"이 핵심이다. 요컨대 그들이 말하는 '신문'의 의미는 근대 문명과 근대 사회가 추구해야 할 인간적 가치, 규범, 제도의 문제가 아니라, '시서논맹(詩書論孟)'과 '이화동식(理化動植)'의 학문 연구와 현대 문명 제국의 언어, 기계, 학술, 문예를 수입하자는 것이다. 한기형, 앞의 논문, 1996, 229-230쪽.

57 『청춘』 제9호(1917. 7. 26) 한샘 작(作) 〈夫餘가는 이에게〉 첫 수의 예를 보인다.
"落花巖 꼿 이운때 半月城 가는 그대/ 迎月送月 못하여도 三忠祠 부대 찻소/ 즈믄해 묵은 익기를 뉘야쓸가하노라" — 半月城은 百濟의 都城이오 落花巖은 義慈王이 喪國할때에 宮女들이 赴水殉節하든데오 三三忠祠는 濟末節臣 成忠 興首 階伯을 祀한데니 今에는 斷碣이 僅存할뿐이며 迎月、送月은 아울러 百濟의 遊臺名.

58 김홍규, 「부서진 세계 안의 自由와 絶望: 1910년대 시의 한 局面에 대한 主題史的 檢討」, 임형택·최원식 편, 『전환기의 동아시아 문학』, 창작과비평사, 1985, 206쪽.

통 문학 양식으로서의 역할을 넘겨주었다고 할 수 있다. 반면 이전 시기 시조보다 활발히 창작·향유되었던 가사는 급격한 퇴조 현상을 보이게 된다. 1910년 이전에 총 12종 잡지에 41수 수록된 가사는 1910년 이후로 『청춘』 6수 외에 3종 잡지에 실린 11수에 불과한 것이다.[59] 1920년 이후에는 그 위축의 정도가 훨씬 심화한다. 하지만 중앙의 매체 중심 기록물에서는 위축되었으나 창작·향유의 경험을 바탕으로 향촌 문화의 향유 시가 현장에서는 오랫동안 지속되었다. 일제 강점기 내내 전통 시가는 유력한 문화적 표현의 통로 구실을 해온 것이다.[60]

1910년대 창작 시조를 지칭하는 용어의 문제, 개화기의 하한선 판단 문제와 같은 연구사의 실제 과제들과 함께, 1910년대 시조 고찰로부터 가능한 또 다른 논의 방향은 여기서 다룬 잡지들과 성격을 달리하는 잡지에 대한 엄정한 검토 및 평가 문제다. 대표적으로 최남선의 『청춘』에 나타난 시조들의 수준이나 전통 시가에 대한 접근 방향을 시조사의 흐름 안에서 객관적으로 비교 고찰해 보는 일이다. 근대문학 성립 과정에서 일방적으로 제기되어 온 서구 기원론에 대한 의존만큼이나 육당의 시가문학을 근대 이쪽의 관점에서 지나치게 과대평가한 면은 없는가. 있다면 그 이유는 무엇인지 되돌아보아야 한다. 이는 20세기 초에도 전환을 거듭하면서 대응해 나간 전통 시가의 양상을 꼼꼼히 파악한 다음 그 역할을 적극적으로 평가할 수 있어야 가능하다. '근대성'에 대한 새로운 성찰의 시기인 지금 여기에서, 시조부흥론 내지 육당의 시조가 문학사에 남긴 공과를 판단하면서, 온전한 한국시가사와 시론을 마련하는 일은 그 시기로부터 100년 후 우리에게 주어진 마땅한 과제이자 즐거움일 것이다.

---

59 김영철, 앞의 책, 2004, 62-66쪽.

60 박애경, 「대중문학의 성립과 시가의 위상」, 『한국 고전시가의 근대적 변전과정 연구』, 소명출판, 2008, 269-270쪽.

# 참고문헌


## 제1부 | 근대전환기 가사 문학의 대응과 변모

『규방가사 I』(권영철 편, 한국정신문화연구원, 1979)
『단편소설선』(김동욱 교주, 민중서관, 1976)
『역대가사문학전집』 8(임기중 편, 동서문화원, 1987)
『주해 가사문학전집』(김성배 외, 집문당, 1961)
『주해 악부』(정재호 외 편, 고려대 민족문화연구소, 1992)
『草堂問答』(서울대학교 규장각 소장본)

강영안, 『주체는 죽었는가』, 문예출판사, 1996.
강영안, 『타인의 얼굴: 레비나스의 철학』, 문학과지성사, 2005.
고은지, 「계몽가사의 문학적 형상화 방식과 그 의미」, 고려대학교 박사학위논문, 2004.
고혜경, 「〈덴동어미화전가〉 연구」, 『한국언어문학』 35, 한국언어문학회, 1995.
권두환·서종문, 「방자형 인물고: 판소리계 소설을 중심으로」, 『한국고전문학의 탐구』, 일조각, 1978.
권순회, 「《초당문답가》의 이본 양상과 주제적 의미」, 고려대학교 고전문학·한문학연구회 편, 『19세기 시가문학의 탐구』, 집문당, 1995.
권영철, 『규방가사연구』, 이우출판사, 1980.
길진숙, 「빼덕어미와 괴똥어미의 일탈과 그 성격: 〈용부가〉〈복선화음가〉〈심청가〉의 일탈형 여성 인물에 대한 고찰」, 『한국고전연구』 19, 한국고전연구학회, 2009.
김광조, 「〈우부가〉 화자의 대상인물에 대한 태도와 그 표현방식」, 『한국고전시가작품론』 2, 집문당, 1992.
김기동, 「가사의 소설화 시론」, 『동국대학교 논문집』 3·4집 합집, 동국대학교, 1968.
김대행, 「〈우부가〉의 주제와 시대성 논의 반성」, 『개신어문연구』 5·6, 개신어문학회, 1988 [국어국문학회 편, 『가사연구』, 태학사, 1997].
김문기, 『서민가사연구』, 형설출판사, 1985.
김석회, 「복선화음가 이본의 계열상과 그 여성사적 의미」, 김병국 외, 『조선후기 시가와 여성』, 월인, 2005.
김석회, 「조선후기 향촌사회와 치산 관련 여성 형상」, 『고전문학연구』 31집, 한국고전문학회, 2007.
김유경, 「서사가사연구」, 연세대학교 석사학위논문, 1988.

김유경, 「연작형 가사의 형성과 변이 연구: 『초당문답가』를 중심으로」, 연세대학교 박사학위논문, 1996.
김학성, 「가사의 실현화 과정과 근대적 지향」, 『국문학의 탐구』, 성균관대학교출판부, 1987.
김현, 『문학사회학』, 민음사, 1987.
김흥규, 「판소리 문학의 인물형」, 『예술과 비평』 4호(겨울호), 서울신문사, 1984.
박연호, 「초당문답가의 지향과 창작기반」, 상산정재호박사화갑기념논총간행위원회 편, 『한국가사문학연구』, 태학사, 1996.
박요순, 「가사 〈신가전〉고」, 『숭전어문학』 6집, 숭전어문학회, 1977.
박요순, 「오륜가: 자료해제」, 『한남어문학』 16, 한남대학교 한남어문학회, 1990.
박혜숙, 「서사가사와 가사계 서사시」, 『고전문학연구』 10, 한국고전문학회, 1995.
박혜숙, 「〈덴동어미화전가〉와 여성의 연대」, 『여성문학연구』 14, 한국여성문학학회, 2005.
박혜숙, 「주해(註解) 〈덴동어미화전가〉」, 『국문학연구』 24호, 국문학회, 2011.
박희병, 「'병신'에의 시선: 前近代 텍스트에서의」, 『고전문학연구』 24, 한국고전문학회, 2003.
서동욱, 『차이와 타자』, 문학과지성사, 2000.
서영숙, 「가사의 소설화 방식 연구」, 다곡이수봉박사정년기념논총간행위원회 편, 『고소설연구논총』, 경인문화사, 1994a.
서영숙, 「복선화음가류 가사의 서술구조와 의미: 〈김씨계녀ᄉᆞ〉를 중심으로」, 『고전문학연구』 9, 한국고전문학회, 1994b.
서영숙, 『한국 여성가사 연구』, 국학자료원, 1996.
서인석, 「가사와 소설의 갈래 교섭에 대한 연구: 소설사적 관심을 중심으로」, 서울대학교 박사학위논문, 1995.
서인석, 「조선 후기 향촌 사회의 악인 형상: 놀부와 옹고집의 경우」, 『인문연구』 20, 영남대학교 인문과학연구소, 1999.
성기옥, 『한국시가율격의 이론』, 새문사, 1986.
성무경, 「〈복선화음가〉류 가사의 이본현황과 텍스트 소통」, 『조선후기 시가문학의 문화담론 탐색』, 보고사, 2004.
성호경, 「한국 고전시가에 끼친 중국시가의 영향에 대한 연구: 장르의 형성 및 발달에 끼친 영향을 중심으로 하여」, 『한국문화』 32, 규장각한국학연구소, 2003.
송재소, 「이조후기가사의 한 특성」, 『백영정병욱선생환갑기념논총』, 신구문화사, 1982.
신재홍, 『고전소설의 착한 주인공들』, 태학사, 2012.
유해춘, 「장편서사가사의 서술방식과 작가의식 연구」, 경북대학교 박사학위논문, 1993.
이경하, 「『제국신문』 여성독자투고에 나타난 근대계몽담론」, 『한국고전여성문학연구』 8, 한국고전여성문학회, 2004.
이동연, 「〈용부가〉 인물형성의 구비문학적 배경」, 『어문연구』 23, 한국어문교육연구회, 1995.

이동연, 「조선후기 여성치산과 〈복선화음가〉」, 『한국고전여성문학연구』 4, 한국고전여성문학회, 2002.
이동찬, 「서사가사의 담화양상 연구」, 부산대학교 석사학위논문, 1991.
이선애, 「복선화음가연구」, 『여성문제연구』 11, 효성여대[대구가톨릭대학교], 한국여성문제연구소, 1982.
이재수, 『내방가사연구』, 형설출판사, 1976.
이혜전, 「조선후기 가사의 서사성 확대와 그 의미」, 이화여자대학교 석사학위논문, 1991.
임주탁, 「〈용부가〉에 나타난 인물 형상과 작가 의식」, 『조선후기 시가와 여성』, 월인, 2005.
장정수, 「서사가사 특성연구」, 고려대학교 석사학위논문, 1989.
장정수, 「〈복선화음가〉 연구: 여성형상과 치산의 의미를 중심으로」, 『19세기 시가문학의 탐구』, 집문당, 1995.
정재호, 「우부가고」, 『한국가사문학론』, 집문당, 1982a.
정재호, 「용부가고」, 『어문논집』 23, 고려대학교 국어국문학회, 1982b.
정재호, 『주해 초당문답가』, 박이정, 1996.
정하영, 「심청전에 나타난 악인상: 뺑덕어미론」, 『국어국문학』 97, 국어국문학회, 1987.
정흥모, 「〈덴동어미화전가〉의 세계 인식과 조선 후기 몰락 하층민의 한 양상」, 『어문논집』 30, 고려대학교 국어국문학회, 1991.
조동일, 『문학연구방법』, 지식산업사, 1980.
조동일, 『한국문학통사(제4판)』, 지식산업사, 2005.
조세형, 「가사를 통해 본 여성적 글쓰기, 그 반성과 전망」, 『한국고전여성문학연구』 12, 한국고전여성문학회, 2006.
최원식, 「가사의 소설화 경향과 봉건주의의 해체」, 『민족문학의 논리』, 창작과비평사, 1982.
최현재, 「조선후기 서사가사 연구」, 서울대학교 석사학위논문, 1995.

### 제2부 | 근대전환기 시조 문학의 대응과 변모

『고시조대전』(김흥규 외, 고려대학교 민족문화연구원, 2012)
『근대계몽기 시가자료집』 ③(강명관·고미숙 편, 성균관대학교 대동문화연구원, 2000)
『근대시조대전』(임선묵 편, 홍성사, 1981)
『대한민보』(영인본)上·中(아세아문화사, 1985)
『신문계』
『신문세계』
『역대시조전서』(심재완 편저, 세종문화사, 1972)
『조선문예』
『주해 악부』(정재호 외 주해, 고려대학교출판부, 1992)
『청춘』

『한국시조대사전』 상·하(박을수 편저, 아세아문화사, 1992)
『한국잡지백년』 1·2(최덕교 편저, 현암사, 2004)

강혜정, 「『양춘집』을 통해 본 1910년대 시조의 창작 향유 양상」, 『시조학논총』 52, 한국시조학회, 2020.
고미숙, 「애국계몽기 시조의 제특질과 그 역사적 의의」, 『어문논집』 33, 고려대학교 국어국문학회, 1994.
고은지, 「애국계몽기 시조의 창작 배경과 문학적 지향: 대한매일신보를 중심으로」, 고려대학교 석사학위논문, 1997.
고은지, 「〈천희당시화〉에 나타난 애국계몽기 시가인식의 특질과 그 의미」, 『한국시가연구』 15, 한국시가학회, 2004.
권두환, 「시조의 발생과 기원」, 『관악어문연구』 18, 서울대학교 국어국문학과, 1993.
권순회, 「근대계몽기 시조의 율격적 변주 양상: 『대한매일신보』, 『대한민보』 소재 시조의 종장을 대상으로」, 『청람어문교육』 46집, 청람어문교육학회, 2012.
권영민, 「개화기 시조에 대한 검토」, 『학술원 논문집: 인문사회과학편』 15, 대한민국학술원, 1976.
권영민, 「개화기 시조의 시적 형식에 대하여」, 『한국학보』 15, 일지사, 1979.
김대행, 『시조유형론』, 이화여자대학교출판부, 1986.
김승우, 「근대계몽기 『대한민보』 소재 시조의 위상」, 『한국문학이론과 비평』 33, 한국문학이론과 비평학회, 2006.
김영철, 「개화기 시조의 형태적 변이」, 『백영정병욱선생환갑기념논총』, 신구문화사, 1982.
김영철, 『한국 개화기 시가 연구』, 새문사, 2004.
김재훈, 「『대한민보』 수록 시조 연구」, 단국대학교 석사학위논문, 1993.
김주현, 「〈천희당시화〉의 성격과 위상」, 『어문학』 91, 한국어문학회, 2006.
김흥규, 「부서진 세계 안의 자유와 절망: 1910년대 시의 한 국면에 대한 주제사적 검토」, 임형택·최원식 편, 『전환기의 동아시아 문학』, 창작과비평사, 1985.
김흥규, 「평시조 종장의 율격·통사적 정형과 그 기능」, 『욕망과 형식의 시학』, 태학사, 1999.
나정순, 「시조 장르의 시대적 변모와 그 의미」, 이화여자대학교 박사학위논문, 1989.
문무학, 「《신문세계》, 《신문계》의 시조 연구」, 『우리말글』, 우리말글학회, 1987.
문무학, 「《만세보》 시조 비평고(1), (2), (3), (4)」, 『현대시조』 29-32권, 현대시조사, 1990년 여름호-1991년 봄호.
박미영, 『한국 시가론과 시조관』, 박이정, 2006.
박슬기, 「한국 근대시의 형성과 율(律)의 이념」, 서울대학교 박사학위논문, 2011.
박애경, 『한국 고전시가의 근대적 변전과정 연구』, 소명출판, 2008.
박을수, 「개화시조연구: 『대한민보』 소재 자료를 중심으로」, 『우리문학연구』 9, 우리문학회, 1992.

배은희, 「근대 시조담론 형성과정 연구: 19세기 후반에서 20세기 초반 시조 인식 변모를 중심으로」, 인천대학교 박사학위논문, 2012.
배은희, 「근대 시조의 표현 양태 변모과정 연구: 구술성과 문자성을 중심으로」, 『한국시가연구』 36, 한국시가학회, 2014.
배은희, 「단국대 소장본 『양춘집』 소재 시조 연구」, 『어문론집』 77, 중앙어문학회, 2019.
성기옥, 『한국 시가율격의 이론』, 새문사, 1986.
성호경, 『한국 시가의 형식』, 새문사, 1999.
신경숙, 『조선후기 시가사와 가곡 연행』, 고려대학교 민족문화연구원, 2012.
이규호, 『한국고전시학론』, 새문사, 1985.
이병근, 「유길준의 어문사용과 『서유견문』」, 『진단학보』 89, 진단학회, 2000.
이상원, 「최영년의 고시조 연구와 그 의의」, 『한국언어문학』 58, 한국언어문학회, 2006.
이상원, 『조선후기 가집 연구』, 고려대학교 민족문화연구원, 2015.
이희목, 『애국계몽기 한시 자료집』, 성균관대학교 대동문화연구원, 2005.
임형택, 「'동국시계혁명'과 그 의의」, 『백영정병욱선생환갑기념논총』, 신구문화사, 1982.
임형택, 「20세기초 신·구학의 교체와 실학: 근대계몽기에 대한 학술사적 인식」, 『민족문학사연구』 9, 민족문학사연구소, 1996.
임형택, 「근대계몽기 국한문체의 발전과 한문의 위상」, 『한국문학사의 논리와 체계』, 창작과비평사, 2002.
장사선, 「한국개화기 비평론」, 『백영정병욱선생환갑기념논총』, 신구문화사, 1982.
정기철, 「『대한민보』 소재 시조의 형식적 특성과 글쓰기 교육으로서의 함의」, 『시조학논총』 18, 한국시조학회, 2002.
정진석, 『인물 한국 언론사』, 나남, 1995.
정한모, 『한국현대시문학사』, 일지사, 1974.
정한모, 「개화기시가의 제문제: 그 연구현황과 문제점 및 전망」, 『한국학보』 6, 일지사, 1977.
조동일, 「시조의 율격과 변형 규칙」, 『한국시가의 전통과 율격』, 한길사, 1982.
조동일, 『한국문학통사(제4판)』, 지식산업사, 2005.
주승택, 「『조선문예』 고」, 『진단학보』 62, 진단학회, 1986.
진재교, 「근대전환기와 한시의 대응」, 『한국시가연구』 24, 한국시가학회, 2008.
최기영, 「구한말 《만세보》에 관한 일고찰」, 『한국사연구』 61·62, 한국사연구회, 1988.
최기영, 『대한제국시기 신문연구』, 일조각, 1991.
최동원, 「개화기시조고」, 『고시조논고』, 삼영사, 1990.
최재남, 「시조 종결의 발화상황과 화자의 태도」, 『고전문학연구』 4, 한국고전문학회, 1988.
한기형, 「무단통치기 문화정책의 성격: 잡지 『신문계』를 통한 사례 분석」, 『민족문학사연구』 9, 한국민족문학사연구소, 1996.
한기형 외, 『근대어·근대매체·근대문학: 근대 매체와 근대 언어질서의 상관성』, 성균관대학교 대동문화연구원, 2006.

# 찾아보기

ㅊ



ㅌ